Michael Grinder

NLP für Lehrer

Ein praxisorientiertes Arbeitsbuch

**Mit einem Vorwort von
John Grinder**

VAK Verlag für Angewandte Kinesiologie GmbH
Freiburg im Breisgau

Titel der amerikanischen Originalausgabe: Righting the educational conveyor belt
© Michael Grinder, 1989
Erschienen bei Michael Grinder & Associates,
Battle Ground / Washington
ISBN 18834700

Die Deutsche Bibliothek – CIP-Einheitsaufnahme

Grinder, Michael:
NLP für Lehrer : ein praxisorientiertes Arbeitsbuch /
Michael Grinder. [Übers.: Elisabeth Lippmann]. – 5. Aufl. –
Freiburg im Breisgau : Verl. für Angewandte Kinesiologie, 1997
Einheitssacht.: Righting the educational conveyor belt <dt.>
ISBN 3-924077-21-5

5. Auflage: 1997
© VAK Verlag für Angewandte Kinesiologie GmbH, Freiburg 1991
Übersetzung: Elisabeth Lippmann
Illustrationen: Paul Hansen
Umschlag: Hugo Waschkowski
Lektorat und Layout: Norbert Gehlen
Druck und Bindung: Media-Print Informationstechnologie GmbH, 33100 Paderborn
Printed in Germany
ISBN 3-924077-21-5

Dieses Buch ist Gail gewidmet,
dem harmonischen Ausgleich in meinem Leben.

Danksagung

Mein Dank für ihre Beiträge und ihre
Unterstützung gilt:

Karen Asai,
Suzanne Bailey,
David Balding,
Joe Beatty,
Paula Bramble,
Rosemary Brinkley,
Lee Burkholder,
John Christensen,
Connie Connor,
O.J. Cotes,
Laura Eaton,
Jay Erdmann,
Marilyn Ewing,
Jill Gomery,
Polly Hobbs,
Kelly & Adam's D.I.M. Service,
Margo Long,
Leslie McLaughlin,
Dulcy Owen,
Ron Rock,
Sharon Sawicki,
Lori Stephens,
Glory Yankauskas,
und Paul Hansen,
der als Doktor dieses "Werk der Liebe"
von der Empfängnis bis zur Entbindung
begleitete.

Inhalt

Vorwort

Schon in der Grundschule ließ es mir – wie ich mich noch gut erinnere – keine Ruhe, wenn ich die Unterschiede in Verhalten und Leistung meiner Mitschüler beobachtete. Wie kam es, daß Joanie und Mike in einem Jahr "kämpfen" mußten, um gerade noch ausreichende Leistungen zu erzielen, in der nächsten Klasse jedoch zu den Besten gehörten, und das mit wenig oder zumindest kaum sichtbarer Anstrengung? Wie war das möglich? Wo lagen die Ursachen für diese Unterschiede?

Roger Fisher, der Leiter des Harvard Negotiations Project, erzählt folgende erheiternde und lehrreiche Geschichte:

In der Endphase des Zweiten Weltkrieges wurde die Mannschaft eines Bombers aus dem aktiven Luftkampf zurückgezogen mit dem Auftrag, einen neuen Bomber zu testen. An dem fraglichen Tag hatten sie den Auftrag zu testen, inwieweit sich die einzelnen Triebwerke während des Fluges wieder starten ließen. Als sie die vorgegebene Höhe von 32.000 Fuß erreicht hatten, stellten der Pilot und der Kopilot unter Aufsicht des Flugingenieurs nacheinander jedes der vier Triebwerke einzeln ab und starteten es erneut – ohne Probleme. Sie wiederholten den Vorgang mit jeweils zwei und schließlich mit drei Triebwerken. Vom Erfolg dieser Tests beflügelt, verständigte sich der Pilot mit seinem Kopiloten durch ein Kopfnicken und stellte alle vier Triebwerke auf einmal ab. In der gespenstischen Stille, die darauf folgte, erinnerten sich der Pilot und sein Begleiter gleichzeitig daran, was der Offizier in seiner Anweisung zu den Tests gesagt hatte:

Um bei diesem Flugzeug ein Triebwerk zu starten, brauche man ein anderes, das lief, oder einen externen Antrieb. Der Kopilot wandte sich an den Piloten und meinte: "Mann, hast du jetzt Probleme!"

Wie groß die Probleme des amerikanischen Bildungssystems sind, darüber gehen die Schätzungen beträchtlich auseinander. Welche Zahlen auch immer genannt werden – ich meine, solange es Kinder, Jugendliche oder Erwachsene gibt, die ernsthaft lernen wollen, aber in ihren Bemühungen frustriert werden und ihr Ziel nicht erreichen, solange haben wir Probleme. Unser Engagement für eine bessere Ausbildung ist eine notwendige Investition für unsere Zukunft.

Die Beziehung zwischen Lehrer und Schüler, die Hauptmotivation (amerikan.: *engine* = Triebwerk) beim Lernen, ist außerordentlich vielschichtig. Dieses Netzwerk von Lernen, persönlichen Beziehungen und Sozialisation, das den Rahmen für den Unterricht abgibt, macht Erziehung und Bildung zu einer anspruchsvollen Aufgabe. Die einflußreichste Komponente ist dabei das Verhältnis zwischen Schüler und Lehrer. Wenn diese Beziehung tragfähig ist und dem Schüler ein sicheres Umfeld zum Lernen bietet, wird dieser Schüler etwas lernen und – darüber hinaus – auch lernen, wie man lernt.

Michael Grinder hat meiner Ansicht nach mit diesem Buch etwas Außerordentliches geschaffen. Es ist ihm gelungen, einige grundlegende Erkenntnisse aus dem NLP-Modell (zum Beispiel Repräsentationssysteme) zu verfeinern und sie den speziellen Bedürfnissen des

Unterrichts anzupassen – eine sehr gute und grundlegende Arbeit. Besonders bemerkenswert finde ich die Verbindung der Schüler-Lehrer-Beziehung mit jeweils spezifischen Techniken. Der Leser bekommt klare, ausführliche Anleitungen, damit er die bevorzugte Lernmethode seiner Schüler besser beobachten, definieren und entsprechend in seinem (Lehrer-) Verhalten dem Schüler auf halbem Wege entgegenkommen kann. Das Ergebnis ist vielfältig: Der Schüler bringt bessere Leistungen (wovon er selbst, der Lehrer und die Mitschüler profitieren), und der Lehrer baut seine Beziehung zum Schüler aus, indem er ihm auf halbem Wege entgegenkommt. So erfüllen das sorgfältige Studium und die Aneignung der Techniken, die Michael Grinder hier vorstellt, eine zweifache Aufgabe: sie finden ihre Rechtfertigung darin, daß die Leistungen der Schüler auf einer höheren logischen Ebene zum Positiven verändert werden, und gleichzeitig wird der wichtigste Ausgangspunkt für den Unterricht, die Schüler-Lehrer-Beziehung, positiv beeinflußt. Jedem, der sich bewußt wird, daß die in diesem Buch genannten Techniken den Unterricht steuern, empfehle ich deshalb, diese gezielt zu nutzen.

Eine mehr private Bemerkung: Ich mußte nicht erst herausfinden, wie gut dieses Buch ist, um zu wissen, wie hervorragend mein Bruder Michael Grinder in seinem Beruf als Lehrer ist. Es ist mir ein besonderes Vergnügen, hier einen kleinen Beitrag zur Unterstützung dieses Buches zu leisten, damit diese Informationen dem Leserpublikum zugänglich gemacht werden.

Meine Anerkennung für meinen Bruder Michael! Ich begrüße die Verbesserungen, die mit diesen Ideen in der Ausbildung meiner und seiner Kinder und aller Lernenden eingeführt werden können.

Vor über dreißig Jahren befaßte sich einer meiner besten Lehrer, Gregory Bateson, mit einem Experiment zur Unterscheidung der verschiedenen Ebenen des Lernens und der Kommunikation. Im Experiment arbeitete eine Trainerin mit einem Delphin. Der Delphin bekam eine Belohnung, und zwar immer dann, wenn er ein Verhalten zeigte, für das er noch nie eine Belohnung erhalten hatte. Während einer Übungsphase wurde der Delphin mit einem Fisch belohnt, wenn er ein bestimmtes Verhalten wiederholte, aber bei der nächsten Übung (und bei weiteren Übungen) wurde er für etwas, wofür er vorher seinen Fisch bekommen hatte, nicht belohnt. So wurde er zum Beispiel beim soundsovielten Training mit einem Fisch belohnt, wenn er etwas zeigte, was er vorher nie gezeigt hatte. Bateson beobachtete jedoch einmal, wie die Trainerin dem Delphin einen Fisch gab, den er sich nicht verdient hatte. Als er Einwände erhob, wandte sich die Trainerin an Bateson und erklärte ihm, was sie durch Erfahrung gelernt hatte: Wenn der Delphin bei seinem Bemühen, das "Puzzle der logischen Ebenen" zu lösen, zu sehr frustriert würde, dann geriete die Beziehung zwischen der Trainerin und dem Delphin in Gefahr. Und sie schloß: "Und ohne eine Beziehung zwischen mir und dem Delphin würden weder wir noch der Delphin etwas lernen."

Zum Abschluß eines der besten Komplimente, die man meiner Meinung nach einem Lehrer machen kann: Beim Lesen dieses Buches habe ich Dinge gelernt, von denen ich vorher nichts wußte.

John Grinder
(Mitbegründer des NLP)
Bonny Doone, Herbst 1988

Einführung

"Berufliche Flexibilität verhindert den Krebsgang in der Karriere."
Gail Grinder

Offensichtlich kommt jede Erkenntnis über die Kommunikation des Lehrers zustande, weil zwei Komponenten vorhanden sind: einmal eine gute *Wahrnehmung* und zum zweiten eine der Situation angemessene *Technik*. Wenn jemand auf eine wirkungsvolle Technik stößt, so geschieht das deshalb, weil er die dazu nötige gute Wahrnehmung besitzt. Für den Beobachter ist nur die neue Technik sichtbar, nicht jedoch der "Blitz" der Erkenntnis auf Seiten des Entdeckers. Wendet der Lehrer seine Technik ohne eine geschärfte Wahrnehmung an, so kann man ihn mit einem Diskjokkey vergleichen, der gerade neu eingestellt, vor einer riesigen Plattenauswahl steht. Die entscheidende Frage ist dann, ob er genug über seine Zuhörer weiß, um die richtigen Platten auszuwählen.

Eine Technik, die ohne die dazugehörige Wahrnehmung angewendet wird, ist höchstwahrscheinlich ähnlich kurzlebig wie so mancher andere modische Erziehungstrend. So erklärt sich ein Phänomen, das alle fünf bis zehn Jahre wiederkehrt: dieselbe Technik erscheint wieder, nur unter einem neuen Namen.

Neurolinguistisches Programmieren mag, oberflächlich betrachtet, nur wieder ein neues Etikett für alte Ideen sein. Es hat sich jedoch in den zehn Jahren seit seiner Entwicklung in der Tat als Modell für beides, *Wahrnehmungen und Techniken*, bewährt.

Die beiden Begründer, John Grinder und Richard Bandler, beobachteten Menschen, die in ihrem Fachgebiet sehr gut waren, und sie fanden heraus, daß sie, wenn sie genau das taten, was die "Experten" taten, gleichwertige Ergebnisse erzielen konnten. Grinder und Bandler variierten die verschiedenen Verhaltensschritte, um unterscheiden zu können, welche Umgangsformen traditionell vorgegeben und wo die "kritischen" Punkte für eine Veränderung waren; und so leisteten sie Pionierarbeit für einen heute berühmten Grundsatz: "Finde den Unterschied, der den Unterschied ausmacht." *(Find the difference that makes a difference.*)*

Um die Gültigkeit ihrer Beobachtungen zu testen, brachten die beiden Pioniere anderen Interessierten den "Unterschied" bei. Sie erprobten ihr Modell zuerst bei Therapeuten. Viele Namen kamen dafür in Frage; ein Vorteil der Bezeichnung *Neurolinguistisches Programmieren* ist, daß sie den Hinweis auf die Verbindung von Körper und Geist enthält. "Neuro" bedeutet, daß alle Erfahrungen durch die fünf Sinne (Nerven) wahrgenommen werden, "linguistisch" bezieht sich auf die Tatsache, daß das Gehirn alle Erfahrungen sprachlich erfaßt (in Wörtern kodiert). So ist NLP die Lehre von "Wörtern und Nerven".

---

* Gregory Bateson: *Ökologie des Geistes*, Frankfurt 1985, S. 282 (Suhrkamp Vlg.)

Als NLP in der Schule Eingang fand, geschah das zunächst eher im therapeutischen Einzelgespräch.* Verständlicherweise waren die Lehrer mit ihren 28 und mehr Schülern frustriert, daß die NLP-Practitioner keine Methoden für den Umgang mit Gruppen hatten. Es wurden Anwendungen gesucht, die besser in den Rahmen der Schule paßten.

Ich selbst habe 17 Jahre in drei unterschiedlichen Bereichen Unterrichtserfahrung gesammelt und biete seit fünf Jahren Kurse während der Schulzeit an. Die Kursteilnehmer werden während des neunwöchigen Kurses mindestens dreimal in ihrem Unterricht besucht. Beobachtung und Feedback (und wenn nötig Unterrichtsdemonstrationen) finden an Ort und Stelle statt. Da ich in einem Monat in 100 verschiedene Klassen komme, kann ich die Methoden und Techniken beobachten, die im Rahmen einer Gruppe erfolgreich sind. Die Methoden, die in diesem Buch präsentiert werden, sind das Ergebnis dieser fortlaufenden *angewandten* Forschung.

Im persönlichen Training kann die Stärke von NLP, nämlich die stetige Weiterentwicklung der eigenen Fähigkeiten, sehr viel besser vermittelt werden als durch ein Buch. So habe ich versucht, die Lücke zwischen dem Gelesenen und dem wirklichen Leben wenigstens teilweise durch eine Zusammenstellung von Erklärungen, Grafiken und Arbeitsblättern zu überbrücken. Der Leser, der nur die Erklärungen liest, wird bestenfalls neugierig gemacht.

Mir scheint, daß sich ein Lehrer in seinen ersten fünf Berufsjahren kontinuierlich weiterentwickelt. Etwa um das fünfte Jahr gerät er in eine gefährliche Situation. Er fühlt sich kompetent, aber das berufliche Wachstum verlangsamt sich. Er

kennt die Unterrichtsinhalte und kommt mit den Klassen im allgemeinen gut zurecht. Ab jetzt kann er für den Rest seines Berufslebens mit der bis dahin erreichten Kompetenz auskommen.

Der Lehrer erreicht nach den ersten fünf Jahren nur dann weiteres Wachstum, wenn er seine Methoden und seine Wahrnehmung verbessert, anstatt sich nur inhaltlich fortzubilden. Mit einer hervorragenden Wahrnehmung wird er in die Lage versetzt, sein ganzes Repertoire an Techniken meisterlich anzuwenden.

In den fünf Jahren, in denen der Lehrer geformt wird, paßt er sich auch an einen bürokratischen Lebensstil an. Er bekommt das Gefühl, daß da ein System existiert, das größer ist als die Summe seiner Teile. So entsteht, überall greifbar, eine Atmosphäre, in der Erwachsene wenig eigenverantwortlich handeln, so, als seien sie nicht zuständig. In einer solchen Umgebung passiert es, daß jeder vierte Schüler aus dem System herausfällt.

Die Neigung der Schule zu linkshemisphärischem Denken schafft eine Art Zentrifugalkraft, die rechtshemisphärische Schüler hinausschleudert.

Lehrer müssen selbst wachsen, um an ihrem Beispiel zu zeigen, was Lernen bedeutet. Die nachfolgenden Arbeitsblätter erinnern den Lehrenden täglich daran, daß er durch seinen persönlichen Kontakt zum Schüler diesen in der Schule unterstützen kann. Er kann ihm helfen, daß er auf dem "Förderband", als das ich die Schule bezeichnen möchte, mithalten kann.

---

* Eine Übersicht über das Trainingsangebot bekommen Sie von Grinder, DeLozier and Associates, 200 7th Ave, Suite 100, Santa Cruz/CA 95062.

Übereinkunft

Nach allgemeiner Übereinkunft stellen wir unsere Uhren zweimal im Jahr jeweils eine Stunde vor oder zurück. Die Realität aber verändert sich mit dieser Maßnahme nicht. Vierundzwanzig Stunden später ist es noch etwa genauso hell wie am Tag vorher. Was sich verändert, ist lediglich unsere Beschreibung der Wirklichkeit, unser Etikett für die Realität. Ich lebe auf dem Land, und am Morgen des letzten Sonntags im Oktober muhen die Kühe unseres Nachbarn und stoßen gegen das Gattertor, da sie wissen, daß die Zeit zum Füttern längst da ist. Sie haben keine Uhr, nur der Farmer hat eine.

Dieses Buch handelt von Begriffen als *Etiketten,* die der *Realität* aufgeklebt werden *(labels of reality).* Solange der Leser berücksichtigt, daß die Etiketten (bestenfalls) praktikable *Beschreibungen* der Realität enthalten und nicht die Realität selbst sind, können wir uns mit Hilfe "nützlicher Lügen" verständigen.

So werden in diesem Buch die Begriffe "visueller Schüler", "auditiver Schüler" und "kinästhetischer Schüler" verwendet, als könne man Schüler nach diesen Kategorien unterteilen und als gebe es eine spezielle Unterrichtsmethode für jeden Typ. Der Autor hat jedoch noch nie einen Schüler gefunden, der *nur eine* Modalität nutzt. Etiketten für die Realität sind wie die Stützräder beim Fahrrad; sie helfen, während wir lernen, aber sobald wir das Gleichgewicht halten können, sind sie hinderlich. Sein Differenzierungsvermögen wird dem Leser ein guter Führer bei der Interpretation der Beschreibungen sein. Wenn wir zu sehr generalisieren, könnte es uns wie Fahrenheit gehen. Als Fahrenheit die durchsichtige Röhre

mit Quecksilber vervollkommnen wollte, bat er einen gerade verfügbaren Patienten, das Instrument unter seine Zunge zu stecken. Nach der vorgeschriebenen Zeit zog er das Instrument wieder heraus und markierte auf dem Röhrchen die angezeigte Körpertemperatur. Um es für alle leichter zu machen, simplifizierte er die Realität: er schrieb neben diesen Strich die Zahl 100. Er wußte noch nicht, daß die Körpertemperatur dieses Patienten um 1,4 Grad höher war als die eines Durchschnittsbürgers.

Die folgenden "nützlichen Lügen" sind direktes Ergebnis von John Grinders und Richard Bandlers Pionierarbeit in NLP. Dank der Genialität der beiden und dank der Großzügigkeit des Erstgenannten kann ich eine Ausweitung ihrer Arbeit für den Bereich Unterricht und Erziehung anbieten. Es wird für mich das schönste Kompliment sein, wenn sie Teile davon nicht wiedererkennen.

Hinweis für die Leser: Der leichteren Lesbarkeit wegen wurden "er" oder "sie" in diesem Buch alternativ als Pronomen für eine einzelne Person verwendet; sie dienen nicht der Geschlechtsunterscheidung.

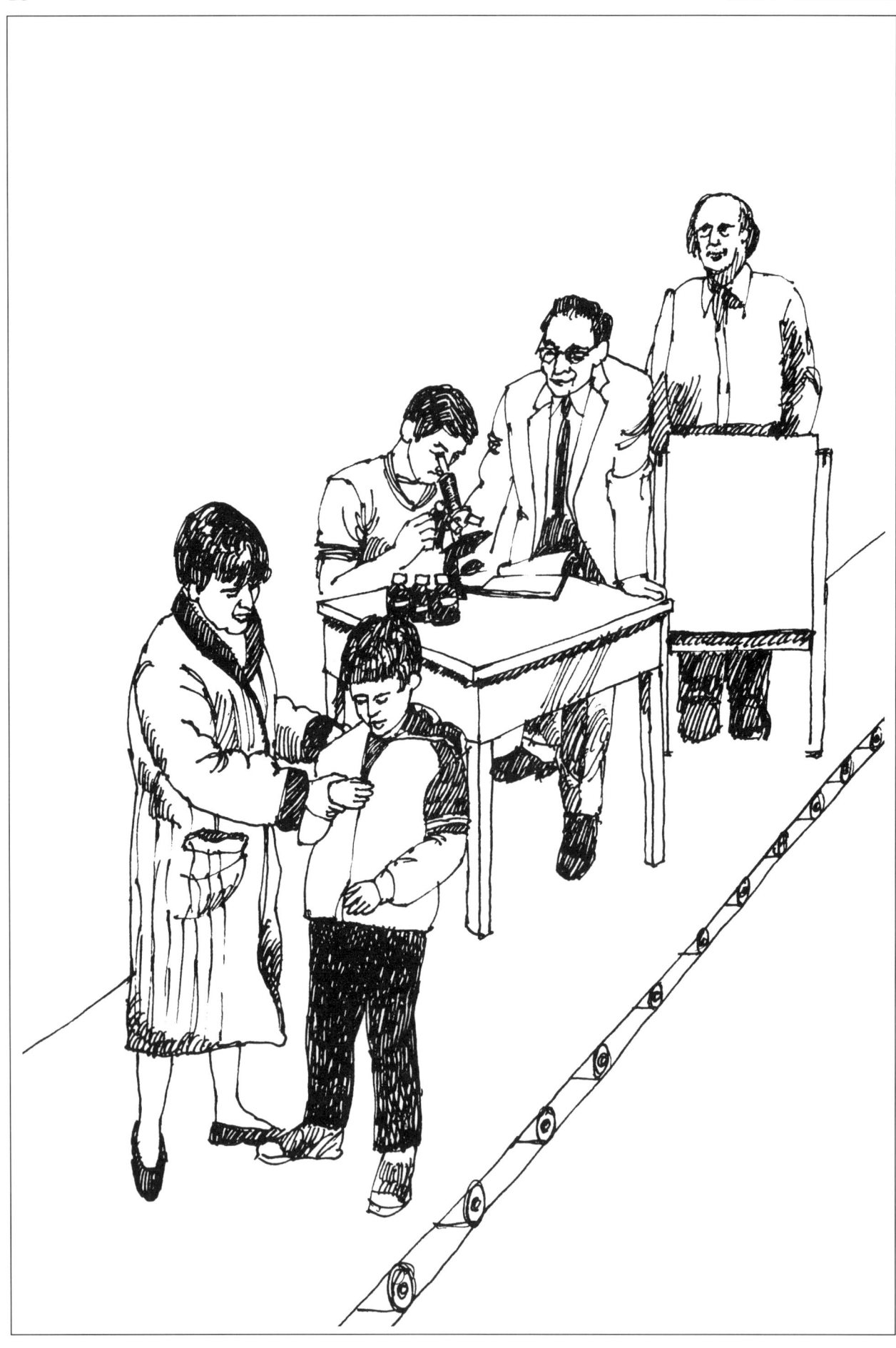

Kapitel 1

Die Kultur der Schule

*"Tun zu können, was man gerne tut, bedeutet Freiheit.
Das gerne zu tun, was man tut, bedeutet Glück."*
Thoreau

Die Schule hat, wie jede andere große Körperschaft, ihre eigene unverwechselbare Kultur, und innerhalb dieser mehrere Subkulturen, jede mit ihren eigenen Verfahrensweisen und der ihr eigenen nonverbalen Kommunikation.

Zahlreiche Beispiele belegen die typische Einschätzung und Auffassung unseres Berufs. Das Komitee, das den ersten zivilen Teilnehmer für die *Space Shuttle*-Mission auszuwählen hatte, war sich einig, daß dieser einen Beruf repräsentieren sollte, der von der Öffentlichkeit als ein "Dienst an der Gesellschaft" betrachtet wird. Christa McAuliffe war Repräsentantin aller Lehrer. Als nach dem Unglück eine Gruppe von Lehrern befragt wurden, ob sie an einer weiteren derartigen Expedition teilnehmen würden, bejahten sie übereinstimmend, obwohl sie die Risiken kannten.

Es gibt sicher Attribute, die die Lehrer an ihrem Status als Staatsdiener nicht mögen, zum Beispiel die Bezahlung. Jemand verglich unser Gehalt einmal mit einem Ruderboot, das zwar ein Leck hat, aber auch einen Eimer; wir bleiben zwar über Wasser, aber wir müssen ständig schöpfen. Trotzdem sind wir stolz, und wir sind privilegiert, da wir Einfluß ausüben können. Ich

weiß, daß meine Kinder tagsüber mehr Zeit mit ihren Lehrern verbringen als mit mir.

Als ich zum ersten Mal von meinem Steuerberater zu einer Cocktailparty eingeladen war, bemerkte ich zweierlei: erstens war ich der einzige, der nicht zu dieser Berufsgruppe gehörte, und zweitens konnte ich beobachten, wie jeder Beruf seine Vertreter beeinflußt. Bei fast allen Gesprächsthemen kam die typische Frage: "Betrachten Sie ihre Beteiligung dort als eine gute Investition für ihr Geld?" Wenn diese Leute in gewisser Weise "geklont" erscheinen, so bin ich als Lehrer ebenfalls durch meinen Beruf "gezeichnet".

Da die Entwicklungsstufen der Kinder sich deutlich voneinander unterscheiden, gibt es für jeden Bereich unseres Bildungssystems eine eigene Vorstellung davon, was effektiver Unterrichtsstil ist. Die einzelnen Ebenen können wie folgt unterteilt werden: Schulanfänger, 3. und 4. Klasse, frühes Jugendalter, High-School (bis etwa 16 Jahre)* und Sonderschule. Jede dieser Subkulturen hat ihre eigenen Wahrnehmungs- und Reaktionsweisen.

Für einen Vortrag vor Grundschullehrern hatte ich Schaubilder

---

* High-School-Lehrer scheinen eher durch ihr Fachgebiet geprägt zu sein als durch die Klassenstufe. So hat ein Mathematiklehrer der 9. Klasse mehr mit einem Mathematiklehrer der 12. gemeinsam als mit einem Sprachlehrer der 9. Klasse.

vorbereitet. Als ich sie nach vorne trug, ließ ich einige davon aus Versehen fallen. Sofort standen vier Lehrer auf, um mir beim Aufsammeln zu helfen. Bei einer Konferenz mit High-School-Lehrern ließ ich absichtlich Bilder fallen. (Da ich überwiegend kinästhetisch veranlagt bin, lasse ich auch dann Dinge fallen, wenn ich es nicht will.) Als ich sie alleine wieder aufhob, hörte ich, wie ein Lehrer einem anderen zuflüsterte: "Da haben wir wohl einen recht unbeholfenen Redner."

Wenn Ernährungswissenschaftler sagen, daß "wir sind, was wir essen", so sind Lehrer das, was sie lehren. Je besser wir den jeweiligen Lernstil der Schulstufe, die wir gerade unterrichten, verstehen, desto mehr wird uns klar, wie wir davon beeinflußt werden.

Beim Lesen des vorliegenden Buches werden Sie sich sicher mit den einzelnen Kapiteln unterschiedlich stark identifizieren. Wenden Sie sich besonders den Teilen zu, von denen sich andere Leser mehr angezogen fühlen als Sie, denn in jeder Subkultur (Schulstufe) wurden Methoden erprobt und angewendet, die beim "Durchschnittsschüler" zum Erfolg führen. Wenn Sie dann Wege suchen, um auch Schüler zu erreichen, die statistisch gesehen aus dem Rahmen fallen, so finden sich Ihre Antworten oft in den Methoden einer anderen Altersstufe. Beispielsweise kann es nötig sein, die kinästhetischen Methoden der 2. Klasse bei manchen Schülern einer 4. Klasse erneut anzuwenden und zu trainieren; genauso kennt ein Lehrer der 6. Klasse vielleicht wirksame Methoden für frühreife Kinder der 4. Klasse. Dieses Konzept, zu den Erkenntnis- und Reaktionsformen einer anderen Subkultur überzugehen, ist besonders in zwei Bereichen wichtig: bei der vertiefenden Arbeit mit einzelnen Schülern *(Reteaching)*, wo die Sensibilität und Flexibilität eines Grundschullehrers erforderlich sind, und bei Schulschluß, wenn Sie das

Licht löschen und – wie ein Lehrer der Mittelstufe – sagen können: "Genug damit; ich habe ihnen etwas beigebracht, und jetzt habe ich meinen Feierabend zuhause verdient."

Grundstufe I: Schulanfänger

Mit etwa fünf Jahren kommen die Kinder in den USA in die Vorschule und beginnen damit ihre Reise durch das Schulsystem. Ihr Verhalten beim Eintritt in die Vorschule bzw. in die Schule ist vorwiegend kinästhetisch geprägt. (K)

Die Lehrer dieser Schulstufe wissen, daß ihre Schüler auf die Wirklichkeit durch Berühren, Riechen, Schmecken, Schieben, Schubsen, Umherstoßen und durch Zerlegen "begreifen". Auf dieser Stufe "durchläuft" man den Lernstoff. Das folgende, sicherlich nicht übertriebene Beispiel soll der Illustration dienen.

Wenn das Wetter nach dem Tag der Arbeit (in den USA am ersten Montag im September) kühler wird, bekommen die Schüler gezeigt, wo sie ihre Mäntel aufhängen können. Nach der Begrüßung geht die Lehrerin mit den Schülern nochmals aus dem Klassenzimmer, und dann führt sie sie alle, noch mit Mänteln oder Jacken bekleidet, wieder in den Raum zurück. Dann zeigt die Lehrerin den Schülern die Mantelhaken und sagt dazu: "Aufgepaßt, - zieht euch aus und hängt die Mäntel auf!" Wenn sie herausgefunden

hat, wessen Ohren nicht "funktionieren", kann sie unterschiedlich
reagieren. Sie kann selbst dem Kind
den Mantel ausziehen. Die Lehrerin,
die dem Schüler diese Aufgabe ab-
nimmt, wenn sie die Anordnung
zum Ausziehen gibt, läuft Gefahr,
damit einen Präzedenzfall zu schaffen – bei zukünftigen Anordnungen
erwartet dieses Kind, daß die Lehrerin diese an seiner Stelle ausführt.

Angemessener ist es, wenn die
Lehrerin das Ausziehen nochmals
übt; wenn sie froh ist, daß sie entdeckt hat, wer Hilfe braucht, und
dann die Schüler auffordert, ihre
Mäntel wieder anzuziehen. Dieses
Mal kann sie sich in die Nähe eines
Schülers stellen, dem sie helfen
möchte, während sie die Anweisung
zum Ausziehen gibt.

Es gibt eine dritte Alternative
nach dem Grundsatz: "Die Bedeutung einer Botschaft ist die Antwort,
die man bekommt." Eine erstklassige Lehrerin legt ihre Hand auf die
des Schülers, während dieser den
Mantel ablegt. Diese hervorragenden Grundschullehrer sind oft nach
dem ersten Monat des Schuljahres
mit dem Stoff im Rückstand, weil
sie viel Zeit aufgewendet haben, um
ihren Schülern auf kinästhetischem
Wege soziales Verhalten beizubringen. Nach *Thanksgiving* jedoch (Ende November) haben diese Lehrer
ihre Kollegen überholt.

Grundstufe II

Zwischen der 3. und 4. Klasse
wechselt die Vorgehensweise von
kinästhetisch (K) zu *auditiv* (A).
Schüler, die diesen Übergang nicht
mitmachen, kommen im System
nicht weiter, werden vom "Förderband" genommen und landen im
"Korridor" (auf einem Nebengleis).
Jeder Schulbezirk (jedes Bundes-
land) hat sein eigenes Etikett dafür:
Sonderschule, Stützkurs o.ä.

Grundschullehrer

In den Kursen am College fühlten
sich die Grundschullehrer durch
die Aussicht auf 20 bis 30 strahlen-
de, neugierige Gesichter motiviert.
Ihre Liebe zu Kindern war Quelle
ihrer Inspiration. Die praktische
Ausbildung zwang sie dann, sich
auf das Lernen zu konzentrieren –
wie jedes Kind wahrnimmt und wie
es die Information verarbeitet. Diese
Orientierung ist bei Grund- und
Sonderschullehrern gleich.*

Workshops und Seminare über
"Lernstile" werden von Grund- und
Sonderschullehrern am häufigsten
besucht. Ihre Vorbereitung ist weitaus mehr als auf allen anderen Stufen kinästhetisch orientiert. (K) Sie
zeigen ihre Zuwendung, indem sie
berühren und sich berühren lassen.

---

* Ein empfehlenswertes Buch für Grund- und Sonderschullehrer ist: Linda Lloyd, *Classroom Magic,* Freiburg 1991 (Verlag
für Angewandte Kinesiologie). Auch das Laura Grinder Resource Center (1803 Mission St., Ste. 406, Santa Cruz/CA 95060)
bietet eine große Anzahl von NLP-Büchern, Kassetten und Videobändern an.

Irgendjemand hat einmal gesagt, daß bei einem erfolgreichen Grundschullehrer die Kleidung sich vorne zuerst abnutzt.

Mittelstufenschüler (Junior-High- und Middle-School)

Einige Zeit vor Eintritt in die High-School verändert sich die Methode erneut, die Übermittlung wird vorwiegend *visuell* (V). Die behandelten Themen sind nun eher abstrakt, symbolisch und konstruiert. Schüler, die diesen Übergang zur visuellen Wahrnehmung nicht mitvollziehen können, fallen wieder vom Förderband und landen im Korridor, wo sich die vorwiegend kinästhetischen und auditiven Schüler wiederfinden.

Mittelstufenlehrer

Hier geht es um die vergessene Subkultur des Schulsystems. Es finden sich kaum Lehrerstudenten, die die 12-15jährigen gerne unterrichten möchten. Ein College schuf speziell für diese Stufe ein Curriculum, das aber nur *ein* Jahr getestet wurde, weil sich nicht genügend interessierte Anwender fanden. Wenn man die Sache mit Humor betrachtet, fragt man sich, wie es um die geistige Gesundheit der Leute steht, die den "Hormonclub Amerikas" unterrichten möchten. In diesem Alter finden so viele chemische Veränderungen so schnell statt, daß ein

Schüler das Gefühl bekommen kann, als lebe er in einem fremden Körper. Eltern sprechen oft von ihren Kindern als ihren "U.F.O.s" (*Unidentified, Formerly Ours* = nicht zu identifizieren, gehörten früher zu uns).

Woher kommen nun die Lehrer, die diese "Gefühls-Jo-Jos" unterrichten? Sie kommen aus den beiden anderen Subkulturen. Die Lehrer mit Grundschulhintergrund bringen ihre Zuneigung, ihre Zuwendung und ihre Sensitivität ein, Wiederspiegelungen des Unterrichtsstils ihrer Schulstufe. Die anderen warten darauf, eine Stellung an der High-School zu bekommen. Für sie ist der Mai die Zeit, in der sie Gerüchten über offene Stellen an der "großen" Schule nachgehen. Wie ein Flugzeug, das über dem Flughafen auf die Landeerlaubnis wartet, kreisen sie unentwegt und verlieren ihre Energie schneller als alle anderen Lehrer, mit Ausnahme vielleicht der Sonderschullehrer.

Der auf dieser Altersstufe erfolgreiche Lehrer weiß, daß seine Aufgabe überwiegend emotionaler Natur ist. NLP bietet dringend nötige Hilfe an: Wie läßt sich Rapport erreichen, wie halte ich Disziplin aufrecht, wie gehe ich mit Streßsituationen um? Der Lehrer nimmt seine Aufgabe wahr, indem er mit den Schülern redet, und mehr noch, indem er zuhört.

High-School-Lehrer

Im Gegensatz dazu steht die Motivation von High-School-Lehrern: In ihrer praktischen Ausbildung stand für sie an erster Stelle der Inhalt und ihr Wunsch, zu Können und Klugheit hinzuführen, die auf Wissen aufbauen. Ihre Aufmerksamkeit ist infolgedessen auf das Unterrichten und die Gruppendynamik gerichtet. Konzentriert man sich jedoch auf das Lehren, ohne begriffen zu haben, was Lernen heißt, imitiert man gewöhnlich nur den Unterrichtsstil der eigenen Professoren. Untersuchungen zeigen, daß achtzig Prozent des Unterrichts an der High-School mit nur zwei Methoden erteilt wird, mit Frontalunterricht und Hilfestellung für einzelne Schüler. Dem ist der Grundschulunterricht gegenüberzustellen, in dem der Lehrer jede Stunde (45 Minuten) mindestens vier verschiedene Methoden anwendet.*

Die Vorbereitung eines High-School-Lehrers ist, verglichen mit den anderen Schulstufen, überwiegend akademisch. Diese Lehrer sind an NLP vor allem deshalb interessiert, weil es Techniken vermittelt, mit deren Hilfe Gelerntes besser behalten werden kann, und Techniken, die ihnen die für die Schüler geeigneten Kurse auswählen helfen (Stützkurse, Trainingskurse oder solche mit besonderen Anforderungen). NLP hilft ihnen auch, verstehen zu lernen, wie ihr Unterrichtsstil die Aufnahmefähigkeit der Schüler beeinflußt. Umgekehrt zeigt sich die Fürsorge dieser Lehrer darin, daß sie Schülern helfen, ihre eigenen Fähigkeiten und Zukunftschancen herauszufinden.

Das "Förderband" und der "Korridor"

Ich habe schon darauf hingewiesen, daß Schüler, die im Schulsystem (auf dem "Förderband") nicht wie erwartet vorankommen, in Sonderprogramme und Sonderklassen verwiesen werden – auf den "Korridor". Wie ist die Beziehung zwischen den Lehrern der Normalklassen und denen der Sonderklassen an Ihrer Schule?

Außerhalb, auf dem Korridor

Das folgende Szenario wurde noch von niemand entworfen und scheint doch allgemeine Gültigkeit zu haben. Jeder Schüler, der die vorherrschende Modalität der nächsten Stufe bereits beherrscht, wird als begabt bezeichnet (zum Beispiel ein *visuell* veranlagter Schüler der 1. Klasse, der bereits wie ein Drittkläßler lesen kann). Umgekehrt wird ein Schüler, der in die nächsthöhere Klasse kommt (besonders in die 3. oder die 6.) als "unter dem Durchschnitt" bezeichnet, wenn er sich nicht an die neue Modalität (entweder *auditiv* oder *visuell*) anpassen kann. Ist Geld vorhanden, wird er von der Normalklasse in Sonderkurse oder in eine Sonderschule geschickt.

Einige Schulen und Schulbezirke sind erfolgreicher als andere; ihre Vorstellung vom Verhältnis zwischen Förderband und Korridor ist folgende: Sie nutzen den Korridor als den Ort, wo schwache Modalitäten des Schülers entwickelt werden. Anders ausgedrückt: der Korridor ist dort am *Lernprozeß* orientiert, während der übliche Schulbetrieb

Waage des Lernens

Das "Förderband" betont den *Inhalt*.

Der "Korridor" widmet sich dem *Lernprozeß*.

---

* Es ist kein Zufall, daß Fremdsprachen als einziger Lehrstoff mit Suggestopädie in Verbindung gebracht werden. Hier wird wie auf der Grundschule unterrichtet – unter Einbeziehung der verschiedenen Sinneskanäle.

sich normalerweise auf den *Inhalt* konzentriert.

Weniger erfolgreiche Schulen und Bezirke teilen die oben beschriebene Vorstellung nicht. Die Lehrer der Normalklassen diktieren den Lehrern im Korridor den Lerninhalt, und deshalb werden die Schwächen der Schüler nicht entsprechend berücksichtigt. So sagt Mr. C. Belt zu Mrs. Cora Door*: "Johnny kommt immer in der 5. Stunde zu Ihnen herunter. Ich gebe ihm seine Mathematik- und Rechtschreibebücher mit." So ist Mrs. Cora Door gezwungen, sich mit *Inhalt* zu befassen, der für den Schüler neu ist. Der Schüler bräuchte aber Hilfe beim Lernprozeß.**

Die Waage des Lernens ist zerbrochen.

Da Verhältnis von Inhalt und Prozeß läßt sich mit der "Waage des Lernens" darstellen. Wenn es auf den Inhalt ankommt, muß der Lehrer alle Modalitäten (Sinneskanäle) ansprechen, so daß der Schüler wählen kann, welchem Teil der Darstellung er Beachtung schenkt. Wird er eher zusehen, eher zuhören oder durch Bewegung und Berührung erfassen? Jeder Schüler kann die ihm vertraute Modalität wählen. Um Frustrationen der Schüler zu vermeiden, ist es am besten, eine neue Methode wie zum Beispiel Visualisierung mit Hilfe von bekanntem Stoff einzuführen. Wenn die Klasse das Einmaleins lernt und Johnny Schwierigkeiten hat, sich die Zahlen auditiv zu merken, wäre es angebracht, Johnny zunächst ein bekanntes Lied oder einen Reim aufsagen zu lassen; damit wird der erforderliche mentale Zustand erreicht. Während Johnny das Lied oder Gedicht vorträgt und sich dabei rhythmisch bewegt, kann der Lehrer Bewegung und Stimme imitieren und damit bei Johnny die auditive Modalität "pacen" und "ankern" (siehe Glossar). Der Lehrer geht gleich weiter zu 2 x 2 = 4 und behält den Rhythmus des Liedes oder Gedichtes bei.

Der Erfolg beruht darauf, daß man im auditiven Bereich bleibt, während man zu Inhalt übergeht, der einfacher und vertrauter ist als in der Normalklasse (wie 2 x 2 = 4 anstelle von 7 x 8 = 56).

Sally zum Beispiel kann das Einmaleins auswendig aufsagen, sie kann es sich aber nicht bildlich vorstellen. In diesem Fall könnte der Lehrer sie veranlassen, sich Bekanntes bildlich vorzustellen, wie ihr Zimmer, das Wohnzimmer zuhause, alles was mit visuellen Eindrücken zusammenhängt: Farbe, Größe, Form, Entfernung usw. In dem Moment, da sie sich diese Bilder vor ihr inneres Auge holt, wird ihr Körper vielleicht unbeweglich und ihr Blick geht nach oben. Der Lehrer könnte ihre Haltung und Gestik nachahmen, um diesen Zustand zu ankern. Wenn der Lehrer sich überzeugt hat, daß Sally in diesem Zustand bleibt, kann er sie auffordern, sich 3 x 3 bildlich vorzustellen. (Näheres in Kapitel 6.)

Da es Zweck des Korridors sein sollte, Alternativen zum Unterrichtsstil im normalen Schulbetrieb zu bieten, ist es für den Lehrer wichtig, letzteren zu kennen. Falls der Klassenlehrer überwiegend einseitig (zum Beispiel auditiv) unterrichtet, ist es sehr hilfreich für den Lehrer im Sonderunterricht zu wissen, wie sein Schüler auf Unterricht reagiert, der mehrere Sinne anspricht (*multisensory approach* – eine Methode, die mehr und mehr auch von Lehrern im normalen Unterricht eingesetzt wird). Der Korridorlehrer könnte auch daran denken, eine andere Modalität zu wählen als die, die der Klassenlehrer im Unterricht primär anspricht.

---

* Anmerkung der Übersetzerin: Fast alle Namen enthalten Wortspiele, hier zum Beispiel Mr. C. Belt von *conveyor belt*, Mrs. Cora Door von *corridor*.

** Es ist mir klar, daß Schüler aus verschiedenen Gründen in den Korridor geschoben werden; ich beziehe mich hier jedoch nur auf Schüler, die mangelhafte Lernmethoden haben.

Es kann sein, daß die Reihenfolge der Modalitäten beim Klassenlehrer eine andere ist als bei seinem schwachen Schüler. Hier ist es Aufgabe des Korridorlehrers, die Reihenfolge beim Schüler zu pacen.

Der Lehrer im Normalbetrieb verwendet ein eingeführtes Arbeitsbuch und wird damit der Mehrheit der Schüler zum Erfolg verhelfen. Dagegen braucht der Korridorlehrer ein spezielles Programm für jeden Schüler, indem er viele Methoden ausprobiert, den Stoff also visuell, auditiv und kinästhetisch aufbereitet, und er muß herausfinden, welche Art für welchen Schüler geeignet ist. Grundlage seines Erfolgs ist seine Fähigkeit, die individuellen Lernmethoden seiner Schüler zu entdecken. In der Normalklasse kommt der Lehrer auch mit eingeschränkter Wahrnehmung und wenigen Techniken zu Rande.

Elisabeth arbeitete mit Schülern einer 3. Klasse, die Lernschwierig- keiten hatten. Sie veränderte eine Pappschachtel so, daß sie oben wie die Oberseite eines Kopfes aussah, vorne war ein Gesicht aufgemalt. Oben und auf der Vorderseite waren je drei Klappen, jeweils mit der Aufschrift "visuell", "auditiv" und "kinästhetisch". Nach etwa zwei Monaten kannte jeder Schüler seine visuellen, auditiven und kinästhetischen Fähigkeiten. Sollten sie neuen Stoff erlernen, dann wurden die Schüler einzeln aufgerufen, und jeder mußte an der Pappschachtel zeigen, auf welche Weise er den Stoff am leichtesten erfaßte. Die Oberseite der Schachtel zeigte die Input-Kanäle. Dann fragte die Lehrerin: "Wie sollst du deiner Klassenlehrerin zeigen, daß du den neuen Stoff kannst?" Die Vorderseite der Schachtel stand symbolisch für den Output-Kanal. Die Schüler hatten selbst auch Zettel, auf denen notiert war, *wie* sie etwas lernten und auch behielten (Prozeß); dann waren sie bereit für das *Was* (Inhalt).

Vergleichende Tabelle

Normalunterricht	Sonderunterricht
Im Mittelpunkt die Gruppe, die Klasse als ganze;	Im Mittelpunkt der einzelne Schüler;
Betonung auf multisensorischem Unterricht;	zunächst soll jeder Schüler in seiner eigenen Modalität unterrichtet werden;
Ausrichtung auf neuen Lern*inhalt*;	Ausrichtung auf den neuen Lern*prozeß*;
Betonung auf Gruppenunterricht;	Betonung liegt auf Lernen;
Erfolg basiert auf der *Technik*.	Erfolg basiert auf der *Wahrnehmung* und der Anpassung der Unterrichtstechnik an die Bedürfnisse des Schülers.

Arbeitsblatt

Das Verhältnis von Normal- und Sonderunterricht

Anhand der folgenden Fragen können Sie die Unterschiede zwischen dem Normalunterricht und den zusätzlichen Kursen (zwischen Förderband und Korridor) an Ihrer Schule herausfinden.

Klassenstufe: _____

Unterrichtsfach (bei Lehrern der Sekundarstufe): _____

Geben Sie Normal- oder Sonderunterricht? _____

Wieviel Prozent der Zeit werden verwendet für ...   Inhalt? _____ %

                                                          Prozeß? _____ %

Welches Verhältnis besteht an Ihrer Schule zwischen Normalunterricht und Stützkursen? Wer entscheidet, was in den Stützkursen unterrichtet wird?

_____

_____

_____

Welche Auswirkungen hat das für Sie?

_____

_____

Wenn Sie an ihre Unterrichtserfahrung denken und das bisher Gelesene berücksichtigen: Welche Veränderungen würden Sie sich im Verhältnis zwischen Normal- und Stützunterricht wünschen?

_____

_____

_____

Übersicht

Die Besonderheiten der einzelnen Bereiche des Schulsystems

	Grundschullehrer	Mittelstufenlehrer, Klasse 3 - 6	High-School-Lehrer
Motivation:	Schüler	(ausbildungs-abhängig)	Inhalt
Im Mittelpunkt:	Lernen	(ausbildungs-abhängig)	Lehren
Vorbereitung:	kinästhetisch	emotional	intellektuell
Schüler sind:	kinästhetisch	auditiv	visuell
Beziehung zum Schüler durch:	Berühren und Sich-berühren-Lassen	Reden und Zuhören	Mit Schülern ihre Fähigkeiten u. Chancen herausfinden
NLP unterstützt:*	Lernmethoden	Rapport	Merkfähigkeit
	Multisensorischer Unterricht	Gruppendynamik	Visualisieren lehren
		Streßmanagement	Modalitäten von Unterricht, Lehrer und Schülern zur Deckung bringen
		Disziplin ohne An-strengung	

* Eine Untersuchung der National Education Association zeigt, daß 82 Prozent der Kommunikation im Unterricht nonverbal sind: Patrick Miller, *Nonverbal Communication,* Washington D.C. 1981, S. 7. Deshalb ist nonverbale Kommunikation der wichtigste Bereich, für den NLP Hilfe bietet.

Kapitel 2

Die Modalitäten

"Bei der Geburt wiegen das menschliche und das Gehirn des Affen jeweils 350 Gramm. Das Gehirn eines erwachsenen Affen wiegt 450, das des Menschen 1500 Gramm."

Geschichte der Lernstile

Der Begriff der *Lernstile* hat eine Vorgeschichte, die bis in die sechziger Jahre zurückreicht. Rita Dunn hat sehr viel dazu beigetragen, die Gemeinschaft der Erziehenden und Lehrenden auf die Unterschiede zwischen den Schülern aufmerksam zu machen. Wer ihren Leitlinien folgt, wird ermutigt, das Lernen *individueller* zu gestalten – was Grundschullehrer mit ihren Klassen von etwa 30 Schülern als nicht ganz einfach empfinden.

Das Programm *4MAT* von Bernice McCarthy betont den Prozeß des *Lehrens* und schlägt vor, in einer Stunde zwischen acht verschiedenen Ebenen zu wechseln, damit von den unterschiedlichen Lernstilen der Schüler auch jeder abgedeckt wird.*

Lehrer der Sekundarstufe, die mehr Wert auf den Inhalt legen, bevorzugen allgemeinere Hinweise zu Lehr- und Lernmethoden, die im Unterricht auf allen Stufen mit Erfolg angewendet werden können.

Wie Platon seinem Mentor Sokrates das größte Kompliment machte, indem er weiterentwickelte, was sie ihn gelehrt hatten, genauso ist es jetzt an der Zeit weiterzugehen.

Die Lehrer werden in der Mehrzahl weder Dunn's Idee der individuellen Lernprogramme übernehmen, noch werden sie ihren Unterrichtsstil so radikal ändern, wie McCarthy das vorschlägt. Wir müssen Wege finden, um "eleganter", aber nicht härter zu arbeiten *(smarter, not harder)*. Dieser Aufgabe soll das vorliegende Buch dienen.

Lernstile aus einem neuen Blickwinkel

In einer typischen Klasse mit 30 Schülern sind bei durchschnittlich 22 Schülern die visuellen, auditiven *und* kinästhetischen *Fähigkeiten* genügend ausgebildet, so daß es überflüssig ist, sie nach den Kategorien V, A und K einzuteilen. Andererseits gibt es meist zwei bis drei Schüler, deren Schwierigkeiten nicht auf ihren Lernstil zurückzuführen sind (zum Beispiel psychische Probleme, eine schwierige häusliche Situation usw.). Schüler, die nicht zu diesen beiden Gruppen gehören, sind die "Übersetzer" des Förderbandes.

Diese sind entweder einseitig visuell, nur auditiv oder nur kinästhetisch orientiert. (*Visual Only*, *Auditory Only*, *Kinesthetic Only* = VO, AO, KO. Es ist bestimmt nicht

---

* Bernice McCarthy: *4MAT*, Barrington/Ill. 1981 (Excel, Inc.)

nur ein Zufall, daß im Sport die Buchstaben KO für *knocked out* stehen. Diese Kinder werden aus dem normalen Schulbetrieb ausgestoßen. In allen Berichten über Problemschüler, die ich bis jetzt gelesen habe, ist die Mehrheit von den 26 Prozent, die die Schule vorzeitig verlassen, kinästhetisch.)

Oft sind sie auch nicht so schwierig, daß sie in die Sonderschule gehörten. Zeitweise arbeiten sie recht befriedigend, aber meist haben sie zu kämpfen. Sie arbeiten bevorzugt nur mit einem Sinneskanal, während die beiden anderen unterentwickelt sind. Jede Information, die sie durch ihre Sinne aufnehmen, muß in ihr vorrangiges / einziges Speichersystem "übersetzt" werden. Wenn nun der Unterricht in ihrer Modalität erteilt wird, kommen sie gut, manchmal sogar glänzend mit.

Beispiel:

Ein **KO**-Schüler erweist sich bei den naturwissenschaftlichen Experimenten zu einem bestimmten Thema als durchaus kompetent, da er die Begriffe "erfassen", durch Berührung erfahren kann, während er mit der Beschreibung desselben Experiments in einem Buch wenig anfangen kann. Desgleichen fühlt sich ein **VO**-Schüler von den vielen kinästhetischen Eindrücken des Experiments überfordert, er kann sich jedoch das Experiment nochmals bildlich vergegenwärtigen, wenn er darüber im Buch nachliest. Einem **AO**-Schüler hilft es, wenn er mit einer kleinen Gruppe hinten im Klassenzimmer den Text liest und so auditiven Zugang findet.

Lücken:

Die beschriebenen Beispiele bezogen sich auf eine Stunde, in der über längere Zeit nur in einer Modalität unterrichtet wurde. Eher typisch wäre eine Situation, in der der Lehrer in fünf bis zehn Minuten

mehrmals die verschiedenen Modalitäten durchläuft. Der Lehrer wechselt von der primären Modalität des "Übersetzers" in eine andere, so daß der Schüler die Information wieder in seine eigene Modalität übersetzen muß. Dadurch ist der Schüler zeitweilig geistig abwesend (das heißt er kann im Moment nicht auf das hören oder sehen, was der Lehrer sagt), um für sich zu übersetzen. Hat er das getan, kehrt er wieder in die Realität zurück, und der gleiche Vorgang wiederholt sich; er nimmt Information von außen auf und schaltet wieder ab, um zu übersetzen. Im Ergebnis hat der Schüler eine Reihe von Lücken, er weiß einiges, andere Einzelheiten fehlen ihm. Diese Lücken zeigen sich speziell bei der Wiederholung und in Tests.

Beobachtung von Unterrichts- und Lernstilen

Wenn wir unterrichten und dabei die Sinneskanäle der Schüler ansprechen – *Sehen, Hören, Bewegen und Berühren* – so erhält die Klasse insgesamt die Information auf einem oder mehreren Kanälen. Diese multisensorische Darstellung zwingt zu verstärktem Gebrauch der weniger entwickelten Sinne.

Als Aufgabe zur nebenstehenden Grafik ist vorgesehen, daß ein Lehrer einen anderen (der sich freiwillig zur Verfügung stellt) im Unterricht beobachtet. Der Beobachter notiert, wie oft die Schüler mit *Sehen, Hören, Bewegen und Berühren* beschäftigt sind. Sind die Schüler in nur einer Modalität, machen Sie ein X in den äußeren Kreis; sind zwei Modalitäten angesprochen, kommt ein X in das Dreieck; sind alle drei Sinne beteiligt, machen Sie ein X in den inneren Kreis.

Auf einem gesonderten Blatt notieren Sie Ihre Beobachtungen. Hier sind einige Fragen dazu: Was war die bevorzugte Modalität? Welche wurde am wenigsten gebraucht? Welche Kombination wurde hauptsächlich angewendet? Entsprachen die Aussagen des Lehrers dem, was er tat? Welche Schüler hatten es leicht, welche schwer? Wo bestanden Übereinstimmungen, wo Abweichungen zu meinem eigenen Unterrichtsstil?

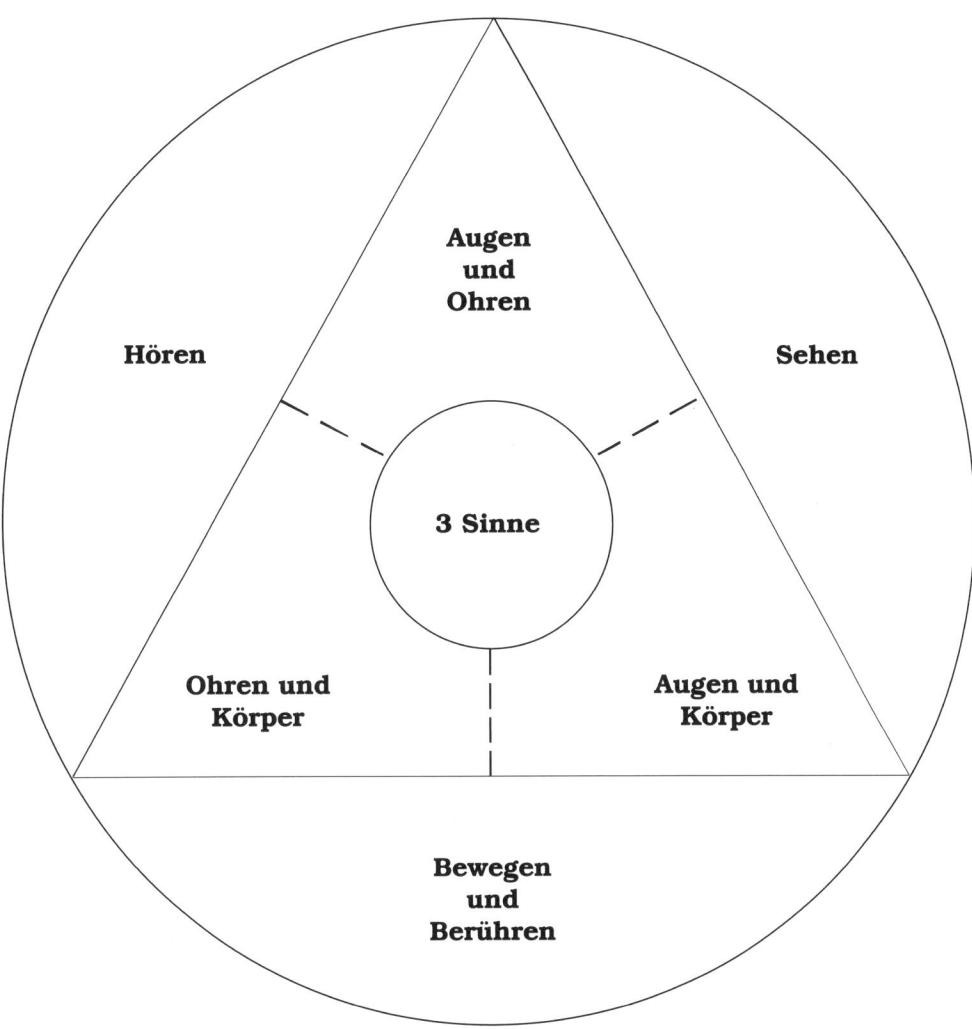

Nachdem Sie die vorangehende Beobachtungsübung gemacht haben, wird das folgende Arbeitsblatt Ihr Verständnis weiter vertiefen. (Mehr zum Thema "Übersetzer" im Abschnitt "Reteaching", S. 45)

Arbeitsblatt

Analyse einer Unterrichtsstunde nach Modalitäten

Dieses Arbeitsblatt hilft Ihnen herauszufinden, an welchen Stellen in Ihrer Stunde die "Übersetzer" ihre Lücken haben.

1. Thema der Stunde: _____

2. Kurze Beschreibung der geplanten Reihenfolge der vorgestellten Inhalte:

a) _____ (   )

b) _____ (   )

c) _____ (   )

d) _____ (   )

e) _____ (   )

f) _____ (   )

g) _____ (   )

3. In die Klammern unter 2. schreiben Sie die Buchstaben V, A oder K, je nach der Modalität, die für das Verständnis der jeweiligen Darstellungsweise erforderlich ist.

4. Während des Unterrichts notieren Sie sich, wann bestimmte Schüler (die Übersetzer) zeitweilig unaufmerksam sind, weil sie übersetzen.

Ein gutes Beispiel dazu wäre eine Englischlehrerin der Sekundarstufe, die Redewendungen durchnimmt. Wenn es um die lautliche Wiederholung geht, sind die "AOs" im Vorteil und die "VOs" zeitweise im Hintertreffen; ein weiteres Beispiel wäre der Grundschullehrer, der beim Fünfer-Einmaleins an der Tafel Farbkreide benutzt:

3 x 5 = 1*5*

4 x 5 = 20

5 x 5 = 2*5*

6 x 5 = 30

7 x 5 = 3*5*

Wenn 5 mit einer *ungeraden* Zahl multipliziert wird, kreist der Lehrer diese mit blauer Kreide ein (hier *kursiv* gedruckt), ebenso die 5 im Ergebnis. Den **VO**-Schülern ist mit der Farbe geholfen, den **KO**-Schülern sowohl mit Farbe als auch mit Umrandung, und die **AO**-Schüler fragen: "Wozu haben Sie das gemacht?"

Indikatoren

Es gibt äußere Anzeichen (Indikatoren) dafür, mit welchem Teil des Gehirns (auditiv, visuell oder kinästhetisch) ein Schüler gerade arbeitet.

Die beiden folgenden Übersichten zeigen, welche neurologischen Vorgänge beim Schüler ablaufen (s.u.) und welches Verhalten er dabei wahrscheinlich zeigen wird (siehe S. 32-33). Die Darstellungen des Verhaltens basieren auf NLP und den Beobachtungen von Swassing und Barbe.*

Neurologische Indikatoren

	Augen	Bewegung	Stimme & Tempo des Vorgangs	Lokalisierung des Prozesses	Aussagen (verwendete Begriffe)
visuell		ruhig	sehr schnell	Bewegung und Veränderungen im Augenbereich, z.B. Blinzeln, Zwinkern, Hochziehen der Augenbrauen	sehen, konzentrieren, betrachten, beobachten, sich vorstellen, enthüllen, bemerken, scheinen, klar, trüb
auditiv			wie ein Metronom (gleichmäßig)	Bewegung, Veränderungen um Mund und Ohren; Ausrufe wie "ah", "hmm"	hören, zuhören, klingen nach, sagen, sprechen, reden, sich reimen
kinästhetisch		viel Bewegung	sehr langsam	Veränderungen und Bewegung vom Hals abwärts	begreifen, erfassen, fühlen, handhaben, "ich pack' es nicht"; handlungsorientierte Wörter

* Für Erzieher, Studenten und Eltern gibt es einen ausgezeichneten, preisgünstigen Film: *Teaching to Modality Strengths: A Common Sense Approach to Learning,* Columbus/Ohio 1979 (Zaner-Bloser Inc.).

Verhaltensindikatoren

visuell	auditiv	kinästhetisch
hat den Überblick	spricht mit sich selbst	reagiert auf physisch erlebbare Belohnungen
sauber und ordentlich	leicht ablenkbar	berührt andere und sucht Nähe
aufmerksam	bewegt die Lippen, vokalisiert beim Lesen	körperbewußt
eher ruhig	kann gut wiederholen	bewegt sich viel
äußere Erscheinung wichtig	Mathe und Schreiben schwieriger	stärkere körperliche Reaktionen
eher besonnen	kann gut reden	frühzeitige starke Entwicklung der Muskeln
Rechtschreibung gut	spricht rhythmisch	lernt durch Tun
erinnert bildhaft	liebt Musik	lernt auswendig, während er geht und etwas ansieht
weniger ablenkbar durch Lärm	kann Tonfall, Stimmlage und Klangfarbe nachahmen	zeigt beim Lesen auf den Text
erinnert sich schlecht an mündliche Anweisungen	lernt durch Zuhören	reiche Gestik
liest lieber selbst, als beim Lesen zuzuhören	merkt sich Dinge schrittweise, in ihrer Reihenfolge	reagiert körperlich

Stimme

Kinn erhoben, hohe Stimme	Stimme ausdrucksvoll / Tonfall, Tempo, Wechsel der Stimmlage	Kinn nach unten, Stimme eher laut

Lernen

braucht Überblick, Ziel, bildliche Vorstellung von Details; vorsichtig, ehe nicht alles klar	sowohl interner als auch externer Dialog; probiert Alternativen erst verbal	lernt durch Ausprobieren und Tun

Erinnerung

erinnert sich an Gesehenes	erinnert sich an Besprochenes	erinnert sich an einen Gesamteindruck

Verhaltensindikatoren (Fortsetzung)

visuell	auditiv	kinästhetisch
Unterhaltung		
braucht das vollständige Bild; Details wichtig	von allen drei Typen am meisten redselig; liebt Diskussionen, reißt evtl. das Gespräch an sich, neigt zu Gedankensprüngen und weitschweifigen Darstellungen	lakonisch, einfühlsam, mit vielen Gesten und Bewegungen; benutzt Wörter, die aktives Tun beschreiben *(action words)*
Rechtschreibung		
am genauesten von allen drei Modalitäten; sieht die Wörter vor sich und kann sie buchstabieren; ist verwirrt bei nie vorher gesehenen Wörtern	Rechtschreibung nach dem Klang, buchstabiert rhythmisch	überträgt die Buchstaben in Körperbewegungen und überprüft mit seinem Gefühl
Lesen		
sehr gut, erfolgreich, hohe Geschwindigkeit	bewältigt unbekannte Wörter gut, liest gerne laut und hört gerne zu; liest oft langsam, da er gleichzeitig spricht	mag Bücher mit viel Handlung, begleitet die Geschichte mit Körperbewegung
Handschrift		
schöne Schrift wichtig, die leicht gelernt wird	im Sprechen meist besser als im Schreiben, spricht gern beim Schreiben	breite, verkrampfte Handschrift, nicht so gut wie die anderen
Imagination		
lebendige, bildhafte Phantasie; sieht Möglichkeiten vor sich; mit Blick für Details; gut geeignet für langfristige Planung	hört Töne und Stimmen	agiert oft die Vorstellung aus; möchte sie durchlaufen; stark intuitiv, bei Details schwach

Arbeitsblatt

Bestimmung der Schüler, die nur *eine* Modalität nutzen

Sinn dieses Arbeitsblattes ist es, drei Ihrer Schüler herauszufinden, die hauptsächlich *eine* Modalität zum Lernen gebrauchen. Verwenden Sie für diese Aufgabe die Beschreibungen aus der vorangehenden Übersicht. Sie können damit Ihre Wahrnehmungsfähigkeit verbessern.

1. Initialen eines überwiegend visuellen Schülers: _____
Beschreibung seines Verhaltens, das diese Annahme stützt:

_____

_____

_____

2. Initialen eines hauptsächlich auditiven Schülers: _____
Beschreibung seines Verhaltens, das diese Annahme stützt:

_____

_____

_____

3. Initialen eines vorwiegend kinästhetischen Schülers: _____
Beschreibung seines Verhaltens, das diese Annahme stützt:

_____

_____

_____

Das folgende (ausgefüllte) Arbeitsblatt stammt von einer Teilnehme-
rin meines Lernstil-Kurses.

Dies sind ihre Beschreibungen von
Schülern ihrer Klasse, die nur *eine*
Modalität nutzen.

Beispiel:

Bestimmung der Schüler, die nur *eine* Modalität nutzen

---

1. Initialen eines überwiegend visuellen Schülers: MD
Beschreibung seines Verhaltens, das diese Annahme stützt:

a) Sie schaut *immer* auf die Overhead-Projektion an der Wand, wenn ich etwas erkläre,
damit sie *sehen* kann, was ich sage.

b) Wenn ich aus dem Buch vorlese, liest MD den Text immer auch selbst, statt daß sie
sich auf das Vorlesen meinerseits verläßt.

c) Ihre Englisch-Hefte sind so ordentlich, wie ich vorher noch keine gesehen habe. Sie
sind mit der Maschine getippt. (Sie schreibt ihre handschriftlichen Aufzeichnungen aus
der Schule zuhause noch einmal mit der Maschine.) Jeder Abschnitt ist auch mit einem
Index versehen und mit Markierungen unterteilt.

d) Sie hat immer einen Textmarker auf ihrem Pult. Wenn ich ein Arbeitsblatt oder eine
Anleitung ausgebe, liest sie sie für sich durch (verläßt sich wiederum nicht auf mich)
und hebt mit dem Stift hervor, was ihr wichtig erscheint.

e) MD hat gewöhnlich nur ein oder zwei Fehler in sehr schwierigen Vokabeltests, meist
bei den sehr schwierigen Zusatzaufgaben.

2. Initialen eines überwiegend auditiven Schülers: JS
Beschreibung seines Verhaltens, das diese Annahme stützt:

a) Während der Tests "spricht" JS die ganze Zeit leise vor sich hin und stört so seine ru-
higeren visuellen Nachbarn.

b) JS ist ein guter Imitator. Er kann wörtlich wiederholen, was ihm jemand sagt (sogar
wenn er anscheinend nicht zuhört), und er kann außerdem den Tonfall der jeweiligen
Person ziemlich gut imitieren!

c) JS ahmt die Stimmen seiner verschiedenen Lehrer so gut nach, daß es ihm gelang,
sich aus einer Übungsstunde vorzeitig zu entlassen, und alle glaubten, der Lehrer habe
gesprochen.

d) Mit Mathe hat er Schwierigkeiten; er sagt, er kann sich nicht vorstellen, wohin die
Zahlen "gehen". Während er seine Mathe-Hausaufgaben macht, spricht er mit sich selbst
– mit der Stimme seines Mathematiklehrers!

e) Oft muß JS bei schwierigen Arbeiten im Klassenzimmer abseits gesetzt werden oder
sogar in einen anderen Raum, da er sich so leicht, und sei es durch das leiseste Flüstern, ablenken läßt. Für Schulaufsätze sucht er sich gewöhnlich ein Pult in einiger Entfernung von den übrigen Schülern, um seinen Aufsatz in der vorgegebenen Zeit beenden
zu können.

f) Bei Aufsätzen ist er sehr kreativ, aber Grammatik, Rechtschreibung und Zeichensetzung lassen zu wünschen übrig; er kann den gleichen Aufsatz aber vortragen, und er klingt viel besser, als manch andere Aufsätze aussehen!

3. Initialen eines überwiegend kinästhetischen Schülers: JLS

Beschreibung seines Verhaltens, das diese Annahme stützt:

a) JLS steht auf und will seinen *Füller* spitzen, nur um Bewegung zu haben. (Er hat das einmal wirklich getan und schien echt überrascht zu sein, als er merkte, daß er tatsächlich seinen Füller und nicht einen Bleistift in der Hand hatte!)

b) Wenn ich im Raum umhergehe, um einzelnen Schülern zu helfen, so meldet sich JLS nicht und wartet auch nicht, daß ich zu ihm komme; er *greift* nach mir und zieht mich am Arm, am Rock oder an der Bluse, wo immer er mich gerade erreicht.

c) Wenn ich Anweisungen vorlese, schaut er mich nie an. Er ergreift die Wörter auf dem Arbeitsblatt oder im Buch mit den Fingern, und er wird *wahnsinnig*, wenn ich die Anweisungen mit dem Overheadprojektor gebe. Er ist tatsächlich schon zur Wand gegangen, um die Anweisungen mit seinen *Händen* zu lesen!

d) Dieser Schüler konnte die Grammatik nicht lernen, bis ich *ihn* und seine Klassenkameraden die verschiedenen Satzteile *darstellen* ließ und er *fühlen* konnte, wie das ist, wenn ein Verb vor oder nach dem Subjekt steht usw. JLS stellte selbst gerne Verben oder Konjunktionen dar, die *Handlung* ausdrückten. Es gefiel ihm offensichtlich, zwei Schüler (Satzteile) in Verbindung zu bringen.

e) Dauernd greift er um sich, über seinen Kopf, unter sein Pult usw., um den Schüler hinter sich zu berühren. Glücklicherweise ist sein Nachbar auch kinästhetisch, und in jeder Unterrichtsstunde gibt es mindestens zwei derartige Rangeleien; dies scheint für beide hilfreich zu sein und stört die übrige Klasse kaum.

Vereinfachte Diagnostik nach Swassing und Barbe

In vielen Fällen ist das vorgestellte Modell zur Bestimmung des Lernstiles eines Schülers ungenügend. Das trifft beispielsweise für Legionen von Schülern zu, die unter das Etikett "lernbehindert" eingeordnet werden. Bei diesen Schülern müssen wir zwischen den Modalitäten für die "Eingabe", die "Speicherung" und die "Wiedergabe" von Lernstoff unterscheiden.

Das Input-Output-Diagramm (Eingabe-Wiedergabe) ist eine vereinfachte Darstellung der ursprünglich von Dr. Swassing und Dr. Barbe erstellten Diagnostik.*

Ziel dieses Fragebogens ist es herauszufinden, ob es jemandem *leichter* fällt, Informationen zu *speichern* oder sie wieder *abzurufen*. Es gibt neun verschiedene Kombinationsmöglichkeiten, um Informationen aufzunehmen (Input) und zu demonstrieren, daß man sie behalten hat (Output). Wir wollen herausfinden, ob der Schüler eine/ mehrere Kombination/en von Modalitäten einsetzt, die wesentlich stärker/schwächer sind als die anderen. Es ist kein Vergleich unter den Schülern beabsichtigt.

Während die meisten Diagnosebögen auf visuelle Fähigkeiten ausgerichtet sind, umgeht diese Übung diesen Nachteil (Übungsanleitung nächste Seite); ihre Schwäche liegt jedoch darin, daß "visueller Output" nicht berücksichtigt wird. Wir können tatsächlich nur sechs Kombinationen vergleichen; wir lassen den visuellen Output aus (vgl. dazu auch die Anmerkung** bei "visueller Output").

Input
(mit welcher Modalität die Information aufgenommen wird)

Output
(mit welcher Modalität gezeigt wird, daß man die Information behalten hat)

(V _____ V)**

V _____ A

V _____ K

(A _____ V)**

A _____ A

A _____ K

(K _____ V)**

K _____ A

K _____ K

Beispiel für einen IQ-Test

Finden Sie die passende Figur!

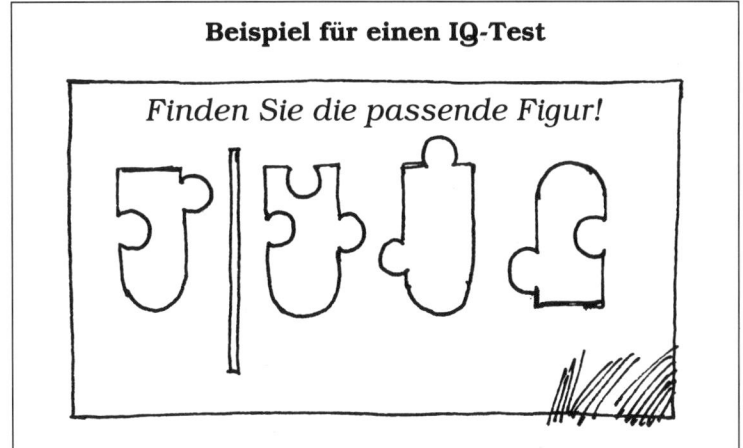

---

* Informationen über deren Testbogen sind erhältlich bei Zaner-Bloser Inc., 612 North Dark Street, Columbus/Ohio 43215. (Copyright 1979)

** Um visuellen Output (Wiedergabe) zu testen, müßten wir der Testperson drei Auswahlmöglichkeiten für die Wiedergabe anbieten, damit sie die zutreffende wählen kann – genau das, was in den *üblichen* IQ-Tests verlangt wird. Dale Seymour bietet hervorragende Testbögen für "visuelles Denken" an. (Dale Seymour Publications, P.O.Box 10888, Palo Alto/CA 94303, USA

Übungsanleitung:

1. Suchen Sie sich einen Partner und sammeln Sie auf drei Haufen je acht gleiche Gegenstände, welche leicht visuell und kinästhetisch unterschieden werden können. (Auf einem Haufen könnten zum Beispiel Münzen sein, auf dem anderen Kreditkarten und auf dem dritten Büroklammern.)

2. Jeder Haufen wird geteilt und jeder Partner erhält je vier Gegenstände; beide Partner sitzen sich an einem Tisch gegenüber.

3. Geben Sie die Anweisungen wie bei einem normalen Test. Sagen Sie zum Beispiel: "Ich mache eine Übung und ..." oder "Ich möchte verschiedene Methoden des Gedächtnistrainings testen."

4. Jetzt legen Sie vier beliebige Ihrer Gegenstände auf den Tisch. Damit Ihr Partner sie nicht gleich sieht, stellen Sie eine Tasche oder ein Buch davor auf. Sie fordern Ihren Partner auf, die Gegenstände zu betrachten, wenn Sie diese aufdekken, und anschließend - während Sie die Gegenstände wieder bedekken - vier gleiche Gegenstände (aus seinem Vorrat) in der gleichen Anordnung hinzulegen.
V (in) – K (out)

Hat Ihr Mitspieler seine Teile hingelegt, wird der Sichtschutz beseitigt, damit verglichen werden kann. In diesem Moment sollte noch kein Feedback gegeben werden.

WICHTIG: Während Ihr Partner sich die Anordnung Ihrer Gegenstände einprägt (Input), gibt er wahrscheinlich Hinweise auf die Modalität (ob V, A, oder K). Fällt ihm die Aufgabe leicht, können Sie sie mit einer der drei folgenden Veränderungen schwieriger machen:

a) Verkürzen Sie die Zeit zum Betrachten der Anordnung.

b) Nehmen Sie mehr als vier Gegenstände.

c) Machen Sie die Anordnung schwieriger.

Forschen Sie nach Hinweisen, welches Repräsentationssystem Ihr Partner nutzt, wenn er in Streß gerät (wenn die Aufgabe schwierig wird). Gerät er in Streß, bevor Sie die nötigen Hinweise haben, machen Sie die Aufgabe leichter.

5. Wiederholen Sie Schritt 4 und bitten Sie Ihren Partner, Ihnen die Reihenfolge der Gegenstände zu *sagen.*   V (in) – A (out)

6. Gehen Sie wiederum vor wie bei 4, zählen Sie selbst die Reihenfolge der Gegenstände auf und lassen Sie Ihren Partner wiederholen.
A (in) – A (out)

7. Diesmal geben Sie die Reihenfolge (mündlich) vor und bitten Ihren Partner, die Gegenstände hinzulegen. A (in) – K (out)

8. Beim nächsten Mal ertastet Ihr Partner die Gegenstände, ohne sie zu sehen, und beschreibt sie Ihnen dann.   K (in) – A (out)

9. Schließlich ertastet der Partner die Lage der Gegenstände mit geschlossenen Augen und legt seine Gegenstände in gleicher Weise hin.
K (in) – K (out)

Denken Sie daran: Ziel ist es, die verschiedenen Input-Output-Kombinationen zu vergleichen, um zu erkennen, ob eine oder mehrere der Sequenzen signifikant stärker oder schwächer sind als der Rest!

Der Übergang von Input zu Output

Das Testmodell von Swassing und Barbe gibt Ihnen die Möglichkeit, mit einem Schüler einzeln zu arbeiten. Wie geht das aber mit der ganzen Klasse? Wann müssen die Schüler in einer Modalität aufnehmen (Input) und in einer anderen demonstrieren, daß sie es verstanden haben (Output)?

Der Lernprozeß besteht darin, daß ein Schüler Informationen erhält (Input) und diese speichert. Im Prozeß der Wiedergabe wird die Information aus dem Speicher geholt und vorgetragen.

	Input	Speicher	Output
visuell	_____	_____	_____
auditiv	_____	_____	_____
kinästhetisch	_____	_____	_____

                        Lernen   Wiederauffinden

Während wir noch damit beschäftigt sind herauszufinden, wie unser Speicher arbeitet, lassen sich Input und Output bereits mit Sicherheit überprüfen. Die Mehrheit der Schüler nimmt Informationen über einen Sinneskanal auf (z.B. auditiv = sie hören den Lehrer sprechen) und demonstriert ihr Wissen über einen anderen Kanal (z.B. visuell und kinästhetisch = sie schreiben es auf). Dies geschieht in einem Rechtschreibtest; der Lehrer spricht das Wort aus (A) und die Schüler schreiben es hin (V und K).

Schreiben Sie (auf einem gesonderten Blatt) in dieser Woche drei Beispiele auf, bei denen sich die Modalitäten von In- und Output unterscheiden; notieren Sie, bei welchem die Schüler Schwierigkeiten haben.

Beispiel 1:

a) Was Sie gemacht haben (Input-Kanal der Schüler):

b) Wie die Schüler gezeigt haben, daß sie den Stoff verstanden hatten (Output-Kanal):

c) Welche Schüler welche Schwierigkeiten hatten:

Beispiel 2:

a) Was Sie gemacht haben:

b) Wie sie gezeigt haben, daß sie den Stoff verstanden hatten:

c) Welche Schüler welche Schwierigkeiten hatten:

Beispiel 3:

a) Was Sie gemacht haben:

b) Wie sie gezeigt haben, daß sie den Stoff verstanden hatten:

c) Welche Schüler welche Schwierigkeiten hatten:

Erfolgreiche und erfolglose Schüler

Manche Schüler lernen leicht einen bestimmten *Inhalt* auswendig oder erledigen spielend eine Aufgabe. Andere Schüler haben Schwierigkeiten bei derselben Aufgabe. Die Ursache für die Schwierigkeiten liegt manchmal in der Art des *Vorgehens*. Es gibt zwei Möglichkeiten: entweder sie arbeiten nur mit *einer* Modalität oder aber mit einer Kombination aufeinanderfolgender Modalitäten.

Aufgabenstellung:

1. Gewähltes Thema/Gegenstand/Fertigkeit:

_____

2. Initialen des Schülers, der die Aufgabe ohne Schwierigkeit erfolgreich ausführt: _____

3. Erfragen Sie die Strategie des erfolgreichen Schülers. Wie führt er die Aufgabe aus? (Beschreiben Sie die neurologischen Indikatoren.)

_____

_____

_____

_____

4. Initialen eines Schülers, der Schwierigkeiten hat oder es nicht schafft: _____

5. Erfragen Sie die Strategie dieses Schülers:

_____

_____

_____

6. Wo liegen die Unterschiede zwischen den beiden Schülern, und wie können Sie herausfinden, ob dieselbe Strategie bei einer größeren Anzahl von Schülern zu finden ist?

_____

_____

_____

Unterrichtsstile

Wegen unserer Vorliebe für eine bestimmte Altersstufe – und bei Mittelstufenlehrern für bestimmte Fachgebiete – neigen wir zu bestimmten Einstellungen (Grundannahmen, Überzeugungen = *beliefs*). Je mehr wir uns unseres Unterrichtsstils und der zugrundeliegenden Einstellungen bewußt sind, desto besser verstehen wir, warum wir uns mit bestimmten Schülern gut verstehen beziehungsweise warum die Verständigung gut funktioniert.

Äußere Anzeichen

Wir alle würden gerne multisensorisch unterrichten, und wenn wir das tun, sind wir uns unseres bevorzugten Unterrichtsstils nicht bewußt. Es gibt jedoch Zeiten, in denen wir in unseren bevorzugten Stil zurückfallen. Wenn wir wissen, wie er aussieht und wann wir ihn einsetzen, dann können wir feststellen, welchen Schülern wir damit Schwierigkeiten bereiten. In diesem Abschnitt soll Ihnen geholfen werden, die unauffälligen Kleinigkeiten zu finden, die Ihren Unterrichtsstil ausmachen. Der Überblick rechts enthält allgemeine Beobachtungen, die auf den bevorzugten Unterrichtsstil hinweisen.

Auditive Lehrer sind nicht aufgeführt, da es von ihnen nur wenige gibt und der Autor deshalb nur wenig Gelegenheit hatte, sie zu beobachten. Zweitens wiesen die Lehrer, die beobachtet werden konnten, typische Merkmale des visuellen Lehrers als auch des kinästhetischen Lehrers in bunter Mischung auf.

Äußere Kennzeichen des Unterrichtsstils

Bereich	visuell	kinästhetisch
Erscheinungsbild des Raumes	ordentlich, die Farben aufeinander abgestimmt	viele Materialien, mehrere Arbeitsbereiche
Arbeitsmaterial	systematisch geordnet, nach Größe und Farbe angeordnet; ordnet Dinge in Fächer ein	funktionell geordnet, Stapel an mehreren Stellen
Anschlagtafel	angenehm für das Auge, regelmäßiges Auswechseln, Farben aufeinander abgestimmt	stellt gerne Schülerarbeiten aus; überall hängen Pläne; Aushänge oft nicht mehr aktuell (man weiß, daß Ostern ist, weil der Lehrer die Karten vom Valentinstag abnimmt)
Auftreten des Lehrers	sauber, ordentlich, Kleidung in Farbe und Material zusammenpassend; äußeres Erscheinungsbild äußerst wichtig	leger; Gefühl ist wichtiger als Aussehen

Unterrichtsstile: Kennzeichen der Unterrichtsgestaltung

visuell	kinästhetisch	auditiv
spricht schnell	spricht eher langsam	spricht rhythmisch
Einsatz visueller Hilfen (Tafel, Overheadfolien)	benutzt "handgreifliche" Dinge (Handzettel, praktische Arbeiten)	liebt Diskussionen in der Klasse
erarbeitet viel Stoff	liebt Schülerprojekte (Aufführungen, szenische Darstellungen)	Lehrer oder Schüler lesen den Text laut vor
Form ist wichtig (Grammatik, Rechtschreibung, Gliederungspunkte)	die Idee ist wichtig (Grammatik und Rechtschreibung weniger)	paraphrasiert Bemerkungen der Schüler
glaubt an Leistungsbeurteilung durch visuelles Feedback (Tests)	beurteilt, was Schüler tun (was sie gestalten, was sie demonstrieren)	diszipliniert die Schüler im Gespräch, oft mit der gleichen Predigt "Wie oft ...?"
hält den Zeitplan ein	läßt an der Tafel arbeiten, fördert Arbeit in Teams	läßt sich leicht vom Thema ablenken (erzählt Kriegsgeschichten)
	benutzt zahlreiche Formen des Vorführens	nutzt kaum visuelle Hilfsmittel, begleitet alles mit Kommentaren oder Lauten (z.B. "Okay", "Aha")

Charakterisierung von Lehrern nach ihrer bevorzugten Modalität

Mit diesem Arbeitsblatt sollen drei Lehrer charakterisiert werden, die jeweils eine andere Modalität bevorzugen. Verwenden Sie die Beschreibungen aus den letzten beiden Tabellen, um diese Lehrer herauszufinden. Wieder können Sie gleichzeitig Ihre Wahrnehmung schulen.

1. Initialen eines vorwiegend visuellen Lehrers: _____

Beschreibung seines Auftretens und seiner Unterrichtsgestaltung:

_____

_____

_____

_____

2. Initialen eines vorwiegend auditiven Lehrers: _____

Beschreibung seines Auftretens und seiner Unterrichtsgestaltung:

_____

_____

_____

_____

3. Initialen eines vorwiegend kinästhetischen Lehrers: _____

Beschreibung seines Auftretens und seiner Unterrichtsgestaltung:

_____

_____

_____

_____

Visuell-kinästhetische im Gegensatz zu kinästhetisch-visuellen Lehrern

Fragt man Lehrer nach ihren zwei bevorzugten Modalitäten, nennen die meisten *visuell* und *kinästhetisch*. Da dies die häufigste Kombination ist, drängt sich die Frage auf nach dem Unterschied zwischen ihren beiden obengenannten Ausprägungen.

Nur in der (linkshemisphärischen) visuellen Modalität besteht die Fähigkeit zu längerfristiger Planung. Lehrer, die mit den Lernstilen vertraut sind, kennen den scherzhaften Rat, man solle vermeiden, an eine Schulbehörde zu geraten, deren Leiter auditiv ist. Die mangelhafte visuelle Wahrnehmung resultiert im Fehlen langfristiger Planungen, die auditive Komponente läßt Abschweifungen, hauptsächlich zu Kriegsgeschichten, erwarten.

Ein Vorteil der (linkshemisphärischen) visuellen Veranlagung ist die Fähigkeit, sich vorzustellen, wie man systematisch vorgeht, sowohl im Umgang mit den Schülern als auch in der Präsentation des Inhalts. Ein weiterer Vorteil ist die Tendenz, die Klasse als eine Einheit zu sehen und zunächst sicherzustellen, daß die *Klasse* beschäftigt ist, bevor man sich einzelnen Schülern zuwendet. Im Extremfall ist dieser Lehrer zu wenig flexibel und hält sich starr an seinen vorgegebenen Plan.

Die Stärke des kinästhetischen Lehrers ist seine Flexibilität und seine Fähigkeit, auch Unvorhergesehenes in seiner Unterrichtsstunde aufzunehmen und einzubauen. Er hält Rapport für sehr wichtig (im Gegensatz dazu ist es beim visuellen Lehrer die "Autorität"). Die Schüler verhalten sich bei einem kinästhetischen Lehrer oft so, als hätten sie die Erlaubnis zu einer "Privataudienz".

Oft ist ein Lehrer in der Schule visuell-kinästhetisch, sonst aber kinästhetisch-visuell. Wenn er samstags zuhause hilft, nimmt er zum Beispiel etwas in die Hand, um es aufzuräumen, und klemmt sich im Vorbeigehen noch zwei weitere Sachen unter den Arm. Er läuft Gefahr, sich von unwichtigen Kleinigkeiten ablenken zu lassen und dabei nichts zu Ende zu bringen. Bis Mittag hat er das Gefühl, daß er schwer gearbeitet und wenig erreicht hat und meist umhergehetzt ist. Dieselbe Planlosigkeit herrscht bei ihm im Klassenzimmer, und das wirkt sich besonders in bestimmten Fächern aus: in Werken, in Kunst und solchen Fächern, bei denen individuelle Hilfestellung nötig ist. Dieser Unterricht wird auf der Mittelstufe überwiegend von rechtshemisphärischen Lehrern erteilt. Da läßt sich dann beobachten, daß mindestens fünf Schüler gleichzeitig dringend Hilfe brauchen und nach dem Lehrer rufen. Der hat das Gefühl, als würde er gleichzeitig in mehrere Richtungen gezerrt. Dazu paßt ein Spruch, der häufig auf Postern zu sehen ist: "Wenn du bis zu den Ellenbogen zwischen Alligatoren steckst, denkst du kaum mehr daran, daß du ursprünglich den Sumpf entwässern wolltest."

Die Modalität wechseln!

Die folgenden Vorschläge können Ihnen helfen, von kinästhetisch-visuell zu visuell-kinästhetisch zu wechseln:

1. Sind Sie bei einem Schüler fertig, richten Sie sich auf und *atmen* Sie zweimal durch. Wehren Sie *mit einer Geste* den nächsten Hilferuf ab (heben Sie zum Beispiel die Hand für "Stop").

2. *Schauen* Sie im Raum umher (werden Sie visuell) und überlegen Sie, ob die Gruppe neue Anweisungen braucht, bevor Sie einzelnen

helfen (siehe "Wenn Gewohnheiten durchbrochen werden", S. 181).

3. *Entscheiden* Sie, was Sie als nächstes tun.

Ein Lehrer für Werken entwickelte folgende fortgeschrittene Technik: Er fand heraus, daß er seinen Schülern gewöhnlich in folgender Reihenfolge half: Er ging von A zu B, dann weiter zu C und D. Wenn er dann bemerkte, daß A nicht weiterkam, ging er wieder zu ihm, dann wieder zu B, zu C und zu D. Seine Version der obengenannten drei Schritte war nun, daß er erst A half und dann B und danach wieder zu A zurück*schaute*. Seine Erklärung war, daß er sich in seinem Fach (Werken) vergewissern mußte, daß die ersten beiden beschäftigt waren, bevor er zu einem dritten Schüler ging.

Reteaching

Im letzten Abschnitt ging es um individuelle Unterrichtsstile. Der Stil spielt zum einen eine Rolle, wenn es um das Unterrichten der ganzen Klasse geht (*teaching*) und zum anderen bei der vertiefenden Arbeit mit einzelnen Schülern (*reteaching**).

Unterricht vor der Klasse (*teaching*)

Beim Unterichten der ganzen Klasse wollen wir den Stoff multisensorisch präsentieren. Mit den Modalitäten V, A und K erreichen wir die große Mehrheit der Schüler.

So kann jeder Schüler die Information mit dem von ihm bevorzugten Input-Kanal aufnehmen. Bei diesem Unterricht fällt es den Schülern leichter, den Stoff zu behalten, denn "je mehr Input-Kanäle die Information transportieren, desto lebendiger ist die Erinnerung". Dieses Unterrichten stärkt indirekt die sekundären Modalitäten der Schüler. (Der Abschnitt "Wichtige und schwierige Themen", S. 196 ff. , befaßt sich mit diesem Teil des Unterrichts.)

Einzelunterricht (*reteaching*)

Nachdem wir den Stoff vor der ganzen Klasse dargeboten haben, gehen wir von unserem Pult, dem Overheadprojektor oder der Tafel weg und wenden uns einzelnen Schülern zu. Unsere praktische Forschung zeigt, daß wir dabei 65 Prozent unserer Zeit immer denselben vier bis sechs Schülern widmen. Diese sind "Übersetzer";

ihre Wahrnehmung ist nicht so vielseitig, daß sie aus unserem Unterricht genug lernen. Sie müssen den neuen Stoff über einen einzigen Input-Kanal (oder zwei) erhalten.

Aus Carol Cummings' Buch** stammt die exzellente Idee, am Ende einer Stunde die Namen der Schüler anzukreuzen, denen man einzeln den Stoff noch einmal erklären mußte. Die Anzahl der Kreuzchen zeigt an, wie oft Sie zu diesen Schülern gegangen sind, um zu helfen. Nach vier Stunden werden Sie Ihre "Übersetzer" gefunden haben. Nur bei diesen Schülern müssen Sie sich des Lernstils bewußt sein, damit Sie sich ihnen anpassen können.

---

* Anmerkung der Übersetzerin: Im Deutschen fehlt ein genau entsprechender Begriff.
** Dr. Carol Cummings, *Managing To Teach*, Edmonds/WA 1983 (Teaching, Inc.)

Arbeitsblatt

Reteaching in der Theorie

Um dieses Arbeitsblatt bearbeiten zu können, stellen wir uns vor, daß wir das Unterrichten der ganzen Klasse hinter uns haben (VAK). Es folgt nun der Einzelunterricht. Wir nehmen uns drei Schüler vor: einer lernt nur visuell (VO), einer nur auditiv (AO) und der dritte nur kinästhetisch (KO). Zur Übung lassen Sie drei Kollegen diese Rollen übernehmen (vgl. die Tabellen auf den Seiten 31 bis 33). Wählen Sie ein kurzes, bekanntes Thema und erteilen Sie etwa zwei Minuten Einzelunterricht.

1. Erklären Sie dem **VO**-Schüler das Thema, indem Sie Farbe, Gestalt, Lage, Umgebung beschreiben und Ihre Geschwindigkeit dem VO-Stil anpassen. Achten Sie darauf, daß Sie bewegungslos vor dem Schüler stehen. Denken Sie daran, daß er durch Sehen lernt. Er möchte Ihnen zusehen, wie Sie den Stoff wieder und wieder darstellen. Markieren Sie die Einzelaspekte des Themas durch verschiedene Farben. Beschreiben Sie hier Ihr Vorgehen in Stichworten:

2. Dieses Mal unterrichten Sie dasselbe Thema für einen **AO**-Schüler. Dabei variieren Sie mit Ihrer Stimme (Lautstärke, Pausen, Stimmlage, Rhythmus) und verwenden die passenden Aussagen. Bewegen Sie sich im Takt wie ein Metronom (speziell den Kopf) und pacen Sie den Bewegungsrhythmus dieser Schüler. Bedenken Sie dabei, daß diese Schüler den Inhalt besser behalten, wenn Sie dem Stoff einen bekannten Rhythmus unterlegen. Beschreiben Sie in Stichworten Ihr Vorgehen bei AO-Schülern:

3. Schließlich unterrichten Sie denselben Stoff für einen **KO**-Schüler und achten dabei besonders auf Standort, Bewegung (Gesten), Berührung, Gewicht, Material, Form, und wieder pacen Sie seinen Rhythmus. Denken Sie daran: Diese Schüler lernen durch Aktivierung ihres Muskelgedächtnisses *(Muscle Memory: "M & M" kids)*. Lassen Sie diese Schüler den Stoff wieder und wieder durchlaufen. Je mehr Sie dabei übertreiben, desto leichter macht ihr Gedächtnis Unterscheidungen. Lassen Sie mit verteilten Rollen spielen. Ihr Plan in Stichworten:

Reteaching in der Praxis:
Was haben Sie im Unterricht wirklich gemacht?

Haben Sie den Einzelunterricht wie oben angegeben geübt, so war das eine mehr theoretische Übung, die Sie auch mit Kollegen ausführen konnten. Anschließend sollten Sie im Laufe einer Woche den folgenden Arbeitsbogen ausfüllen. In der letzten Übung simulierten Kollegen Schüler, die nur *eine* Modalität nutzen. Im Unterricht ist es jedoch wahrscheinlicher, daß Ihre Schüler mehr als einen Wahrnehmungskanal gebrauchen. Dazu die folgenden Beispiele.

Beispiel 1:   Schüler: CN   Lerntyp: K

Mein kinästhetischer Schüler hatte vom Unterricht an der Tafel nur wenig verstanden. So legte ich vier Bücher auf den Fußboden und ließ ihn langsam vom ersten bis zum letzten gehen, während ich noch einmal langsam die vier Strophen des Gedichtes erklärte. Er durfte seine Baseballmütze aufsetzen und konnte damit sein Bedürfnis nach Aufmerksamkeit in der Rolle des "Klassenclowns" befriedigen. Als er anschließend das Gedicht aufschrieb, brauchte er keine Hilfe mehr, er hatte es verstanden.

Beispiel 2:   Schüler: JS   Lerntyp: AK

Ich gab einen etwa fünfzehnminütigen, anregenden Überblick über Leben und Werk John Steinbecks. Die Schüler schrieben Stichworte von der Overheadprojektion ab. Wichtige Einzelheiten wurden unterstrichen. Danach sollten die Schüler anhand der unterstrichenen Wörter mögliche Quizfragen finden.

1. Ein Schüler arbeitete nicht; ich näherte mich ihm von rechts und legte ihm meine Hand auf die Schulter.

2. Ich bat (A) ihn, mit dem Finger auf eine unterstrichene Stelle auf seinem Blatt zu deuten (K).

3. Dann schlug ich ihm vor (A), er solle sich in meine Lage versetzen (K) und sehen, welche Fragen ich beim Quiz stellen könnte. Ich forderte ihn auf (A), die Frage zu wiederholen (A) und dann hinzuschreiben (K).

Beispiel 3:   Schüler: RJ   Lerntyp: VA

Bei der Besprechung des Stoffes für einen Test ging ich zu dieser Schülerin und erklärte ihr den Inhalt im Überblick. Ich zeigte auf einzelne Punkte der Tabelle (V), wiederholte die Erklärung, indem ich auf den Rhythmus achtete (A), und ließ sie oft wiederholen (A).

Ihre eigenen Beispiele für Anpassung an den jeweiligen Input-Kanal eines Schülers:

1. Schüler: _____   Lerntyp: _____

_____

_____

_____

(Fortsetzung nächste Seite)

Reteaching in der Praxis (Fortsetzung)

2. Schüler: _____   Lerntyp: _____

_____

_____

_____

_____

3. Schüler: _____   Lerntyp: _____

_____

_____

_____

_____

Einzelunterricht hat mindestens zwei offensichtliche Vorteile: Wenn sie dem "Übersetzer" helfen, sammeln Sie erstens "Zutaten", mit denen Sie den Stoff bei einer weiteren Erarbeitung leichter verständlich machen können. Die dramatische Darstellung, wie Sie sie für den kinästhetischen Schüler bieten, wird später oft zum "Anker" für die Klasse. (Siehe auch "Das Ankern wichtiger und schwieriger Themen", S. 201)

Zweitens analysieren Sie gleichzeitig die Modalitäten, die die Schüler brauchen, um den Lernstoff überhaupt zu verstehen (siehe auch "Analyse einer Unterrichtsstunde nach Modalitäten", S. 30). Wenn Sie zum Beispiel dem Schüler die "ing"-Formen noch einmal erklären, dann taucht die Frage auf, warum *run* zu *running* wird, *walk* aber nicht zu *walkking*. Um sich die Formen zu merken, reicht der visuelle Eindruck alleine nicht. Genauso werden im Sprachunterricht bei der Arbeit mit Gedichten auditive Fähigkeiten benötigt, um das Versmaß herauszuhören.

Zusammenfassung

In einer durchschnittlichen Klasse mit etwa 30 Schülern sind 22 ausreichend visuell, auditiv und kinästhetisch begabt, um bei den meisten Lehrern gut zurechtzukommen. Am anderen Ende des Spektrums stehen ein bis drei Schüler mit Lernschwierigkeiten, die nicht im Lernstil begründet sind (häusliches Umfeld, psychologische Gründe usw.).

Zwischen diesen beiden Gruppen stehen die vier bis sechs Schüler, die ich als "Übersetzer" bezeichne, jene also, die vorwiegend über *eine* Modalität wahrnehmen. Daraus ergeben sich wenigstens fünf Folgerungen:

1. Erfolgt die Präsentation des neuen Stoffes nicht über den bevorzugten Kanal des Schülers, muß er für sich "übersetzen". Zeigt der Lehrer beispielsweise Oberheadfolien oder nutzt er die Tafel, so läßt sich beobachten, daß der auditive Schüler seine Lippen bewegt und *sagt*, was er *sieht*. Während des Übersetzens entgeht dem Schüler der in dieser Zeit vorgetragene Stoff.

2. Die Aufmerksamkeit der Schüler schwankt, je nachdem ob der Stoff in ihrer Wahrnehmungsart präsentiert wird oder nicht (amerikan.: *matching or mismatching*).

3. Aus diesen Erkenntnissen ergibt sich, daß diese Schüler manches wissen, manches jedoch, was im selben Zusammenhang gesagt wurde, nicht mehr wissen. Der Lehrer ist möglicherweise verwirrt, wenn er einen Test oder eine Hausarbeit korrigiert, und wundert sich, warum der Schüler die eine Antwort zwar weiß, die andere aber nicht.

4. Wir verbringen schätzungsweise 60 bis 80 Prozent unserer Zeit, um mit denselben vier bis sechs Schülern Stoff zu wiederholen. Nur bei diesen Schülern müssen wir die Lernmodalität bestimmen. Wir verbringen bereits viel Zeit mit ihnen, und wir möchten dabei auch Erfolg erzielen.

5. Auch wenn wir primär zum Beispiel visuell sind, nehmen wir oft über mehrere Kanäle wahr, so daß wir Einzelheiten unseres Stils in der Tabelle über Lernstile in verschiedenen Spalten finden. Es ist wichtig zu wissen, welche Methoden wir nutzen, speziell diejenige, die wir unter Streß anwenden. Wir wollen flexibler werden und uns jedem "Übersetzer" anpassen können.

Machen Sie sich in der kommenden Woche Notizen, inwieweit diese fünf Punkte auf Ihre "Übersetzer" zutreffen.

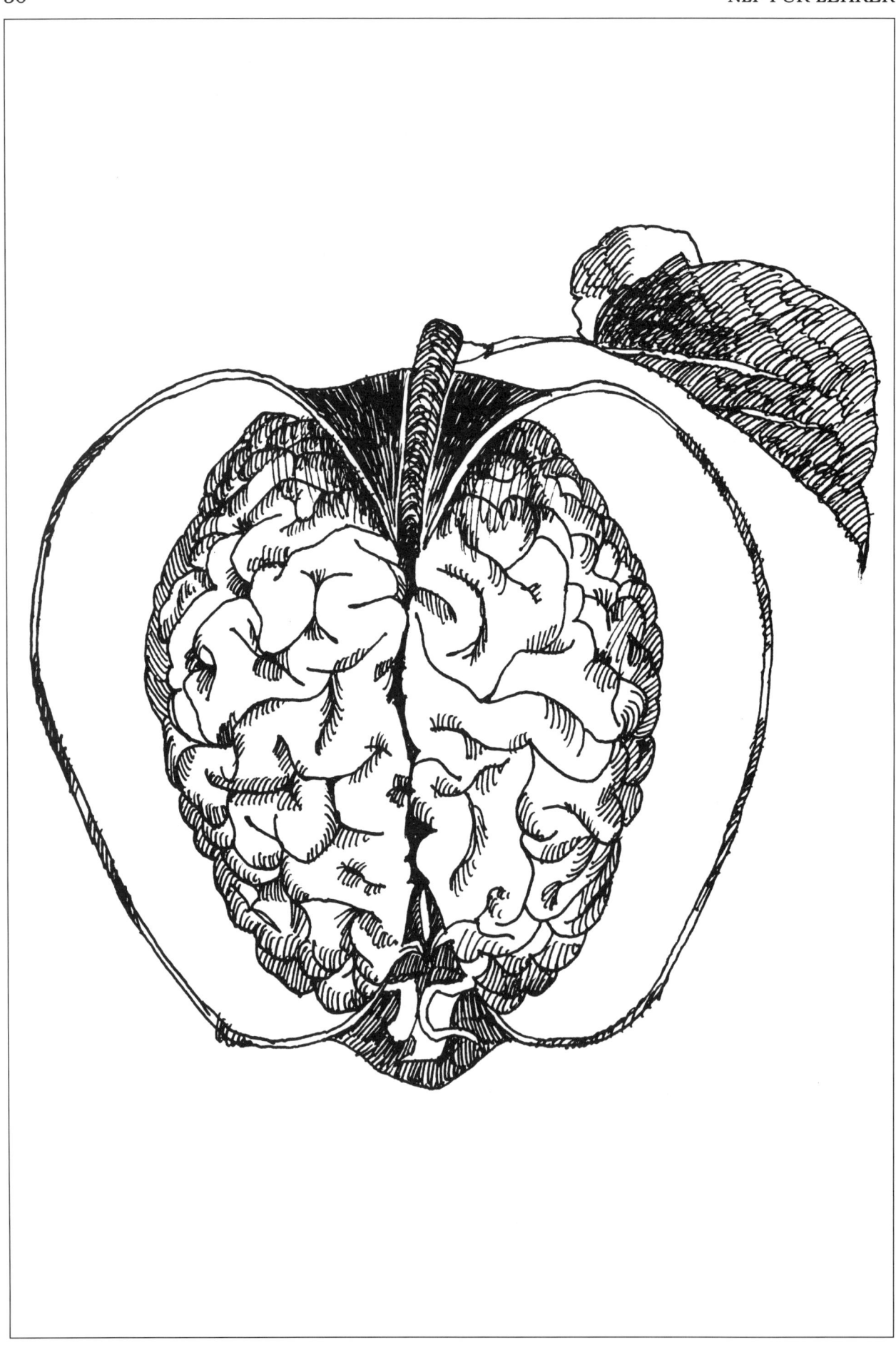

Kapitel 3

Die Gehirnhemisphären: Ein neues Modell

"Die Intuition ist ein göttliches Geschenk, der denkende Verstand ein treuer Diener.
Es ist paradox, daß wir heutzutage angefangen haben, den Diener zu verehren
und die göttliche Gabe zu entweihen."
Albert Einstein

Das bisher beschriebene Modell der Klassifizierung mit V, A und K hat seine Vorteile, wenn es darum geht, Lernstile von Schülern zu bestimmen. Je mehr Modelle zur Verfügung stehen, desto genauer läßt sich der individuelle Arbeitsstil beschreiben.

Eine kleine Geschichte soll diese Behauptung stützen: Der Sohn meines Nachbarn borgte sich Werkzeug von der Werkbank in meiner Garage, um an seinem Fahrrad zu arbeiten. Ich sah, daß an einigen Schrauben die Ecken abgerundet waren, und ich bemerkte, daß er die metrischen Schraubenschlüssel verwendete. Diese Schlüssel paßten für die meisten Muttern, aber als ich ihm den Standardschlüsselsatz gab, hatte er ein weiteres Hilfsmittel, das genauer zu seinen speziellen Schrauben paßte und somit auch wirksamer arbeitete.

Es gibt immer einen Unterschied zwischen einem theoretischen Modell und der Praxis. Je mehr Modelle zur Wahl stehen, desto eher trifft *ein* Modell den Stil, der bestimmt werden soll. Meine eigene Erfahrung hat gezeigt, daß die neurologischen Indikatoren von NLP und die Verhaltensindikatoren von Swassing und Barbe sich außerordentlich gut ergänzen, mit nur zwei Ausnahmen:

Erste Ausnahme: Ein Schüler X könnte mit den NLP-Augenmustern als visuell und nach Swassing und Barbe als kinästhetisch eingestuft werden. Um diese offensichtliche Inkongruenz zu klären, habe ich nach einem dritten Lernstil-Modell gesucht. Dieses Kapitel über die Hemisphären behandelt ein solches Modell und löst die Inkongruenz auf.

Zweite Ausnahme: Auditive Menschen, die gleichzeitig rechtshemisphärisch sind (sich leicht ablenken lassen), geben noch Rätsel auf. (Schreiben Sie mir, falls Sie eine plausible Erklärung haben.)

Vor vielen Jahren gab es eine Frau, die immer wieder epileptische Anfälle bekam, obwohl sie alle dafür üblichen Medikamente ausprobiert hatte. Da Not erfinderisch macht, wagten die Ärzte einen historischen ersten Schritt: sie unterbrachen die Verbindung zwischen ihrer rechten und ihrer linken Gehirnhälfte. Daß sie nun *zwei* Gehirne in einem Körper hatten, gab ihnen die Chance, jede Hälfte einzeln zu testen. Die Mediziner entwarfen eine Kopfapparatur, die von der Mitte der Stirn über die Nase nach unten reichte, so daß die Frau gleichzeitig (aber voneinander getrennt) mit dem rechten Auge *einen* Gegenstand (zum Beispiel einen Stift) und mit dem linken Auge einen *anderen* (zum Beispiel eine Tasse) sehen konnte. Als sie *sagen* sollte, was sie sah, beschrieb sie immer, was sie mit dem rechten Auge gesehen hatte. Die Tatsache, daß die rechte Körperhälfte mit der linken Gehirnhälfte verbunden ist, bestätigte lediglich, was man längst vermutet hatte: Sprache wird in der linken Hemisphäre gesteuert.

Ein überraschendes Ergebnis brachte die Aufforderung, aus einer größeren Anzahl Gegenstände den *herauszugreifen,* den sie gesehen hatte: Sie wählte die Tasse, die sie links gesehen hatte.

Arbeitsweisen des Bewußtseins

Linke Hemisphäre	Rechte Hemisphäre
logisch	intuitiv
folgerichtig	planlos
linear	holistisch
symbolisch	konkret
realitätsorientiert	phantasievoll
verbal	nonverbal
zeitorientiert	nicht zeitorientiert
abstrakt	analog

Das führte zu der Folgerung, daß kinästhetische Fähigkeiten (Bewegung und Berührung) in der rechten Gehirnhälfte gesteuert werden. Seit damals wurde die Liste der Fähigkeiten und Eigenschaften, die mit den jeweiligen Gehirnhälften verbunden sind, enorm erweitert. Die auf den vorliegenden Seiten wiedergegebene Übersicht ist eine von vielen Darstellungen, die gedruckt erhältlich sind.*

Fähigkeiten, die speziell in *einer* Hemisphäre lokalisiert sind

Linke Hemisphäre	*Rechte Hemisphäre*
Schrift	Tastsinn
Symbole	Räumliches
Sprache	Vorstellungs-vermögen
Lesen	Formen/Muster
Phonetik	Schätzungen (in der Mathematik)
Details/Fakten	Farbempfinden
Sprechen/Rezitieren	Musik/Gesang
Beachten von Anweisungen	Künstlerischer Ausdruck
Zuhören	Kreativität
Auditives Assoziieren	Visualisierung
	Empfindungen/Emotionen

---

* Barbara Meister Vitale: *Lernen kann phantastisch sein*, Berlin 1988 (Synchron)

Die folgende Übersicht zeigt die Korrelation zwischen dem Hemisphärenmodell und NLP:

links	rechts
auditiv	kinästhetisch
links-visuell	rechts-visuell

Während die meisten Hemisphärenmodelle die visuellen Fähigkeiten nur einer Hemisphäre zuordnen, schlägt der Autor - durchaus angreifbar - eine Alternative vor: visuelle Fähigkeiten sind auf beiden Seiten. Die linke Hälfte *sieht Symbole* (Buchstaben, Wörter usw.), während die rechte bestimmte *konkrete Gegenstände* sieht.

Damit löst sich der Konflikt um den vorher erwähnten Schüler X. Der rechts-visuelle Schüler läuft Gefahr, im Lesen zu versagen, da er visuell nur konkrete Gegenstände erfaßt. Wer links-visuell ist, sieht Buchstaben, Wörter (die abstrakte Darstellung der konkreten Wirklichkeit). Fundierte Untersuchungen zeigen, daß unser Bildungssystem die Schüler im "Normalfall" dazu bringt, die Fertigkeiten der linken Gehirnhälfte vorzuziehen. Andererseits steht fest, daß die Mehrzahl der Schüler im Korridor (Sonderschule usw.) überwiegend rechtshemisphärisch orientiert ist.

Wer die neurologischen Indikatoren kennt, wird leicht die visuellen Schüler herausfinden. Die Frage ist, ob dabei eine rechts-visuelle oder eine links-visuelle Präferenz erkannt wird.

Der links-visuell orientierte Schüler erreicht durchschnittlich eine Drei, der rechts-visuell orientierte eine Zwei und besser. Da die neurologischen Indikatoren für rechts- und links-visuell identisch sind, braucht man zusätzlich Verhaltensindikatoren, um zwischen rechts und links unterscheiden zu

können. Weist ein Schüler *visuelle* neurologische Augenindikatoren auf und *kinästhetische* Verhaltensindikatoren, so ist er vorwiegend rechtshemisphärisch. *Visuelle* neurologische Augenindikatoren *und visuelle* Verhaltensindikatoren deuten auf visuell linkshemisphärische Begabung.

visuelle neurologische Augenindikatoren
+ visuelle Verhaltensmuster
= linkshemisphärisch

visuelle neurologische Augenindikatoren
+ kinästhet. Verhaltensmuster
= rechtshemisphärisch

Die folgenden Geschichten veranschaulichen den Unterschied zwischen den beiden Gehirnhälften.

5. Klasse

Die Lehrerin hat herausgefunden, daß sie mit Janet und Fred den Stoff noch einmal einzeln durchgehen muß. Als wir das Klassenzimmer betreten, bemerkt uns Fred sofort und beobachtet uns auch weiterhin (Ablenkbarkeit ist stark rechts-visuell und kinästhetisch). Janet hat uns auch bemerkt, wendet aber sofort wieder ihre Aufmerksamkeit zur Lehrerin, die vorne steht (das Erwartete tun/Realitätsorientierung ist links-visuell). Fred ist während der ersten fünf Minuten, die wir im Raum sind, ständig in Bewegung: er berührt alles und spielt damit (Selbstunterhaltung ist rechts-hemisphärisch). Janet dagegen konzentriert sich ungeheuer auf ihre Lehrerin (links-visuell). Aber als die Lehrerin den Instruktionsteil der Stunde beendet und mit Stakkato in der Stimme die drei Dinge ankündigt, die in Eigenarbeit getan werden sollen, da runzelt sie die Stirn. Der visuell links orientierte Schüler braucht klare, genaue, schriftliche Anweisungen.

Die Lehrerin geht in der Klasse umher, beobachtet die Schüler und hilft ihnen. Als sie zu Fred kommt, fragt sie ihn, ob er weiß, was er zu tun hat. Er antwortet mit Nein. Sie berührt seine Schulter, während sie die Anweisungen wiederholt. Die rechte Gehirnhälfte reagiert sehr viel mehr auf persönliche Beziehungen als auf Autorität, und die Berührung der Schulter ist dabei sehr hilfreich.

Ein Teil der Aufgabe besteht darin, zum eben gehörten Stoff eigene Beispiele zu finden. Fred liebt diesen Teil. (Rechts-visuelle Menschen bevorzugen selbstgewählte Aufgaben, die Kreativität erfordern.) Und genau bei dieser Aufgabe bittet Janet ihre Lehrerin um Hilfe. (Links-visuelle können, im Gegensatz dazu, Faktenwissen exakt wiedergeben, fühlen sich aber nicht sehr wohl, wenn es um unstrukturierte Aktivitäten ohne genaues Ziel geht.)

Lesen

Es stimmt sicher, wenn jüngste Forschungen zeigen, daß beim Lesen beide Gehirnhälften beteiligt sind. Die linke dekodiert die gedruckten Symbole, genannt Sprache, und die rechte findet die Bedeutung dazu. Dennoch lesen rechts- und links-visuell orientierte Schüler sehr unterschiedlich. Der links-visuelle Schüler geht die einzelnen Wörter an. Die phonetische Methode ist für diesen Schüler ideal, da er erst die Teile, dann das Ganze lernt. Der rechts-visuell orientierte beginnt beim Ganzen und nimmt sich dann die Teile vor.

links-hemisphärisch	rechts-hemisphärisch
Stück für Stück	ganzheitlich

Rechtshemisphärisches Lesen orientiert sich am Handlungsfaden. Die Mehrzahl des handelsüblichen Materials und die Methoden, in denen Lehrer gewöhnlich ausgebildet werden, machen jedoch linkshemisphärischen Zugang erforderlich. So überrascht es nicht festzustellen, daß Menschen, deren Leistungen beim Lesen ungenügend sind, rechtshemisphärisch lesen. Nachfolgend eine Skizze aus der 3. Klasse:

Die Lehrerin ist hinten im Klassenraum am Lesetisch, vor sich ein Leseübungsblatt, das sie von einem Verlag bezogen hat. Oben auf der Seite erscheinen drei neue Wörter, und darunter sind diese Wörter in Sätze eingebaut und unterstrichen. Für Frau Betty Bright, die hier gute und überdurchschnittliche Schüler unterrichtet, ist die Erarbeitung mit Methoden der linken Hemisphäre durchaus angebracht. Sie nimmt zuerst die Wörter einzeln vor, sie gibt den Schülern das erste Wort und läßt es zur Verstärkung wiederholen (Stück für Stück). Wenn sie dasselbe mit den beiden nächsten Wörtern gemacht hat, geht sie zu den Sätzen über, in denen die neuen Wörter enthalten sind (das Ganze).

Im nächsten Raum unterrichtet Frau Patty Par eine Gruppe durchschnittlicher Schüler. Sie geht die Arbeit sowohl links- als auch rechtshemisphärisch an. Als sie die drei neuen Wörter einzeln einführt, erkennt sie, daß kinästhetische Schüler gar nicht oder kaum auf diese Arbeit der linken Gehirnhälfte ansprechen. Als es an die Sätze geht, erlaubt sie den eher kinästhetischen Schülern zu sagen "Lücke", wenn sie zu den unterstrichenen Wörtern kommen. Der rechtshemisphärische Schüler liest den Satz, um ihn zu vervollständigen (vom Ganzen zum Teil) nochmals durch und rät dann, welches der drei neuen Wörter inhaltlich paßt.

Im dritten Klassenzimmer daneben arbeitet Herr Sam Snail mit den schwachen Schülern. Er geht nicht sofort die Wörter an (die linkshemisphärische Methode), sondern zeigt drei von ihm vorbereitete große Karten, die das Wort im Bild und in erhabener Schrift zeigen (geschrieben mit einer Art "Schaumstoffstift"). Mit den Karten setzt Sam zwei Erkenntnisse um:

1. So wie der Lehrer in der 1. und 2. Klasse unterrichtet, so lernen kinästhetische (lernbehinderte, langsame) Schüler auch weiterhin. Das Bild (für rechts-visuell) ist auf der Karte zusammen mit dem Wort (für links-visuell). In der 3. Klasse beginnen Lehrer üblicherweise, die Bilder wegzulassen, wenn sie Wörter besprechen.

2. Der zweite Punkt bezieht sich auf den Gebrauch von Übertreibungen, die den kinästhetischen Schüler erreichen sollen. Eines der Wörter ist "Ernte". Lehrer Sam bindet sich ein rotes Halstuch um den Hals und setzt einen Strohhut auf. Mit Südstaatenakzent ruft er: "Bringt das Heu ein!" und läßt dabei mehrere Schüler zum Fenster rennen. Eine andere Gruppe eilt zum Schrank, um Garbenbündel zu bringen. Eine dritte Gruppe holt Einmachgläser von seinem Pult. Mit kontrollierter Aufregung stehen sie um ihn herum, als er zur Decke sieht und dabei sagt: "Diese Scheune bietet Schutz für das, was wir gesammelt haben."

Dann legt er jedem Schüler die Hand auf die Schulter sagt dazu: "Es war eine gute Ernte", und läßt die Schüler das Wort "Ernte" wiederholen, während sie ihm auch auf die Schulter klopfen.

Wie dieses Beispiel zeigt, ist einer der wichtigsten Unterschiede des ganzheitlichen im Vergleich zum "Stück-für-Stück"-Unterrichten: daß zuerst die *Erfahrung* vermittelt wird (das Ganze / rechts-visuell) und dann das Etikett (Vokabel = Teil / links-visuell) folgt. Wörter werden am besten unter Einbeziehung aller Sinne und des kinästhetischen Muskelgedächtnisses unterrichtet.

Sam weiß von früheren Erfahrungen her, daß kinästhetisch Lernende nur dann lernen können, wenn sie an ihren eigenen Erfahrungsbereich anknüpfen können. Jedes Jahr fordert er mehr Geld an für Exkursionen als seine Kollegen. Er weiß, daß die Schüler in Betty Brights Klasse beim Lesen nachempfinden und damit viel über das Leben lernen können, aber seine Schüler müssen die Realität erfahren, bevor sie darüber lesen. Wie die Forschung zeigt, weisen seine Schüler (und besonders Sonderschüler) Erfahrungsdefizite auf. Jedes Jahr versucht er auch, von der Verwaltung Geld zu bekommen, um Filme auszuleihen, damit er den Schülern erst den Film zeigen kann, bevor sie das dazugehörige Buch lesen.

Seine Kollegin Betty zeigt ihren Schülern oft nicht einmal die Bilder, wenn sie laut aus einem Buch vorliest, da ihre Schüler ihre sehr lebhafte Vorstellungskraft gebrauchen. Sam verwendet Bilder, damit das Gelesene real werden kann. Dank seiner Erfahrung verwendet er meist Verben, die Handlung ausdrücken. Er weiß, daß seine Schüler das Verb "sein" sehr schwierig finden, da sie es weder sehen noch schmecken noch berühren können. Abstrakte Wörter wie zum Beispiel "Wahrheit" oder "Schönheit" meidet er genauso wie lautgleiche Wörter (lehren/leeren oder amerikan.: *there/their*).*

Sam gibt verschiedenen Schülern die drei Wortkarten und läßt sie vorspielen, wie sie das Wort verstehen. Herr Snail fragt klugerweise andere Schüler nach alternativen Bedeutungen. Er weiß, daß es für die rechte Gehirnhälfte wichtig ist, selbst die Auswahl zu treffen und die eigene Bedeutung zu finden.

Englisch als zweite Sprache

Bei Schülern, die Englisch als zweite Sprache lernen, können die visuellen Fähigkeiten sowohl der linken wie der rechten Hälfte genutzt werden. Bei links-visuell orientierten Schüler können wir sehr optimistisch sein, daß sie die Sprache sehr schnell erlernen und im Schulsystem erfolgreich sein werden, also auf dem "Förderband" vorankommen. In den meisten Schulen gehören die Klassen mit Englisch als zweiter Sprache jedoch zum "Korridor", und der Erfolg in diesen Klassen ist von der Flexibilität des Lehrers abhängig. (Siehe dazu "Das 'Förderband' und der 'Korridor'", S. 21.)

Eric

Als ich einmal an einer Grundschule ein Training abhielt, stellte ich fest, daß die Lehrer von dem Fortbildungsthema "Hemisphären und Lernstile" fasziniert waren. Während eines nachfolgenden Besuchs führte man mich zu Eric, einem Fünftklässler, der den Lehrern Rätsel aufgab. Im Klassenraum sah ich, daß sein Pult abseits von seinen Mitschülern ganz vorne im Raum stand. Er nutzte alle drei Sinnesmodalitäten, und so fragte

ich den begleitenden Direktor, wie gut Eric im Lesen sei.

Vorangegangene Besuche in Klassen, angefangen von 2. Klassen bis zum College, haben mir gezeigt, daß Schüler, die bevorzugt rechtsvisuell orientiert sind und überdurchschnittlich gut lesen (eine Fähigkeit der linken Hirnhälfte), gute Voraussetzungen zum Genie haben.

Die Anforderungen an die Arbeitsweise und das Verhalten eines solchen Menschen können sich von den Anforderungen an einen durchschnittlichen Schüler beträchtlich unterscheiden. Normalerweise wird zum Beispiel von den Schülern verlangt, daß sie ihre Augen auf den Lehrer richten, während dieser etwas vorträgt. Da ein guter Prozentsatz der hochbegabten Schüler (*Talented And Gifted* = TAG) multisensorisch ist, wäre es eine Beleidigung, sie aufzufordern, sie sollten ihre visuellen Fähigkeiten nutzen, um zuzuhören (auditiv). Oft ist es besser, einen ihrer Wahrnehmungskanäle zu beschäftigen bzw. abzulenken, damit sie ihre Aufmerksamkeit in einer anderen Modalität auf den Lehrer richten. So geschieht es oft, daß ein Lehrer einen hochbegabten Schüler bittet, während einer Stoffwiederholung für einen Test Blätter einzuordnen oder irgend etwas anderes zu tun. Dadurch ist der Schüler gezwungen, sich gleichzeitig auf das Ordnen und das Zuhören zu konzentrieren. Was für den durchschnittlichen Schüler eine Überlastung wäre, ist für den hochbegabten Schüler eine angemessene Herausforderung.

Diese Technik ist für die meisten Lehrer und den normalen linkshemisphärischen Schüler mit Note "gut" und besser natürlich undenkbar, aber genau das tat Eric – sich ablenken. Er murmelte vor sich hin, während er versuchte, den Clip an

---

* Sein bester Ratgeber ist Sylvia Ashton Warners *Teacher*, New York 1963 (Simon and Schuster).

seinem Füller als Feder an einer Abschußrampe für Papierkügelchen zu befestigen. Er schaute den Lehrer nie an und füllte seine Arbeitsblätter nicht aus. Manchmal wußte er, wenn er aufgerufen wurde, (zum Erstaunen des Lehrers) die Antwort, und manchmal merkte er nicht einmal, daß er aufgerufen wurde. Der Direktor sagte mir, daß Eric im Lesen überdurchschnittlich sei. Seiner Meinung nach war Eric linkshemisphärisch sehr gut bei gleichzeitiger Präferenz der rechten Hälfte.

In der Bespechung stellte sich später heraus, daß Eric in den Tests *während* einer Unterrichtseinheit schlechter abschnitt als seine Mitschüler, sie am *Ende* der Einheit jedoch überflügelte. Dasselbe traf auch zu, wenn man die Ergebnisse der vierteljährlichen Stufentests und den Jahresabschlußtest verglich. Eric war so gut, daß er sich die einzelnen *Teile*, die der Lehrer vortrug, merkte (linkshemisphärische Begabung), daß er ihnen aber nicht bewußt Aufmerksamkeit schenkte, da ihm vor dem Ende der Einheit (bzw. des Jahres) der Sinn nicht klar war. Erst wenn er den Überblick über das *Ganze* (rechtshemisphärisch) hatte, erschloß sich ihm die Bedeutung. An dieser Stelle erinnerte er sich an die Teile, die gelehrt worden waren, und fügte sie zu einem Bild zusammen. Das macht ein Genie aus.

Mathematik

Wie beim Lesen läßt sich auch bei Mathematik sehr klar zeigen, wie unterschiedlich der Stoff für die rechte und die linke Gehirnhälfte darzustellen ist und wie unterschiedlich Schüler rechts- und linkshemisphärisch lernen. Bekommt die Klasse mehrere Antworten zur Auswahl, so hat der rechtshemisphärische Schüler die Chance des Spielers, da er geneigt ist, zu raten und voreilige Schlüsse zu ziehen. Auf seine Intuition vertrauend,

pickt er oft die richtige Antwort heraus. Da die meisten Mathematiklehrer eher für linkshemisphärischen Unterricht ausgebildet sind, fragen sie gewöhnlich nach Beweisen für die Antwort. Beweise können nur von der linken Gehirnhälfte erbracht werden, und dafür gibt es viele Beispiele überall im Bildungswesen. Ein Schüler der 2. Klasse überprüft seine Subtraktion, indem er die beiden kleineren Zahlen addiert und damit zur größeren Zahl kommt. Eine Schülerin in der 5. Klasse überprüft eine umfangreiche Division durch Multiplikation des Divisors mit dem Quotienten, um zu sehen, ob sie den Dividenden als Ergebnis erhält. High-School-Schüler setzen das Ergebnis einer Gleichung in die ursprüngliche Aufgabe ein, um zu sehen, ob beide Seiten gleich sind.

Erstaunlich ist, daß die "besseren" linkshemisphärisch orientierten Schüler ihre Arbeit wirklich noch einmal durchsehen wollen, während rechtshemisphärische Schüler diese Kontrolle als lästig empfinden und oft dazu gezwungen werden müssen.

Ein weiteres einleuchtendes Beispiel aus der Mathematik ist der Unterschied zwischen Algebra und Geometrie. Oft bringen einige der "schwächeren" Schüler (rechtsvisuell) in Geometrie ganz gute Leistungen, verglichen mit ihren linkshemisphärisch orientierten Mitschülern, da ihnen ihre räumliche Vorstellungskraft hilft. Die Arbeit in Algebra erfordert logisches, folgerichtiges Denken, und das ist eine Stärke der linken Hemisphäre.

Speziell Textaufgaben sind ein Schreckgespenst für Mathematiklehrer, da sie die Zusammenarbeit der rechten und der linken Hemisphäre erfordern.

IQ-Tests

Ich möchte hier ganz besonders darauf hinweisen, daß ein Teil der IQ-Tests einen großen Abschnitt enthält, der gute visuelle Fähigkeiten der rechten Gehirnhälfte voraussetzt. Da ist zum Beispiel links auf der Seite eine Figur vorgegeben und rechts daneben drei ähnliche Umrisse zur Auswahl, von denen aber nur einer genau paßt (siehe "Beispiel für einen IQ-Test", S. 37). Mit diesen nonverbalen Tests diagnostizieren wir Begabung und erhalten den sogenannten Intelligenzquotienten. Ich erwähne dies deshalb, da meiner Ansicht nach die Anforderungen in der Schule häufig derart links-visuell ausgerichtet sind, daß es nur einen geringen Zusammenhang gibt zwischen dem IQ, der auf rechts-visuellen Tests basiert, und den Leistungen eines Schülers in der Schule. Aus dieser Diskrepanz läßt sich erklären, warum manche Schüler einen hohen IQ haben und dennoch als ungenügend eingestuft werden und warum sie manchmal praktisch nicht lesen können, sehr zum Erstaunen ihrer Lehrer.

In einer Rede wurde einmal darauf hingewiesen, daß Lehrer sich wegen der Schüler, die nicht gut mitkommen, Sorgen machen. Und auch eine Antwort wurde dazu angeboten: "Die Schulen haben es bisher nicht geschafft, das Lernen auf die Realität des Lebens abzustimmen. Schüler mit Schulschwierigkeiten kommen im Leben oft viel besser zurecht als in der Schule. Es ist unser größtes Problem mit rechtshemisphärischen Genies, diese Schüler so durch die Schule zu bringen, daß wenigstens ihre Selbstachtung noch einigermaßen intakt ist."

"Rache ist süß. Ich hatte eine 5 in Geschichte, eine 4 in Algebra und eine 6 in Philosophie, aber ich habe gerade meine Firma für 39 Millionen Dollar verkauft."
(Copyright 1988, USA TODAY)

Arbeitsblatt

Die Unterscheidung zwischen *rechts-visuell* und *links-visuell*

Mit diesem Arbeitsblatt sollen Sie üben, die rechts-visuellen von den links-visuellen Schülern zu unterscheiden. Sie benutzen dazu die neurologischen und Verhaltensindikatoren von S. 31 ff. Gehen Sie in eine Klasse zu Schülern, die Sie noch nicht kennen. Setzen Sie sich mit Erlaubnis des Lehrers vorne seitlich hin, so daß Sie die Augen der Schüler im Blick haben. Verhalten Sie sich möglichst unauffällig, damit die Schüler sich wie üblich verhalten.

1. Notieren Sie hier die Klasse und – falls höhere als 6. Klasse – den Unterrichtsinhalt:

_____

2. Finden Sie einen links-visuell orientierten Schüler, dessen Augen (Pupillen nach oben gerichtet) und Verhaltensweise auf visuelle Wahrnehmung schließen lassen, und schreiben Sie fünf Minuten lang die zu beobachtenden Indikatoren auf.

_____

_____

_____

_____

3. Identifizieren Sie einen rechts-visuell orientierten Schüler. Finden Sie einen Schüler, dessen Augenindikatoren auf links-visuell schließen lassen, dessen Verhalten jedoch überwiegend kinästhetisch ist. Schreiben Sie auf, welche Verhaltensweisen Sie in fünf Minuten beobachten.

_____

_____

_____

_____

4. Inwieweit haben Ihnen die Beobachtungen geholfen, einige ihrer früheren oder derzeitigen Schüler zu verstehen?

_____

_____

_____

_____

Von innen oder von außen gesteuerte Aufmerksamkeit?

Die Aufzählung der Verhaltensweisen, die mit visueller, auditiver oder kinästhetischer Wahrnehmung und rechts- oder linkshemisphärischer Orientierung verbunden sind, ist umfangreich. Wir brauchen manchmal einfachere Unterscheidungsmerkmale für die verschiedenen Lernstile.

Es gibt eine einfache Möglichkeit, einen auditiven Menschen zu verstehen: er kennt keine rhetorischen Fragen. Auditive Menschen antworten auf alles.

Kennzeichnend für einen kinästhetisch Lernenden ist seine Vorliebe für Unterhaltung. Er besitzt eine starke Neigung, zu unterhalten oder unterhalten zu werden, ob positiv oder negativ, und wenn der Lehrer dem nicht genügt, hilft der Schüler sich selbst.

Was ist nun der Hauptunterschied zwischen links-visuell und rechts-visuell? Links-visuelle Menschen können Buchstaben, Wörter, Sätze und ganze Abschnitte *sehen*. Der rechts-visuell Orientierte sieht vor seinem inneren Auge den realen Gegenstand. Visuell linkshemisphärische Orientierung geht mit einer von innen kommenden Aufmerksamkeit einher, während visuell rechte Orientierung eher zu äußerlich bedingter Aufmerksamkeit neigt. Die Stimulation kommt dabei aus der Umgebung und von außerhalb des Selbst; daher auch der hohe Grad an Ablenkbarkeit bei rechtshemisphärischen Schülern. Deshalb werden die kinästhetischen Schüler, die außerdem rechtshemisphärisch orientiert sind, als schwierige Schüler *(kids at risk)* bezeichnet. Beobachtet man bei Schülern, daß sie stillhalten können, so deutet das darauf hin, daß sie sich gut von innen heraus konzentrieren können. Je länger sie vor sich hin starren und bewegungslos bleiben und je öfter das geschieht, um so besser ist ihre Konzentrationsfähigkeit. Benutzen Sie den vorliegenden Arbeitsbogen, um diese Fähigkeit bei einzelnen Schülern zu analysieren.

1. Schreiben Sie die Namen von drei Schülern auf, deren visuelle Fähigkeiten Sie überprüfen wollen. Achten Sie darauf, daß einer davon ein Schüler ist, von dem Sie wissen, daß er Schwierigkeiten in der Schule hat, speziell beim Lesen. Ein weiterer Schüler sollte im Lesen gut sein und der dritte eher durchschnittlich.

Schüler A _____   Schüler B _____   Schüler C _____

2. Beobachten Sie jeden Schüler etwa fünf bis zehn Minuten. Stellen Sie mit dem Sekundenzeiger Ihrer Uhr oder auch anhand Ihres Zeitgefühls fest, wie lange er jeweils ruhig dasitzt. Die Annahme ist, daß es einen absolut überzeugenden Bezug gibt zwischen dem ruhigen Schüler, der es leicht hat, und der konstanten Unruhe und dem Mangel an Sitzfleisch bei dem Schüler mit Schwierigkeiten.

3. Schreiben Sie auf einem gesonderten Blatt Ihre Überlegungen und Einsichten zu dieser Aufgabe auf. Berücksichtigen Sie besonders den Gedanken, daß eine sehr direkte Beziehung zwischen internaler Aufmerksamkeit *(focus)* und Erfolg beim Lesen besteht.

4. Gehen Sie mit Erlaubnis des Lehrers in eine Klasse, die Sie nicht kennen (nach Möglichkeit nicht in der Klassenstufe, die Sie gerade unterrichten, sondern bis zu zwei Stufen darüber oder darunter). Wählen Sie zwei oder drei Schüler, die unmittelbar Ihre Aufmerksamkeit erregen wegen ihrer internalen visuellen Fähigkeiten. Beobachten Sie sie drei Minuten und finden Sie mit der Stoppuhr heraus, wie lange sie ihre Augen auf innere Prozesse fixiert halten. Ein innerer Prozeß schließt sowohl das Lesen eines Buches (mit dessen Hilfe sie innere Bilder kreieren) als auch Tagträumerei mit starrem Blick ein. Schreiben Sie auf ein gesondertes Blatt, was Ihnen aufgefallen ist und welche Schlüsse Sie möglicherweise daraus ziehen. Danach können Sie mit dem Lehrer überprüfen, inwieweit die Leseleistung der Schüler mit Ihrer Einschätzung übereinstimmt.

Zusammenstellung der Fähigkeiten der beiden Hemisphären

Linkshemisphärischer Schüler	Rechtshemisphärischer Schüler
sieht Symbole (Buchstaben, Wörter)	sieht konkrete Gegenstände und läuft Gefahr, nicht lesen zu lernen
drei Notenstufen über dem Durchschnitt	zwei Notenstufen unter dem Durchschnitt
zeigt die visuellen NLP-Augenindikatoren und visuelle Verhaltensindikatoren	zeigt visuelle NLP-Augenindikatoren und kinästhetische Verhaltensindikatoren
braucht klare, spezifische, schriftliche Anweisungen	Selbstunterhalter, hohe Ablenkbarkeit
kann Fakten gut wiedergeben	ist ansprechbar für persönliche Beziehungen, anerkennnt keine Autorität
kommt mit unstrukturierten, nicht klar umrissenen Aufgaben nicht zurecht	wählt gerne selbst Beschäftigung aus, die Kreativität erfordert
will geleistete Arbeit überprüfen	rät gern, gebraucht seine Intuition; sorgfältige Prüfung ist lästig
möchte Informationen schriftlich	wünscht Information anhand von Darstellungen, Karten, Übersichten
Aufmerksamkeit von innen heraus	Aufmerksamkeit von außen bedingt

Leseverhalten

Linkshemisphärischer Schüler	Rechtshemisphärischer Schüler
nutzt seine Fähigkeiten beim Erfassen einzelner Wörter	braucht Bilder, damit er sich die Realität vorstellen kann
Analyse vom Teil zum Ganzen	Analyse vom Ganzen zum Teil
kann sich die Wirklichkeit anhand eines gelesenen Textes vorstellen	will die Wirklichkeit erfahren, bevor er darüber liest
liest das Buch vor dem dazugehörigen Film	betrachtet den Film, bevor er das Buch liest

Kapitel 4

Respektvolle Kommunikation

*"Wenn du mich nicht mein 'Ich' sein läßt, so wie du ein 'Ich' bist,
wirst du nie an mein Schweigen kommen und mich kennenlernen."*
(aus dem Film "Children of a lesser God")

Wir verstehen Informationen sehr gut, wenn sie in Form eines Vergleichs oder in Gegensatzpaaren vermittelt werden. Deshalb könnte es sein, daß die vorangegangenen Kapitel, die einen guten Überblick über Lernstile geben, unflexibel angewendet werden. Die Darstellungen zu den Begriffen *visuell, auditiv, kinästhetisch* und *links-* oder *rechtshemisphärisch* und zu allen folgenden Begriffen sollten aber nur als Handwerkszeug verstanden werden. Ihr funktioneller Gebrauchswert hängt von der Geschicklichkeit des Handwerkers ab.

Dieses Kapitel ist eine Aufforderung, die Neigung zu Schubladendenken und die Fixierung auf den statistischen Durchschnitt zu überwinden. Nehmen wir die siebziger Jahre als Beispiel. In dieser Zeit wuchs die Kenntnis über die Körpersprache, ablesbar an den vielen Büchern zu diesem Thema. Immer noch testen größere Unternehmen die nonverbale Wahrnehmung ihrer Bewerber, indem sie ihnen Tests vorlegen (wie es sie zu kaufen gibt), die kurze Videosequenzen eines Gesichts zeigen. Der Betrachter soll dann aus drei Beschreibungen diejenige herausfinden, die dieses Gesicht am besten beschreibt. Dasselbe wird mit Stimmen gemacht.

In Vorbereitung auf das neue Jahrhundert sollte *high tech* mit *high touch* (d.h. hier etwa: mit hochentwickeltem Taktgefühl) ausbalanciert werden.*

Menschen wollen mehr sein als statistischer Durchschnitt, sie möchten als Individuen betrachtet werden. Lehrer, die im Gespräch häufig sagen "ich mache immer" oder "ich mache nie", gehören zum statistischen Durchschnitt. Der flexible und erfolgreiche Lehrer betrachtet jeden Schüler, jede Gruppe als einzigartig.

Eines der Kennzeichen von NLP ist, daß es die persönliche Sensivität für jeden Schüler stärkt. Deshalb beginnt dieses Kapitel mit fünf warnenden Hinweisen, wie mit den Indikatoren vorsichtig umzugehen ist, und die zweite Hälfte des Kapitels ist dann den Problemschülern *(kids at risk)* gewidmet.

---

* John Naisbitt: *Megatrends*, Bayreuth 1984

Der Umgang mit den Indikatoren

1. Kalibrieren

Will man das Verhalten eines Gesprächspartners deuten, dann ist Kalibrieren (Eichen) notwendig. Je besser man das normale Verhalten eines Menschen kennt, desto leichter lassen sich Abweichungen oder Übertreibungen erkennen.

Die erste Form dieses Prozesses ist "kulturelles Kalibrieren". Wenn sich jemand so verhält wie in dem Kulturkreis üblich, in dem er aufgewachsen ist, so erlaubt das noch keinen Rückschluß auf seine bevorzugte Modalität. Laut Statistik spricht beispielsweise ein kinästhetischer Mensch langsamer als jemand, der visuell orientiert ist. Vergleicht man jedoch einen kinästhetischen Taxifahrer aus New York mit einem visuellen Professor aus Texas, so paßt der Fahrer nicht in dieses Bild, zieht man nicht kulturelle Eigenheiten in Betracht. Ist

jemand in einer traditionellen italienischen Umgebung aufgewachsen und visuell orientiert, so hat er wahrscheinlich engere Beziehungen zu anderen Leuten als ein kinästhetisch orientierter Mensch, der in deutscher Umgebung erzogen wird. *Kulturelle Einflüsse haben den Vorrang vor individuellen Eigenheiten.*

Als zweite Faustregel gilt, *daß kulturelle Einflüsse gewöhnlich die Grundlage für das Verhalten bilden und ihr Einfluß permanent zu spüren ist.*

2. Ist die Antwort sofort verfügbar oder nicht?

Nehmen wir an, die Lehrerin stellt im Unterricht eine Frage, schildert ein Problem. Die Antwort darauf kann irgendwo in einem Kontinuum (auf einer Geraden) zwischen den Extrempositionen "sofort abrufbar" und "nicht sofort abrufbar" eingeordnet werden. Bei der Anwendung der neurologischen Indikatoren zur Aufdeckung der Modalitäten eines Schülers muß der im Schaubild unten geschilderte Tatbestand mit berücksichtigt werden:

Sofort abrufbares Wissen

Wenn Wissen sofort zugänglich ist, entfällt die Notwendigkeit, danach zu suchen, und deshalb sind auch keine neurologischen Indikatoren zu sehen. Da die meisten Menschen inhaltlich konkret denken, wenn wir Fragen mit "was" stellen, ist kaum ein Suchen erforderlich, da die Antworten vertraut sind. So verändern die Augen *nicht* die Richtung – wie in der folgenden Abbildung.

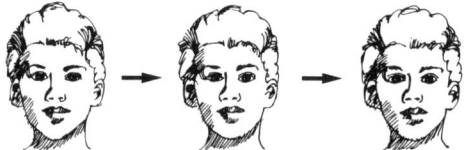

Nicht sofort abrufbares Wissen

Wenn eine Information erst *gesucht* werden muß, ermöglicht dies die Beobachtung des Suchprozesses. Während dieses Vorgangs lassen sich die neurologischen Indikatoren bestimmen (siehe dazu auch "Strategien herausfinden", S. 70). Wenn wir dann jemanden danach fragen, *wie* er die Antwort gefunden hat (was meist sehr ungewohnt ist), werden damit die Anzeichen des Suchens noch verstärkt. Fragen mit "wie" aktivieren diesen Prozeß. Die folgende Abbildung zeigt die Veränderung der Augen.

Zwischen kulturellen und individuellen Indikatoren unterscheiden

Das Verhalten von Menschen resultiert aus kulturellen Gewohnheiten und individuellen Eigenarten. Ohne die beiden Elemente zu trennen, erkennen wir die bevorzugten Modalitäten nicht richtig. Beispielsweise spricht jemand vielleicht deshalb schnell, weil er von der Ostküste stammt, und jemand anders spricht langsam, da er aus dem Süden kommt. In diesem Fall ist die Sprechgeschwindigkeit ein kultureller Indikator und deutet nicht auf individuell bevorzugte Modalitäten hin. Im Rahmen dieses Arbeitsblattes sind mit *kulturell* im weitesten Sinne Eigenarten bezeichnet, die jemand aufweist, weil er Mitglied einer bestimmten Gruppe war oder ist, die sich einheitlich in dieser Weise verhält. In diesem Sinn kann auch eine Familie eine kulturelle Einheit bilden.

1. Wählen Sie zwei Personen aus, die zur gleichen kulturellen Gruppe gehören. (1) _____ (2) _____

2. Beschreiben Sie Verhaltensweisen, die sie beide wegen Zugehörigkeit zur gleichen Kultur zeigen:

_____

_____

_____

_____

3. Beobachten Sie beide mit Taktgefühl und notieren Sie, wie die unter 2. genannten Verhaltensweisen bei beiden leicht unterschiedlich auftreten. Wenn zum Beispiel beide Italiener sind und deshalb gewöhnlich nahe mit anderen beieinanderstehen, so ist derjenige, der näher bei anderen steht, mehr kinästhetisch als der andere. Das Arbeitsblatt soll Sie davon abhalten, die Menschen entsprechend bestimmter Modalitäten in Schubladen einzuordnen; betrachten Sie Menschen stattdessen mehr *im Vergleich mit anderen*. Die Aussage "mehr kinästhetisch als" ist nützlicher und respektvoller als "er ist kinästhetisch". (Das trifft besonders auf Paare zu.) Beschreiben Sie in den folgenden Zeilen die Personen (1) und (2) mit Begriffen wie "mehr" oder "weniger" auf der Basis Ihrer Beobachtungen unter 2.

_____

_____

_____

_____

_____

_____

3. Spezielle Anmerkungen zum auditiven Bereich

Nach Forschungsergebnissen von Swasssing und Barbe bevorzugen nur 22 Prozent der Grundschüler eine auditive Vermittlung des Unterrichtsstoffes. Unter den "gebildeten" Erwachsenen ist bei nur 15 Prozent *auditiv* die bevorzugte Modalität. Man kann nur vermuten, daß – obwohl ab Sekundarstufe immer mehr Stoff im Vortrag dargeboten wird – der Prozentsatz der Leute, die auditive Wahrnehmung als primäre Modalität wählen, nicht zunimmt.

Diese Statistik gibt Anlaß zu einigen interessanten Anmerkungen.

A. Um seine Abschlußzeugnisse zu erhalten, gebraucht ein zukünftiger Lehrer hauptsächlich seine visuelle Wahrnehmung (weil er viele Bücher lesen muß); in der Verwaltung dagegen wird hauptsächlich die auditive Modalität benötigt.

Es wird geschätzt, daß Manager 65 Prozent ihrer Zeit oder mehr mit Zuhören und Sprechen verbringen, daß sie ihre Position jedoch durch Nutzung ihrer *visuellen* Fähigkeiten erreicht haben. Das Umschalten von visuell auf auditiv ist einer der Hauptfaktoren für die Anpassungsfähigkeit eines erfolgreichen Managers. Weiterhin sehr wichtig ist die Fähigkeit, dissoziiert zu sein (siehe dazu S. 137).

B. Schüler in Innenstadtbezirken sind überwiegend auditiv und kinästhetisch. Ihre Äußerungen werden oft von einem bekräftigenden Schlag auf die Schulter und ähnlichen Gesten begleitet – ein Ausdruck dieser auditiven und kinästhetischen Kultur. So ist es kein Wunder, daß der Übergang vom visuell orientierten Collegestudenten zum Lehrer in der Großstadt als Kulturschock erlebt wird.

C. In der visuell orientierten Welt der Schule ist man als auditiv orientierter Mensch eine Minderheit. Bei gesellschaftlichen Treffen werden häufig Familienfotos herumgezeigt. Da meine primäre Modalität nicht visuell ist, achte ich sicher stärker als andere auf visuell orientierte Menschen. Holt mein Freund auf einer Cocktailparty die Fotos seiner Enkel und des Familienhundes heraus, so bin ich versucht, einen Kassettenrekorder herzuholen und zu fragen: "Würden Sie gerne die Stimme meiner Tochter hören?" oder "Hier hören Sie Drummer, unseren Hund, wie er den Paketboten anbellt."

D. Als eine kulturelle Gruppe sind Heranwachsende in einer auditiven Entwicklungsphase. (Das "a" in *adolescent* steht für auditiv.) Sie sind sehr klangorientiert, wie an ihren Walkman-Geräten offensichtlich wird. Dabei ist wichtig zu sehen, daß die etwa 12- bis 16jährigen auf ihren auditiven Outputkanal fixiert sind, ihr Inputkanal aber gleichzeitig sehr unterentwickelt ist. Mit anderen Worten, sie können sich nicht an das erinnern, was sie vom Lehrer gehört haben, sie wollen aber trotzdem darüber reden. Das bestätigt auch das alte Sprichwort, das besagt, daß man – wann immer möglich – Jugendliche alleine, ohne ihre Altersgenossen ermahnen sollte (*"whenever possible, discipline the adolescent away from his peers"*).

Ob jemand auditiv orientiert ist, läßt sich am ehesten herausfinden, wenn man die Aussage "Sie kennen keine rhetorischen Fragen" in der Realität überprüft. Sätze wie "Jamie, hast du nichts zu tun?" oder "Hank, muß ich dir das noch einmal sagen?" oder "Jennifer, würdest du bitte die Bücher verteilen?" sind Feststellungen, die als Fragen aufgefaßt werden können und von auditiven Menschen auch fast immer als solche aufgefaßt werden. Fragen veranlassen den Zuhörer, seinen auditiven Kanal einzuschalten. Das trifft besonders für Jugendliche zu.

Einmal war ich in einer 9. Klasse, wo der Lehrer gerade wissenschaftliche Schreibweise unterrichtete und in der Klasse umherging, um einzelnen zu helfen. Alle waren an der Arbeit, mit Ausnahme eines kinästhetischen Schülers, der richtigerweise eine besondere Aufgabe erhalten hatte. Da gingen plötzlich die Lampen an, und gleichzeitig waren die Schüler so weit, daß ihnen bezüglich ihrer Aufgaben "ein Licht aufging". Der Lehrer sagte im Vorbeigehen: "Ist das nicht lustig?" Die halbe Klasse sagte einstimmig "nein" und fuhr mit ihrer Arbeit fort. Ich möchte schwören, daß sie sich nicht dessen bewußt waren, was sie sagten.

Die Lehrer dieser Jugendlichen könnten sich Energieverlust und Frust ersparen, wenn sie die auditive Orientierung der Jugendlichen besser verstünden. Um eine Klasse effektiv zu führen, gibt es eine Maßnahme, die Sie sich sehr leicht aneignen können: Wenn Sie die Aufmerksamkeit der Klasse haben, schalten Sie auf nonverbale Hinweise um: Der Lehrer, der Fred beim Namen ruft, damit dieser ihn anschaut, und ihm dann mit Gesten zeigt, was er tun soll, vermeidet damit Machtkämpfe und Konfrontation.

Während eines Trainings in Anchorage schlug ich einmal vor, daß ein kinästhetischer Mensch, anstatt wie ein auditiver Mensch einen Rekorder mitzubringen, folgendes sagen könnte: "Würden Sie gerne eine Locke von meinem Sohn als Säugling anfassen?" oder "Hier habe ich einige Haare von unserer Hauskatze." Die Teilnehmer reagierten diesmal anders als die Teilnehmer an vorherigen Trainings. Da sie fühlten, daß ich von ihrer Reaktion überrascht war, erklärten sie mir, daß es in Alaska durchaus üblich sei, Haustiere bei Einladungen mitzubringen. Ihre Kultur ist so kinästhetisch, daß sie anstelle der Fotos die Tiere selbst mitbringen.

In den meisten Lehrerkollegien mit zwanzig und mehr Mitgliedern ist mindestens einer auditiv. Es ist derjenige, dem die anderen nicht in die Arme laufen wollen: Denken Sie daran, für ihn gibt es keine rhetorischen Fragen. Ist man höflich und fragt ihn, wie er das Wochenende verbracht hat, so kostet das mindestens zehn Minuten (und wenn es ein langes Wochenende war, redet er vielleicht eine Viertelstunde lang!).

4. Auditive Jugendliche

Arbeit mit Teenagern erfordert Flexibilität, wenn man an ihre vorhandenen Fähigkeiten anknüpfen will. Mit ihnen zu arbeiten, läßt sich mit einem Flug nach Hawaii vergleichen; 95 Prozent der Zeit ist der Pilot nicht auf Kurs, aber dennoch bringt er Sie hin.*

Ein sehr erfolgreicher Lehrer an der Junior-High-School erklärte mir, er komme gut zurecht, da er sich als eine Art Monty Hall (Figur aus der TV-Show *Let's Make A Deal*) verstehe: "Nun kommt schon. Treffen wir eine Abmachung!" In seiner Rolle als "Monty" hat er lange genug Jugendliche unterrichtet, um zu wissen, was sie brauchen und wann. An manchen Tagen, wenn es so aussieht, als wollten sie "darüber reden", und wenn sie jammern "Warum müssen wir das machen?", verdeckt er die an der Tafel stehenden Hausaufgaben mit einer herunterziehbaren Landkarte oder ähnlichem. Kommt dann die Frage "Warum?", wird die Hausaufgabe wieder aufgedeckt und Monty stellt sich daneben und zeigt damit, daß er bereit ist, zuzuhören und zu reden. Die Klasse weiß jetzt, daß die

---

* Zitiert mit Erlaubnis von Phil und Norma Baretta, Southern California Center for NLP, 929 Barhugh, San Pedro/CA 90731. Fordern Sie eine Liste ihrer empfehlenswerten NLP-Seminare an!

Hausaufgabe *gestellt* ist, und sie müssen gemeinsam entscheiden, ob sie ihm Gelegenheit zu weiteren *Erläuterungen* der Hausaufgabe geben oder die Unterrichtszeit mit Meckern und Jammern vergeuden wollen.

Monty weiß intuitiv, wann die Klasse eine Erholungsphase braucht. In diesen Fällen wird die Hausaufgabe nicht aufgedeckt und damit auch nicht als nonverbale Botschaft benutzt im Sinne von "Laßt mich erst einmal meine Stunde beenden". Er stellt sich zu diesem entgegenkommenden Zuhören an eine bestimmte Stelle im Klassenzimmer (siehe "Entgiften", S. 194). Monty setzt auch sehr gezielt Vorschläge ein. Er gibt den Schülern einfach die Wahl zwischen verschiedenen Möglichkeiten, die alle für sie annehmbar sind. Wenn die Schüler beispielsweise zu Beginn einer Stunde unruhig sind und nicht in der geeigneten Verfassung für einen Test, so fragt er sie: "Beginnen wir gleich mit dem Test oder wollt ihr erst noch zehn Minuten für die Wiederholung?" Dies ist eine ganz andere Art als einfach zu sagen: "Ihr habt zehn Minuten bis zum Beginn des Tests. Ihr solltet euch den Stoff noch einmal ansehen."

Ein Lehrer, der absolut "demokratisch" ist, läßt damit den Launen der Klasse Raum und bereitet nicht auf die tatsächliche Realität vor.

Monty weiß auch, daß direkte, ausdrückliche Disziplinierung *(assertive discipline)* für 80 bis 97 Prozent der Schüler wunderbar geeignet ist. Man ist dabei freundlich, systematisch und konsequent, genau das, was für eine visuelle linkshemisphärische Welt geeignet ist. Es ist jedoch typisch, daß es nicht die linkshemisphärisch orientierten Schüler sind, für die man Disziplinarmaßnahmen braucht.

Eine Bemerkung von Carol Cummings veränderte Montys Ansichten über Disziplin. Sie definiert "Konsequenzen" als etwas, das die Schüler entweder *gerne hätten* und nicht bekommen, wenn sie sich nicht dementsprechend verhalten, oder das die Schüler *nicht* wollen, aber herausfordern, indem sie sich danebenbenehmen.*

Fünf bis fünfzehn Prozent der Schüler ignorieren, daß die verschiedenen Stufen der direkten Disziplinierung "Konsequenzen" für sie haben könnten. Sie können nicht motiviert werden, weder durch Belohnung für gute Leistungen noch durch Bestrafung für schlechtes Abschneiden. Monty hat festgestellt, daß diesen Schülern erfolgreiche Beziehungen zu Erwachsenen fehlen. Da Monty so erfolgreich ist, hat er von diesen Schülern mehr als die üblichen fünf bis fünfzehn Prozent in seinen Klassen. Mr. Hall weiß, daß er zu diesen Schülern persönliche Kontakte herstellen muß.

5. Strategien herausfinden

In diesem Abschnitt wird das Verfahren der *strategy elicitation* beschrieben. Bei zwei Gelegenheiten kann dieses Verfahren mit Gewinn benutzt werden. Zum einen können Sie damit versuchen herauszufinden, *wie* erfolgreiche Schüler im Gegensatz zu schwachen Schülern beim Lernen vorgehen. So lernen Sie als Lehrer eine erfolgreiche Strategie kennen, die Sie berücksichtigen können, wenn Sie andere unterrichten.

Der zweite Bereich, in dem die Kenntnis der Strategie des anderen nützlich sein kann, ist die Arbeit mit Kollegen, Eltern und Vorgesetzten. Sie wissen dann besser, in welcher Abfolge Sie die Informationen am besten präsentieren.

---

* Dr. Carol Cummings: *Teaching Makes A Difference,* Edmonds/WA 1980 (Teaching Inc.)

A. Stellen Sie *Rapport* her, indem Sie *taktvoll spiegeln*. (Vgl. S. 75) Hier einige Faustregeln für taktvolles Spiegeln:

1. Sie können Stimme, Tonfall, Stimmlage, Sprechgeschwindigkeit und Stimmumfang eines Menschen fast hundertprozentig spiegeln, wenn Sie eine gemeinsame kulturelle Wurzel haben.

2. Spiegeln Sie die Mimik des Gesichts bis zu 75 Prozent.

3. Körperhaltung und Gesten spiegeln Sie bis zu 50 Prozent.

4. Wenn *Sie* sprechen, spiegeln Sie die Gesten Ihres Gesprächspartners bis zu 100 Prozent.

Je besser Sie Rapport erreichen, desto näher an seinen Ressourcen fühlt sich ihr Gesprächspartner. In diesem Zustand hat er besseren Zugang zu allen Modalitäten, und die Indikatoren sind deutlicher ausgeprägt. Damit fällt es Ihnen leichter, die Indikatoren zu entdecken (siehe "Verbaler und nonverbaler Rapport", S. 77), und ihr Partner aktiviert mehr Bereiche seines Gehirns.

B. Beginnen Sie mit einer allgemeinen *Einleitung*, indem Sie beispielsweise den Zweck des Gesprächs erwähnen. ("Vielen Dank, Herr Direktor, daß Sie sich die Zeit genommen haben, meine Idee ... zu diskutieren", oder: "Mrs. Parent, vielen Dank, daß Sie gekommen sind, um mit mir über Ihr Kind zu sprechen", oder: "Es ist wieder einmal Zeit, daß wir uns als Mitglieder der Abteilung zusammensetzen und darüber sprechen ...") Die Strategie eines Menschen (die Sequenz der Modalitäten) ist vom Kontext abhängig. Die Reihenfolge der Gedanken bei der Entscheidung für eine bestimmte Eissorte kann sich sehr von den Gedankengängen beim Kauf eines Autos unterscheiden. Zweck dieses ersten Schrittes ist es, beim anderen Erinnerungen an frühere Erlebnisse gleichen Inhalts zu erwecken.

C. Als nächstes wollen Sie wissen, wie Sie Ihre Informationen am besten präsentieren können. Bitten Sie Ihren Gesprächspartner, sich an ein ähnliches Erlebnis zu erinnern, das für ihn *erfolgreich* verlief. Kann er sich an kein derartiges Ereignis erinnern, können Sie ihn fragen, ob er sich einen Erfolg in der Phantasie vorstellen kann. Sobald er eine gute Vorstellung davon hat, bitten Sie ihn, zu erzählen, was genau den Erfolg für ihn ausmachte.

D. Wenn jemand länger Zeit braucht, um sich an etwas zu erinnern, so bietet die Pause, die er macht, bevor er spricht, Gelegenheit, einen oder mehrere neurologische *Indikatoren* zu beobachten. Die Reihenfolge des Erscheinens der Indikatoren gibt Aufschluß darüber, welche Modalitäten in welcher Reihenfolge bemüht werden, um die gespeicherte Information wiederzufinden. Blickt der Direktor nach oben und gibt dann einen Laut wie "tch", ist dies die Folge *visuell/auditiv*. Wenn die Mutter sich bewegt, während sie nachdenkt, und erstarrt, bevor sie spricht, ist die Sequenz *kinästhetisch/visuell*. Es kann vorkommen, daß sich in einem fünfminütigen Gespräch die Pausen vor dem Sprechen zu fünf Sekunden aufaddieren.

E. *Testsatz:* Wenn Sie die individuelle Sequenz erraten haben, sagen Sie einen Satz, in dem Sie die Prädikate aus den entsprechenden Modalitäten wählen. Verwenden Sie die Prädikate in der gleichen Reihenfolge. Dem Direktor antworten Sie in etwa folgendermaßen: "Wenn ich Sie richtig verstehe, besprechen wir den Vorschlag am besten so, daß ich Ihnen zunächst meine Idee skizziere (V) und wir dann darüber reden (A)." Zu der Mutter könnten Sie sagen: "Ich gebe (K) Ihnen zunächst ein Bild (V) der Situation."

Mit diesem Testsatz können Sie überprüfen, ob Sie den Prozeß, den

Sie in der Sprechpause beobachtet
haben, richtig identifiziert haben.
Wenn Sie richtig beobachtet haben,
reagiert Ihr Gesprächspartner,
während Sie sprechen und auch
danach, kongruent. Verstärktes
Kopfnicken und entspannte Atmung beispielsweise zeigen kongruente Zustimmung an. Atem
anhalten und Stirnrunzeln lassen
auf Fehler bei Ihrer Beobachtung
schließen.

Geht es um die bevorzugte Art
der Aufnahme neuer Informationen,
so läßt sich zwischen rechts-visuell
und links-visuell orientierten Menschen ein entscheidender Unterschied beobachten. Links-visuell
bevorzugt die schriftliche Darstellung in übersichtlicher Reihenfolge.
Für rechts-visuell genügt ein Beispiel oder ein kurzer Abriß der Gesamtidee. Rechts-visuell spricht
mehr auf grafische Darstellungen
und Tabellen an als links-visuell.

Hat man anhand der Pause die
visuelle Modalität identifiziert, so
bietet man zum Test am besten
zwei Aussagen an: eine für rechts
und eine für links. Für das Beispiel
mit dem Direktor hieße das: "Es
gibt zwei Möglichkeiten, um meine
Vorstellung zu diskutieren; ich
könnte Ihnen eine schriftliche
Darstellung geben (links-visuell)
und wir können die Sache anschließend besprechen (auditiv). Andererseits gibt es da einen Kollegen, der
die Idee schon erpobt. Sie könnten
in seine Klasse gehen und selbst
sehen (kinästhetisch und visuell),
und wir diskutieren dann darüber
(auditiv)." Die Auswahlmöglichkeit
gibt Ihnen die Chance zu kalibrieren, welche visuelle Orientierung
ihm mehr entspricht. Hier möchte
ich die interessante Feststellung
erwähnen, daß von Verwaltungsbe-
amten erwartet wird, daß sie die
schriftliche Darstellung (links-
visuell) bevorzugen. In welche
Zwickmühle jemand geraten kann,
zeigt sich am Beispiel einer rechtshemisphärisch orientierten Direkto-
rin: Wenn sie die Wahl hat, wird sie

nonverbal mitteilen, daß sie eine
Demonstration möchte, aber dennoch verbal ihren Wunsch nach
einer schriftlichen Darstellung
vorbringen. Die beste Antwort ist
dann, beides zu tun. So könnte der
Lehrer sagen: "Selbstverständlich
gebe ich Ihnen schriftliche Unterla-
gen. Wollen Sie diese lieber vor oder
nach Ihrem Unterrichtsbesuch
haben?"

Erhalten Sie eine kongruente
Antwort, dann sollten Sie in der
gleichen Reihenfolge vorgehen, wie
in Ihrem Testsatz angekündigt. Ist
die Antwort noch nicht kongruent,
bieten Sie in weiteren Testsätzen
Alternativen an, bis Sie Kongruenz
erzielen.

"Problemschüler"

Jede Untersuchung der wunden Punkte unseres Bildungssystems muß auch die "Problemschüler" *(kids at risk)* berücksichtigen. Der Bericht *A Nation at Risk,* der die Aufmerksamkeit auf diese Schüler lenkte, empfiehlt in verschiedener Hinsicht ein *Mehr:*

+ Mehr Hausaufgaben und bessere Bücher

+ Die tägliche Schulzeit und das Schuljahr sollten verlängert werden.

+ Rigorose Anforderungen und Tests

+ Stärkere Betonung der Fächer Englisch, Mathematik, Technik, Sozialkunde und Computerunterricht

Das Ergebnis von John Goodlads gründlicher Studie über das Schulwesen zeigt jedoch auf, daß wir fast 80 Prozent der Unterrichtszeit auf Grundkenntnisse verwenden.* Die Antwort heißt eindeutig nicht *mehr* arbeiten, *sondern effektiver und anders arbeiten.* "In den letzten fünfzehn Jahren wurden die Lehrer immer wieder ermahnt, die individuellen Unterschiede der einzelnen Schüler bezüglich Lerntempo und Lernstil zu beachten und zu berücksichtigen; dennoch geschieht das weder häufig noch bereitwillig."*

Der Anteil der Schüler ohne Schulabschluß (26 Prozent) wird sich noch erhöhen, wenn das Schulsystem nicht zu stärkerer Sensitivität gegenüber dieser Gruppe ermutigt sowie Gelegenheit zum Training derselben und sonstige Unterstützung bietet. "Problemschüler" ist ein Etikett, das zwei Gruppen bezeichnet: einmal gehören dazu jene Schüler, die psychische Probleme haben; andererseits sind es die Schüler, deren Lernstil nicht mit der vorherrschenden visuellen, linkshemisphärischen Unterrichtsmethode übereinstimmt.

Wie Thomas Armstrong** vertrete auch ich hier die Meinung, daß viele Schwierigkeiten der Problemschüler durch vorbeugende Veränderungen verringert werden können. Die folgenden Abschnitte dieses Buches sollten unbedingt wiederholt gelesen werden:

1. "Rechthemisphärische Tage" (S. 181 ff.; Problemschüler sind meist rechtshemisphärisch).

2. Nonverbale Kommunikation: "Entgiften" (S. 194) , "Wichtige und schwierige Themen" (S. 196).

3. "Reteaching" (Einzelunterricht), insbesondere mit kinästhetischen Schülern (S. 45).

4. "Die Bedeutung des Visualisierens" (Kap. 6, S. 105): sie können es nicht und brauchen es dringend.

Schüler, die wegen ihres nicht angepaßten Lernstils Schwierigkeiten haben, sind von Anfang bis Ende kinästhetisch. Manchmal sind sie es wegen ihres kulturellen Hintergrundes (Stadtkinder sind kulturell bedingt kinästhetisch und external auditiv), manchmal ist es eine individuelle Eigenschaft.

---

* John Goodlad: *A Place Called School,* New York 1984 (McGraw-Hill), S. 105. Eine lesenswerte Diskussion dazu finden Sie in: Thomas Armstrong: *In Their Own Way* (s.u.).
** Thomas Armstrong: *In Their Own Way,* Los Angeles 1987 (J.P. Tarcher Inc.)

Das rechtshemisphärische Individuum ist in unserem Schulwesen eine Besonderheit.* Was aber sind die speziellen Eigenschaften eines solchen Schülers? Und noch wichtiger: welche Eigenschaften braucht ein Lehrer, um den rechtshemisphärischen Schüler respektieren zu können und Rapport aufzubauen?

Die Besonderheiten	
Eigenschaften der Schüler	**Lehrerverhalten**
langsame Arbeitsweise	Langsam sprechen. "Ein Gedanke, der ankommt, ist besser als drei, die nicht verstanden werden." (Siehe auch "Reteaching", S. 45)
sehr personenbezogen	Rapport, Rapport, Rapport
leicht ablenkbar; Verhalten oft ziellos; kurze Konzentrationsspanne	Beachten, daß leicht ablenkbar. Helfen beim Umgang mit externen Störungen und bei der Arbeitsplanung.
brauchen konkretes Anschauungsmaterial für ihr Muskelgedächtnis	Unmittelbare Bestätigung geben. Taktile Reize bieten.
intuitiv, phantasievoll	Ganzheitlicher Unterricht, Gelegenheit zu kreativen Tätigkeiten
assoziierendes Denken	Bezüge zwischen Unterrichtsstoff und ihren Erfahrungen und Gefühlen herstellen. (Siehe dazu S. 201)
unterentwickelte Fähigkeit des Visualisierens (links)	Sie brauchen unbedingt die Visualisierung. (S. 105)
berühren gerne	Berühren!
"Warum?"	Achtung: Die Schüler argumentieren "linkshemisphärisch", sind aber nur dann befriedigt, wenn der Lehrer Rapport herstellt und die Antworten auf Erfahrungen der Schüler bezieht.

---

* Anm. der Übersetzerin: Der Autor wählt hier das Wort *SPECIALTY*, das er aus den Anfangsbuchstaben der Schülereigenschaften zusammensetzt, die er in der linken Spalte aufzählt. Im Deutschen nicht nachvollziehbar.

Bei Grundstücken – so sagt man – sind drei Regeln zu beachten: erstens die Lage, zweitens die Lage, drittens die Lage. Das Äquivalent für die Kommunikation heißt: Rapport, Rapport, Rapport! Rapport läßt sich als *Hineinversetzen in die Welt eines anderen Menschen* definieren. Linkshemisphärische Schüler können sich in die Welt des Lehrers hineinversetzen.

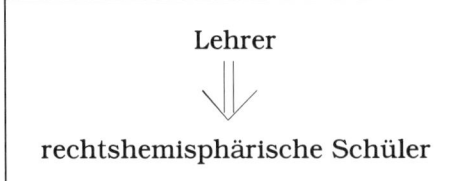

An der High-School trifft man – im Vergleich mit den anderen Ebenen des Schulsystems – die meisten linkshemisphärisch orientierten Lehrer, die auch von ihren Schülern erwarten, daß sie sich ihrer Denkweise anpassen. Diese Einstellung, eine Art Scheuklappenmentalität, ist nicht auf unseren Beruf beschränkt. Es scheint so, daß Menschen, je länger sie zur Schule gegangen sind, desto mehr der Ansicht sind, ihr Diplom sei ein Freibrief für Beharren anstelle von Flexibilität. Denken Sie an Rechtsanwälte und Ärzte. Ausführlich erörtert Marilyn Ferguson diese Mentalität.* Wenn wir mit rechtshemisphärischen Schüler zu tun haben, müssen *wir* uns in *ihre* Welt hineinversetzen (siehe "pacen" und "Rapport" im Glossar).

Lehrer

rechtshemisphärische Schüler

Dann erst kann der Lehrer mit Hilfe des bestehenden Kontakts den Schüler zurück"führen" in die stark strukturierte, vorhersagbare, folgerichtige und logische linkshemisphärische Schulatmosphäre.

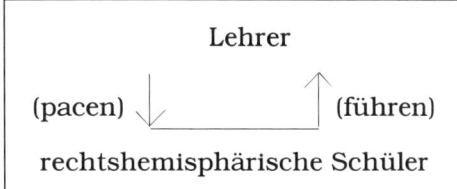

Wie oft müssen Sie den rechtshemisphärisch orientierten Schüler "pacen und führen"? Die Antwort ergibt sich, wenn man bedenkt, daß linkshemisphärisch orientierte Menschen die Werte der Gesellschaft übernehmen; deshalb können Sie sie mit Fakten, Statistiken und mit Ihrer persönlichen Glaubwürdigkeit motivieren. Rechtshemisphärische Schüler beziehen ihre Motivation aus ihrer eigenen, einzigartigen inneren Welt. Besteht Rapport, teilen sie ihre Beweggründe mit, und darin kann der Lehrer eine Motivation finden, die für sie plausibel ist. Rechtshemisphärisch orientierte Menschen unterscheiden sich voneinander stärker als linkshemisphärisch orientierte. Deshalb müssen Sie unterschiedlich oft pacen und führen. Sie können eine große Gruppe von linkshemisphärischen Leuten unterrichten, bei rechtshemisphärischen Menschen müssen Sie dagegen oft einzeln arbeiten.

Der letzte Teil dieses Kapitels soll Ihr Verständnis für rechtshemisphärische Schüler erweitern und Ihre Flexibilität in Bezug auf Respekt durch Rapport und Einfühlungsvermögen vergrößern.

---

* Marilyn Ferguson: *Die sanfte Verschwörung*, München 1984 (Knaur)

Arbeitsblatt

Verbaler Rapport mit "schwer zugänglichen" Schülern

1. Initialen eines Schülers, der zu den schwer zugänglichen fünf bis fünfzehn Prozent gehört (gewöhnlich rechtshemisphärisch und meist wenig beeindruckt von den üblichen Disziplinarmaßnahmen): _____

2. Beschreiben Sie kurz, aufgrund welchen Verhaltens Sie ihn in diese Kategorie einreihen.

_____

_____

_____

3. Unterhalten Sie sich mit dem Schüler privat, nicht aus der Position des Lehrers (also in Pausen, bei Schulveranstaltungen, im Vorbeigehen), und finden Sie die zwei oder drei Interessengebiete heraus, die den Schüler am meisten interessieren. Schreiben Sie sie hier auf:

_____

_____

4. Bei passender Gelegenheit im Unterricht bzw. im Einzelunterricht nehmen Sie Bezug auf seine Interessengebiete, um so seine Aufmerksamkeit zu fesseln. Zeigen Sie an zwei Beispielen, wie Sie das gemacht haben.

_____

_____

_____

5. Beschreiben Sie, wie der Schüler erhöhte Aufmerksamkeit zeigt.

_____

_____

_____

Anmerkung: Die beste Zeit für diese Übung wird in dem Abschnitt "Positive Verstärkung" (S. 79) beschrieben.

Verbaler und nonverbaler Rapport

Das vorangehende Arbeitsblatt zeigte, wie man durch verbales Pacen den Rapport vertiefen kann, indem man die Kenntnis von Interessengebieten einsetzt. Da aber nonverbale Methoden stärker wirksam sind als verbale, zeigt dieses Arbeitsblatt jetzt sowohl verbales als auch nonverbales Pacen.

Pacen ist dann taktvoll, wenn der Schüler nicht merkt, daß Sie seine Physiologie spiegeln. Pacen wird zu Spott, wenn der andere es bemerkt und mißbilligt. Leitsätze für taktvolles Pacen lauten folgendermaßen: (vgl. "Strategien herausfinden", S. 70)

1. Spiegeln Sie die Stimme bis zu 100 Prozent.

2. Spiegeln Sie den Gesichtsausdruck bis zu 75 Prozent.

3. Spiegeln Sie Körperbewegungen bis zu 50 Prozent.

4. Spiegeln Sie die Gesten (wenn Sie sprechen) zu 75 bis 100 Prozent.

Wenn Sie gepaced haben und sehen wollen, ob Sie guten Rapport haben, testen Sie den Rapport durch Führen. Schalten Sie vom Eingehen auf die verbalen und nonverbalen Botschaften des Schülers um auf das Aussenden eigener Botschaften und beobachten Sie, ob der Schüler Ihnen folgt. Bedenken Sie, daß jeder Schüler einzigartig ist und es daher wichtig ist, daß Sie Ihre Grenzen beim Spiegeln erkennen.

Suchen Sie sich einen schwer zugänglichen Schüler und tun Sie folgendes:

1. Finden Sie etwas, was ihn sehr interessiert. Schreiben Sie es auf.

2. Finden Sie mit Hilfe von "Wie"-Fragen über sein Interessengebiet seine Modalität oder die Abfolge seiner Modalitäten heraus. (Zum Beispiel "Wenn ich ein Fußballspiel sehe (V), schlägt mein Herz schneller (K)". Blättern Sie, wenn nötig, zurück zu "Strategien herausfinden", besonders D. und E., S. 71.).

(Fortsetzung nächste Seite)

Arbeitsblatt

Verbaler und nonverbaler Rapport (Fortsetzung)

3. Anstatt das Interview fortzusetzen, plaudern Sie mit dem Schüler in seiner/seinen eigenen Modalität/en. Schreiben Sie zwei oder drei Sätze auf, die Sie dabei sagten (Sie gleichen sich an, indem Sie die Aussagen verwenden, die unter "Neurologische Indikatoren" (S. 31) aufgeführt sind).

4. Gehen Sie sicher, daß Sie den anderen allmählich und behutsam spiegeln. Beschreiben Sie, welche nonverbalen Signale Sie zunächst spiegelten und wie Sie dies langsam steigerten.

5. Beschreiben Sie, wie Sie Ihren Partner ins Gespräch zogen und wie Sie dabei Rapport entwickelten.

Positive Verstärkung

Beobachtungen haben ergeben, daß Lehrer, die sich mehr an Menschen orientieren als an geistigen Inhalten, einen höheren Energiepegel und ein stärkeres Selbstbewußtsein haben, wenn Sie den Schülern "positive Schläge" (*positive strokes*, "Streicheleinheiten") zukommen lassen. Umgekehrt sinken Energiespiegel und Selbstbewußtsein, wenn Sie zu Disziplinarmaßnahmen greifen müssen. Damit ist klar, daß Methoden, die häufiger "positive Verstärkung" und weniger "negative Verstärkung" ermöglichen, sehr willkommen sind.

Der Unterschied zwischen einem "positiven" Schlag (im Sinne von Klaps, Streicheln) und einem Verweis besteht oft im zeitlichen Abstand, der zwischen zwei Klapsen besteht. *Beispiel:* Die Lehrerin ruft Schüler auf, damit sie an der Overheadprojektion zeigen, was Sie können. Sam, ein sehr kinästhetischer Schüler, wurde von ihr bewußt in die erste Reihe gesetzt, damit er aufpaßt. Die Lehrerin wendet verschiedene Methoden an, um sein störendes Verhalten zu unterbinden und ihn zum Weiterarbeiten zu veranlassen. Sie ermahnt ihn. Sam bleibt etwa 30 bis 40 Sekunden bei der Arbeit. Die Lehrerin greift alle 60 bis 90 Sekunden ein. Gibt ihm die Lehrerin nun alle 25 Sekunden einen Klaps, so verlängert sich oft die Zeitspanne, in der Sam sich auf seine Arbeit konzentriert, und die Lehrerin fühlt sich besser, da sie positiv reagiert.

Man kann den Wechsel von "negativer Interaktion" (disziplinieren) zu "positiver Interaktion" (Klaps) auch anders erklären. Jedes Mal, wenn die Lehrerin ihn ermahnt, läßt sie danach innerhalb von 20 bis 25 Sekunden visuelle, auditive oder kinästhetische positive Verstärker folgen. Damit stellt die Lehrerin sicher, daß der Schüler weiß, welches Verhalten sie erwartet und daß er auch durch positives Verhalten Aufmerksamkeit bekommt.*

Diese Methode ist besonders bei rechtshemisphärischen Schülern geeignet wegen deren besonderer Eigenschaften:

a) Pesonenbezogene Interaktion

b) Kurzfristige Konzentration

c) Ablenkbarkeit

d) Bedürfnis nach unmittelbarer Verstärkung.

Übung:

Mit der folgenden Übung können Sie diese Methode trainieren.

1. Beschreiben Sie das wiederholt auftretende störende Verhalten eines Schülers.

2. Ermahnen Sie ihn wie üblich.

3. Wie oft tun Sie das?

4. Wie lange bleibt der Schüler an seiner Arbeit?

5. Wiederholen Sie 2., und danach loben Sie den Schüler für eine gute Verhaltensweise oder Leistung, während er noch arbeitet.

6. Kurze Beschreibung der Ergebnisse. Bleibt der Schüler jetzt länger bei seiner Arbeit?

---

* Siehe Carol Cummings: *Teaching Makes a Difference* (1983) und *Managing to Teach*, Edmonds/WA 1980 (Teaching Inc.)

Umgangsformen

Gebildete Menschen leben in einer
visuellen Welt: genau das ist nämlich ein College. Ob der einzelne
Lehrer visuell ist oder nicht, wir
sind dennoch als Kollektiv Mitglieder einer visuellen Kultur. Überlegen Sie einmal: wie viele von uns
tragen Fotos von Familienmitglie-
dern in der Brieftasche mit sich
oder haben sie an ihrem Arbeitsplatz bei sich, zum Beispiel auf
ihrem Schreibtisch? Wieviele Menschen haben im Vergleich dazu
Kassettengeräte mit den Stimmen
ihrer Lieben bei sich oder führen
Haarlocken, Kleidungstücke oder
andere Andenken mit sich? Klingt
das lächerlich? Das zeigt nur, daß
wir in einer visuellen Welt leben.

Schüler, für die die Schulzeit
schwierig ist, sind gewöhnlich nicht
visuell. Sie brauchen besondere
Hilfe. Deutliches Beispiel dafür sind
die Schüler in Stützkursen und
Sonderschulen. Wir erwarten oft
von diesen "blinden" Schülern, daß
sie gute Umgangsformen haben,
ohne zu bedenken, daß sie ohne
eine visuelle Repräsentation von
Umgangsformen verwirrt sind.
Nachfolgend zwei Beispiele zu
diesem Punkt.

Beispiel 1

Zwei Erwachsene oder ein Lehrer
und ein Schüler unterhalten sich,
und ein anderer Schüler läuft zwischen den beiden hindurch. Der
Lehrer zieht den Schüler zurück
und fordert ihn auf, außen vorbei
zu gehen. Der Sonderschüler wird
folgen, ohne zu verstehen, warum
er das tun sollte, besonders wenn
hinter den beiden weniger Platz ist
als *zwischen* den beiden. Bei gebildeten Menschen entsteht die visuelle Vorstellung eines visuellen und
sprachlichen Korridors zwischen
den beiden Gestalten, und sie empfinden es als eine Störung, zwischen beiden hindurchzugehen.

Wir setzen voraus, daß auch andere
Menschen, also Schüler, das verstehen. Wegen ihrer "Blindheit", sehen
sie diesen unsichtbaren Korridor
nicht. Wir müssen ihnen eine visuelle Vorstellung davon geben.
Folgende Technik könnte helfen:
der Lehrer spricht in eine Dose, die
durch einen Faden mit einer anderen Dose verbunden ist, die ein
Zuhörer an sein Ohr hält. Dem
Sonderschüler hilft diese visuelle
Darstellung, zu "sehen", warum
Umgangsformen so wichtig sind.

Beispiel 2

Ein anderes Beispiel ist der Schüler, der zu nahe an uns herantritt
und damit "in unseren Bereich
eindringt". Für sehr visuelle Lehrer
bedeutet dieses Eindringen eine
Störung ihrer inneren Bilder und
Vernebeln ihrer inneren Leinwand.
Hier könnte die visuelle Repräsentation eines Hula-Hoop-Reifens
helfen: der Lehrer steht innerhalb
des Reifens und dieser wird mit
Bändern in gleichem Abstand vom
Körper gehalten. Nähert sich der
Schüler dem Lehrer und kommt an
die äußere Begrenzung des Reifens,
erhält er die nötige visuelle Repräsentation, daß er nicht weitergehen
darf.

Respektvolle Kommunikation   81

Arbeitsblatt

Umgangsformen lehren mit Hilfe visueller Darstellung

1. Denken Sie an einen oder zwei Schüler, die die Umgangsformen außer acht lassen.

Initialen: (1) ——   (2) ——

2. Eine oder zwei Verhaltensregeln, die sie nicht beachten:

_____

_____

3. Konstruieren und erklären Sie eine visuelle Darstellung für das Verhalten (da sie "blind" sind, sollte die Darstellung drastisch sein):

_____

_____

_____

_____

_____

4. Arbeiten Sie mit dieser Darstellung eine Woche lang!

5. Schreiben Sie hier Ihre Ergebnisse auf:

_____

_____

_____

_____

_____

Arbeitsblatt

Den Stoff durch symbolisierende Gesten darstellen

Untersuchungen haben ergeben, daß 82 Prozent der Mitteilungen der Lehrer nonverbal sind. Es ist auch bekannt, daß ein Kind, je jünger und je mehr kinästhetisch es ist, desto mehr mit dem Körpergedächtnis lernt. Deshalb ist es möglich, die Gesten des Lehrers und die Duplizierung dieser Gesten durch die Schüler zu einer Methode zu verbinden. Beispiel: Die Lehrerin lehrt die Schüler, in Zweierschritten zu zählen; sie bewegt ihre Hand nach unten und sagt dabei *leise* "eins", dann bewegt sie die andere Hand und sagt, diesmal viel *lauter,* "zwei". Wenn sie so die ungeraden Zahlen leise mit Bewegung der linken Hand und die geraden laut mit Bewegung der rechten aufsagt, bringt sie den Schülern das Zählen in Zweierschritten mit symbolisierenden Gesten bei. Beim Zählen in Dreierschritten zeichnet sie einen Triangel in die Luft und spricht bei jeder dritten Zahl lauter; dadurch lernen die Schüler den Stoff symbolisch mit Hilfe ihres Körpergedächtnisses. Bei Vier zeichnet sie ein Viereck in die Luft und wiederholt jede vierte Zahl laut.

1. Notieren Sie die Inhalte, die Sie in einer Stunde unterrichten wollen. Finden Sie zu jedem Thema eine symbolische, nonverbale Geste.

_____

_____

_____

_____

_____

3. Ab der 5. Klasse sollten Sie vielleicht aufhören, das Körpergedächtnis der Schüler durch Ihre Demonstrationen zu unterstützen. In den unteren Klassen jedoch sollten Sie die Schüler auffordern, die Gesten mit Ihnen zu machen.

4. Schreiben Sie Ihre Beobachtungen auf:

_____

_____

_____

_____

_____

Anmerkung: Siehe zu dieser Technik auch "Auditive Speicherung", S. 100.

Kinästhetische Aussagen gehören ans Ende

Hören Schüler vom Lehrer eine kinästhetische Aussage (im Gegensatz zu visuellen oder auditiven), werden sie körperlich aktiv. Wenn der Körper aktiviert ist, nimmt mit zunehmender Bewegung die Fähigkeit zum Zuhören ab. Sagt der Lehrer zum Beispiel: "Nehmt eure Bücher heraus und schaut Seite drei an", so veranlaßt die Aufforderung "nehmt ... heraus" die Schüler, ihre Bücher aus ihren Taschen zu holen. Die Seitenzahl hören sie schon nicht mehr, und der Lehrer muß sie mehrmals wiederholen. Es gibt einige Möglichkeiten, diese Schwierigkeit zu umgehen.

1. Wann immer möglich, sollten Sie die kinästhetische Aussage als letzte nennen: "Ihr findet eure Aufgabe auf Seite 43 im Buch, das ihr jetzt herausholen könnt."

2. Wenn Sie nicht vermeiden können, die kinästhetische Aussage gleich zu Anfang zu bringen, können Sie dazu eine nonverbale Geste machen, wie etwa das Stopzeichen des Polizisten, und sagen: "In der nächsten Minute nehmt ihr eure Bücher heraus und seht euch Seite 43 an."

Benutzen Sie diese neue Technik dreimal in dieser Woche und beschreiben Sie Ihre Ergebnisse!

Beispiel 1: Was haben Sie gemacht?

_____

_____

Ergebnis: _____

_____

Beispiel 2: Was haben Sie gemacht?

_____

_____

Ergebnis: _____

_____

Beispiel 3: Was haben Sie gemacht?

_____

_____

Ergebnis: _____

_____

Arbeitsblatt

Botschaften in *einer* Modalität

Ein Experte auf dem Gebiet der Kommunikation wurde gefragt, was der Hauptunterschied zwischen Lehrern sei, die gut verstanden werden, und solchen, die sich nur schlecht verständlich machen können. Als Experte formulierte er die Frage natürlich um und antwortete: "*Eine* Grundannahme ist sehr hinderlich: wir denken, daß unsere Worte für andere dieselbe Bedeutung haben wie für uns." Er schlug vor, wir sollten andere Länder besuchen und *nonverbale* Kommunikation lernen. Aufgabe des vorliegenden Arbeitsblattes ist es, diesen Gedanken auf die Disziplin anzuwenden.

Schüler mit rechtshemisphärischer Orientierung geraten häufiger in Schwierigkeiten als linksorientierte. Man schätzt, daß 70 Prozent der Straftäter dominant rechtshemisphärisch sind. Die Disziplinarmaßnahmen in den Schulen wirken bei 80 Prozent der Schüler Wunder. Das muß bedeuten, daß dieses System für die linke Gehirnhälfte wie geschaffen ist. Das System ist gewöhnlich logisch und folgerichtig aufgebaut, langfristig angelegt, wird verbal vermittelt und ist leicht zu rechtfertigen.

Es gibt eine ganze Reihe von Verhaltensweisen, die als "unangemessen" bezeichnet werden. "Schwere Verstöße" sprengen den Rahmen dieser Arbeit, aber für die täglich vorkommenden kleineren Verstöße wird das folgende Arbeitsblatt zum Training angeboten.

Versuchen Sie in den nächsten Tagen, unangemessenes Verhalten von Schülern *nonverbal* zu stoppen. Schreiben Sie in Stichworten auf, wie Sie das gemacht haben ("Habe ihn angeschaut, die Stirn gerunzelt, die Hände an den Hüften aufgestützt") und wie der Schüler reagiert hat ("Er ließ den Unterkiefer fallen; eine Minute später arbeitete er weiter").

Warum sollten wir häufiger *nonverbale* Botschaften aussenden?

1) Weil die rechte Gehirnhälfte für diese Botschaften sensitiver ist und schneller darauf reagiert als die linke.

2) Um den auditiven Kanal des Schülers zu umgehen ("Auditive Jugendliche", S. 69).

3) Weil schließlich unsere Stimme eher erschöpft ist als irgendein Teil unseres Körpers, und bei dieser Kommunikation schonen wir die Stimme.

Geben Sie zwei Tage lang täglich mindestens drei *visuelle* Signale, die der Schüler sieht, wobei Sie ihn weder berühren noch irgendeinen Laut von sich geben. Sie können versuchen, diese Botschaften sowohl während der Unterrichtsphase als auch zur Erhaltung der Disziplin auszusenden,

1. Tag: _____

_____

_____

_____

2. Tag: _____

_____

_____

(Fortsetzung nächste Seite)

Botschaften in *einer* Modalität (Fortsetzung)

An den nächsten zwei Tagen sind Ihre drei täglichen Botschaften *kinästhetisch* (der Schüler erfühlt die Botschaft, ohne zu sehen oder zu hören). Die Signale sollen vor allem Disziplin schaffen, aber sie können auch während des Unterrichtsvortrags eingeschoben werden.

3. Tag:

4. Tag:

In den letzten zwei Tagen sind Ihre drei täglichen Signale *auditiv*. Diese sind am schwierigsten; diese *nonverbalen* Botschaften werden durch Veränderung von Geschwindigkeit, Tonhöhe, Tonfall, durch Pausen und unterschiedlich lange Sätze vermittelt – dazu gehört alles, was zu hören ist, aber nicht mit Worten übermittelt wird. Ein Vorschlag ist, am ersten Tag mit Klängen oder Geräuschen zu arbeiten und nur am zweiten Tag das Sprechen selbst mit nonverbalen Botschaften zu versehen.

5. Tag:

6. Tag:

Dazu siehe auch "Verbale Kommentare nur für das Unterrichten", S. 213.

Schaffen Sie den Zauberer ab!

Wenn wir eine Information (Stoff) präsentieren und sie gleich darauf in veränderter Form erneut zeigen, verwirren wir die kinästhetischen Schüler, da sie nicht sehen können, wie die Veränderung abläuft. Die Information erscheint, verschwindet und erscheint erneut. Nimmt man den Teil, der wegfallen soll, *vor den Augen der Schüler* weg, wird es für kinästhetisch Lernende leichter.

Englisch: Wir lassen die Schüler gewöhnlich Subjekt und Prädikat eines Satzes bestimmen, indem sie beide in die richtige Spalte auf der rechten Seite einordnen.

ERSCHEINEN	VERSCHWINDEN	WIEDERERSCHEINEN	
		Subjekt	Prädikat
Der Junge rannte.		*Junge*	*rannte*

Könnte die kinästhetische Schülerin Subjekt und Prädikat im *gegebenen* Satz bestimmen, wäre das für sie einfacher. Das ermöglichte ihr auch, die Satzstellung zu lernen, daß nämlich das Subjekt normalerweise *vor* dem Prädikat steht.

Kurzformen: Gewöhnlich zeigen wir den Schülern zwei Wörter, zum Beispiel "can" und "not" (Erscheinen); dann nehmen wir die Wörter weg (Verschwinden) und ersetzen sie durch "can't" (Wiedererscheinen). Wenn wir aber beide Wörter auf eine Karte schreiben, können wir die Karte so falten, daß das zweite "n" und das "o" in der Falte verschwinden. Damit haben wir den Zauberer aus dem Klassenzimmer verbannt. (Amerikan. Redewendung: *"Getting rid of Houdini"*) Besonderer Glücksfall: die Büroklammer, die die Karte gefaltet hält, dient als natürlicher Anker für den Apostroph, dessen Funktion damit metaphorisch erklärt werden kann.

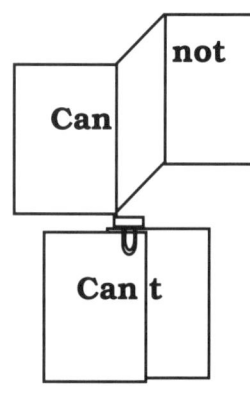

Tests: Wenn Schüler für einen Test vorgedruckte Fragen beantworten sollen und die Antwort auf ein anderes Papier schreiben müssen (sei es auf Computerblätter oder auf ein Antwortblatt), wird damit laufend der Vorgang des "Verschwindens" provoziert. Bei dieser Art von Tests erzielen kinästhetische Schüler auch tatsächlich schlechtere Ergebnisse als bei den Tests, bei denen sie die Antworten neben die Fragen auf das gleiche Blatt schreiben können.

Lesen: Oft lassen wir die Schüler vorlesen und unterbrechen sie dann, um einen Kommentar abzugeben. Soll ein stark kinästhetischer Schüler mit dem Lesen fortfahren, wird er wegen seiner geringen visuellen Fähigkeiten Schwierigkeiten haben, die richtige Stelle wiederzufinden.

Mathematik: Ein gutes Beispiel ist die Umwandlung von Brüchen in Dezimalzahlen:

$$\frac{5}{6} \longrightarrow 5 : 6$$

Die Phase des Verschwindens macht dem schwachen Schüler zu schaffen. Wenn die Zahlen an der Tafel oder am Overheadprojektor nicht als greifbare, bewegliche Objekte erscheinen, werden die Schüler durch das Verschwinden verwirrt. Verwenden Sie bei der Projektion bewegliche Zahlen und schreiben Sie für die Tafelarbeit die Zahlen auf Papier, das Sie dann verschieben, oder vielleicht haben Sie auch magnetische Ziffern für die Tafel.

Neben den Brüchen bereiten auch Textaufgaben viele Schwierigkeiten, da die rechte und die linke Hemisphäre beansprucht werden. Könnten die Schüler bei den jeweiligen Problemen der Textaufgabe die mathematischen Zeichen über den Wörtern hinschreiben, könnten sie die Problemstellung leichter bewältigen. Beispiel dafür wäre ein Poster, auf dem "ist" und "=" oder "mal" und "x" usw. als äquivalent nebeneinandergesetzt werden.

Besser rechnen mit beiden Gehirnhälften:
"Mathe mit zwei Fäusten"

Im Abschnitt "Schaffen Sie den Zauberer ab!" wurde dargestellt, wie Lehrer neue Informationen gewöhnlich in *einer* Form präsentieren und gleich darauf in veränderter Form nochmals zeigen. Das ist für kinästhetische Schüler verwirrend, sie möchten sehen, *wie* die Veränderung tatsächlich bewirkt wird.

Das gleiche geschieht, wenn wir Vorgänge nacheinander vollziehen, die im Gehirn gleichzeitig ablaufen. Den kinästhetischen Schülern fehlt dann der Zusammenhang; sie wollen die Abläufe gleichzeitig durchführen.

1. Beispiel Kürzen: 1/8 x 3/5 x 4/9

Wenn wir die 8 durchstreichen (und eine 2 hinschreiben) und dann die 4 streichen (bleibt eine 1), so versteht die große Mehrheit der Schüler den Grund (beide werden durch 4 geteilt), aber ein kinästhetischer/schwacher Schüler versteht den Vorgang besser, wenn *gleichzeitig* die 8 (mit der linken Hand) und die 4 (mit der rechten Hand) durchgestrichen werden.

2. Beispiel Bruchrechnen: 8 : 4/5

Anleitung: Mit der linken Hand schreiben Sie statt des Divisionszeichens ein "x", während Sie mit der rechten den Kehrwert schreiben: 8 x 5/4

3. Beispiel Algebra: Y – 10 = 23

Anleitung: Die linke Hand schreibt "+ 10" vor das Gleichheitszeichen, die rechte schreibt "+ 10" auf die rechte Seite: Y – 10 + 10 = 23 + 10.

4. Schreiben Sie hier einige Beispiel hin, wie Sie vorhaben, "Mathe mit zwei Fäusten" auf Ihr Fachgebiet zu übertragen:

_____

_____

_____

_____

5. Beschreiben Sie die Ergebnisse; gehen Sie dabei besonders darauf ein, welche Schüler davon profitieren.

_____

_____

_____

_____

Arbeitsblatt

Besser rechnen mit beiden Gehirnhälften:
Farbige Hervorhebungen

Die meisten Schüler lernen, weil sie sich dem Stil des Lehrers anpassen können. Andere Schüler, besonders die schwachen, brauchen zusätzliche Unterstützung. Ein wertvolles Hilfsmittel für rechtshemisphärische Schüler sind farbige Hervorhebungen.

Beispiele

1. Addition:
$$
\begin{array}{r}
4 \\
3 \\
+\ 5 \\
\hline
12
\end{array}
$$

(die Einer in der üblichen Farbe, hier kursiv)

(die Zehner in einer anderen Farbe, hier fett)

2. Multiplikation:
$$
\begin{array}{r}
48 \\
\times\ 53 \\
\hline
144 \\
2400 \\
\hline
2544
\end{array}
$$

(Multiplikation mit Einerstellen in *einer* Farbe, hier kursiv; Multiplikation mit Zehnerstellen in einer anderen Farbe, hier fett)

3. Algebra:

A	+ 4		=	10	
A	+ 4	$- 4$	=	10	$- 4$
A			=	6	

(kursiv = farbig)

4. Beschreiben Sie, wie Sie Farbe in Ihrem Unterricht einsetzen wollen.

_____

_____

_____

_____

5. Beschreiben Sie die Ergebnisse; gehen Sie dabei besonders darauf ein, welche Schüler davon profitieren.

_____

_____

_____

_____

Vorschlag: Kaufen Sie Vierfarbstifte! (Siehe dazu "Anker übertragen" S. 180)

Förderunterricht

Eine Lehrerin konnte die Schüler im Förderunterricht nicht in die Bücher schreiben lassen, da nicht genügend vorhanden waren. Und doch wußte sie, daß sie den Schülern helfen mußte, den "Zauberer" zu vertreiben. Ihre Lösung? Mit einer Klammer befestigte sie Transparentfolien über den Seiten und ließ die Schüler mit Spezialstift arbeiten. Zur Korrektur legte die Lehrerin die Folie über ihr eigenes Buch.

Arbeitsblatt

Schaffen Sie den Zauberer ab!

1. Finden Sie wenigstens *ein* Gebiet in Ihrem Unterricht, bei dem Sie "Zauberer" spielen.

2. Überlegen Sie sich, wie Sie das ändern können.

3. Beobachten Sie diese Woche, welche Schüler durch diese Extrahilfe profitieren. Kurze Beschreibung.

Arbeitsblatt

Diagnose visueller Begabungen allgemein

Wir wissen, daß zwischen Menschen mit visueller Begabung und solchen, die sie nicht besitzen, ein großer Unterschied besteht. Die große Mehrheit der Schüler hat diese Fähigkeit; es gibt dabei noch den Unterschied zwischen linkshemisphärischer (man kann dann "Wörter" vor dem inneren Auge sehen) und rechtshemisphärischer Dominanz (man sieht konkrete Gegenstände). Erstere Gruppe ist in der Schule gut, die zweite nicht.

Dieses Arbeitsblatt dient als Übung für die Unterscheidung der beiden visuellen Dominanzen. Interviewen Sie drei Schüler mit jeweils unterschiedlichen Schulleistungen. Sie bitten Sie der Reihe nach um folgendes:
a) Denke an einen Gegenstand, der dich sehr interessiert.
b) Beschreibe ihn.
c) Beschreibe die räumliche Anordnung seiner einzelnen Teile. (rechts-visuell)
d) Stelle Dir einzelne Buchstaben/Wörter/Sätze zu diesem Thema vor (links-visuell).

Berichten Sie über jeden einzelnen. Ein Schüler ist zum Beispiel begeistert von Motocrossrädern und Sie bitten ihn, er soll sich sein Lieblingsrad vorstellen. Hat er das Bild vor seinem inneren Auge, lassen Sie ihn dahin deuten, wo sich die genannten Teile befinden, und diese beschreiben.

1. Schüler: _____   Schulleistungen: _____

a) _____

b) _____

c) _____

d) _____

2. Schüler: _____   Schulleistungen: _____

a) _____

b) _____

c) _____

d) _____

3. Schüler: _____   Schulleistungen: _____

a) _____

b) _____

c) _____

d) _____

Diagnose der visuellen Fähigkeiten eines Problemschülers

Zunächst heißt es Zugang zu finden zum visuellen Bereich des Schülers. Menschen unter Streß neigen dazu, alles "zuzumachen" bis auf einen einzigen sensorischen Kanal. Jemand sagte einmal, daß dieser Prozeß des Sich-Zurückziehens verglichen werden kann mit der Situation in einem Ruderboot, bevor es sinkt. Wir werfen gewöhnlich unsere weniger kostbaren Trümpfe über Bord (Fähigkeiten in allen Modalitäten) und klammern uns an das, was am kostbarsten ist (primäre Modalität).

Genauso öffnet man im entspannten, energiegeladenen Zustand alle seine Wahrnehmungskanäle. Da unser Ziel die Aufdeckung seiner visuellen Fähigkeiten ist und der Schüler vielleicht nicht vorwiegend visuell ist, möchten wir, daß er entspannt bleibt. Mit Hilfe der folgenden Übung können Sie bestimmen, in welchem Wahrnehmungskanal jemand Fähigkeiten hat.

1. Sprechen Sie mit ihm über seine Interessen. Sein Hobby: _____

2. Spiegeln Sie ihn taktvoll, damit er besseren Zugang zu den verschiedenen Teilen seines Gehirns bekommt. Dadurch werden allgemein die externalen Indikatoren deutlicher. Beschreiben Sie, wie Sie das gemacht haben:

_____

_____

_____

3. Gewöhnlich können Sie zwei Modalitäten finden. Gefunden wurden:

_____

_____

4. Vielleicht haben Sie zwei Modalitäten entdeckt. Welche kam gar nicht vor (oder fast nicht)?

Nutzen Sie die folgenden Stichwörter, um nach der schwachen oder nicht vorhandenen Modalität zu fragen.

a) visuelle Modalität: Fragen nach Farbe, Größe, Form, Entfernung usw.

b) auditive Modalität: Fragen nach Gesprächen, Musik, usw.

c) kinästhetische Modalität: Fragen nach Bewegung, Gefühl, Temperatur, Gewicht, Struktur usw.

_____

Arbeitsblatt

Fragen nach der Verfügbarkeit der Modalitäten

1. Name eines schwachen Schülers: _____

2. Hobby oder Interessengebiet: _____

3. Wie gelang das Spiegeln Schritt für Schritt:

_____

_____

_____

4. Welche Modalität war vorherrschend? _____

5. In welcher/welchen Modalität/en wurden die Fähigkeiten überprüft?

_____

6. Welche Modalität wurde nicht oder kaum genutzt?

_____

Wenden Sie von den folgenden Fragen jene an, die sich auf die Modalität beziehen, die Sie gerade überprüfen:
a) visuelle Modalität: Fragen nach Farbe, Größe, Form, Entfernung usw.
b) auditive Modalität: Fragen nach Geprächen, Musik usw.
c) kinästhetische Modalität: Fragen nach Bewegung, Gefühl, Temperatur, Gewicht, Struktur usw.

Welche Modalität möchten Sie zuerst testen? _____

Mit welchen drei Fragen haben Sie diese Modalität getestet?

_____

_____

Welche Modalität testen Sie als nächstes? _____

Mit welchen drei Fragen? _____

_____

ACHTUNG: Achten Sie darauf, ob visuelle Fähigkeiten erst an zweiter Stelle stehen. Hat der Schüler aber visuelle Begabung, dann ist es in Ordnung, ihn zu visueller Wahrnehmung zu bringen. Dabei sollte jedoch der Schüler nicht in Streß geraten. Der Abschnitt über die "Waage des Lernens" (S. 118) gibt Ihnen Hinweise, daß es bei der Wiederholung sicherer ist, visuelle Arbeitsweise zu fordern.

Wie man einen Schüler von *rechts-visuell* nach *links-visuell* bringt

Wir wissen, daß jemand desto besseren Zugang zu seinen Modalitäten hat, je größer sein Interesse an einer Sache ist. Dies gibt dem Lehrer Gelegenheit, auch einen schwächeren Schüler zum "Sehen" von Buchstaben, Wörtern und Sätzen zu bringen.

1. Name eines schwachen Schülers: _____

2. Inwiefern ist der Schüler schwach?

_____

_____

_____

3. Interessengebiet des Schülers: _____

4. Visuell rechts:

Beschreiben Sie, wie Sie für den Schüler die Vorstellung einer konkreten Situation schufen (zum Beispiel Lokalisierung im Raum, Größe, Farben).

_____

_____

_____

5. Visuell links:

Ist die Modalität rechts-visuell etabliert, führen Sie die Testperson zu einer für links-visuell typischen Vorstellung. War das Thema zum Beispiel Skifahren, so bezog sich die Beschreibung auf Farbe, Größe und Form der Skier; die Frage für links-visuell ist jetzt die nach der Marke und wie sie buchstabiert wird.

_____

_____

_____

_____

Zusammenfassung

Eine Besonderheit in unserem Schulsystem ist der Schüler, der primär rechtshemisphärisch orientiert ist, dabei aber auch linkshemisphärische Fähigkeiten aufweist.

Dieses Kapitel läßt sich am besten durch folgende Geschichte zusammenfassen:

Ich fuhr einmal im Sommer von Western Washington nach Eastern Washington und nahm einen Anhalter mit. Als er im Auto saß, erkannte ich an den nonverbalen Signalen, speziell an seinem Atem, daß er kinästhetisch war, aber auch visuelle Fähigkeiten besaß. Deshalb sprach ich langsam und begann, ihn zu pacen. Als ich genug Rapport erreicht hatte, kam ich zur Frage nach seinem Ziel.

"Wohin möchten Sie?"

"Was ist Ihr Ziel?" kam als Antwort von ihm. Die Tatsache, daß die übliche Antwort ausblieb, bestätigte meine ersten Eindrücke.

Ich antwortete: "Pasco".

Und er sagte: "Dahin wollte ich schon immer."

Wir fuhren schweigend weiter und ich dachte dabei amüsiert an einen Witz über einen rechtshemisphärisch orientierten Menschen, der sich um eine Arbeit bewarb. Er lautet folgendermaßen:

Interviewer: "Wir müssen Ihnen ein paar Fragen stellen; wir möchten gerne wissen, welche Kenntnisse Sie haben: Wie viele Wochentage beginnen mit dem Buchstaben T?"

Bewerber: (nach einigem Nachdenken) "Zwei".

Interviewer: (wundert sich, wie lange der Bewerber gebraucht hat) "Und welche sind das?"

Bewerber: "Heute und morgen." *(Today und tomorrow.)*

Interviewer: "Gehen wir zu einer mathematischen Frage: wie viele Sekunden *(seconds)* hat ein Jahr?"

Bewerber: (ohne langes Nachdenken) "Zwölf".

Interviewer: "Ich bin neugierig, wie Sie darauf kommen."

Bewerber: "2. Januar, 2. Februar, 2. März... ." *(January the second, February the second...)*

Interviewer: "Nun eine Frage zur Rechtschreibung: Wieviele D's hat *Rudolph the Red Nosed Reindeer?*"

Bewerber: (nachdem er mehrmals den Kopf auf und ab bewegt hat) "Siebenundneunzig."

Interviewer: "Wie kommen Sie darauf?"

Bewerber: "Da, da, da, da, da, ..."

In der folgenden Stunde zeigte ich meinem Mitfahrer verbal und nonverbal meine Achtung, so daß er langsam Vertrauen zu mir faßte und sich mehr und mehr entspannte.

So erzählte er mir dann "die Geschichte seines Lebens wie einen guten Roman; je mehr er damit voranschritt, desto mehr Verständnis wurde möglich".*

Sein Vater war in den zwanziger Jahren Student an der Cornell University gewesen und hatte dort die Abschlußrede gehalten, und so waren auch jetzt zwei seiner Kinder in Cornell. Der Anhalter hatte vor fünf Jahren seine Arbeit aufgegeben, und als sein letztes Geld verbraucht und sein Auto verkauft war, begann er sein Leben als Landstreicher. Seine Kleider waren jeweils weniger als eine Woche

---

* Harold Kushner: *When All You've Ever Wanted Isn't Enough* (Summit Books), zitiert nach: Reader's Digest, März 1988.

alt, da er von Asyl zu Asyl ging. Als ich über seine gewählte Ausdrucksweise nachdachte, begann ich zu vermuten, daß er sehr intelligent war. So fragte ich ihn vorsichtig nach seinem IQ. Es gab eine lange Pause, so als prüfe er, wie vertrauenswürdig die Situation war.

"Wie kommen Sie darauf?" fragte er. Ich erzählte ihm von meinem Beruf.

Die bedeutungsschwere Pause wurde durch seine Antwort beendet: "160 +"

Langsam – da er zum ersten Mal jemandem Einblick in seinen privaten Bereich gab – beschrieb er mir sein Geheimnis. Er erzählte, daß er an fünf Tagen in der Woche täglich nicht weniger als fünf Stunden in öffentlichen Bibliotheken mit Lesen verbrachte.

Nach etwa drei Stunden erreichten wir Pasco und er deutete auf eine Lastwagenfahrerkneipe, die rund um die Uhr geöffnet war. Ich fragte ihn, was der Kaffee dort koste, und er antwortete mit einem wissenden Grinsen: "Fünfzig Cents".

Als er ausstieg, wagte ich es, indem ich mich seiner Stimmlage anpaßte, ihn zu fragen: "Darf ich deiner Familie schreiben, daß ich dich getroffen habe und daß es dir gut geht?"

Da ich nicht wußte, was dieser unvergleichliche Individualist antworten würde, wartete ich, während er überlegte. Er bat um meine Visitenkarte und sagte, daß er es sich überlegen und vielleicht einmal bei mir vorbeischauen würde.

Abends im Bett dachte ich darüber nach, was ich gelernt hatte. Dieser Gentleman besaß große Fähigkeiten und hatte beschlossen, seiner eigenen Stimme zu folgen. Da ihm der gesellschaftliche Druck zu groß war, hatte er sich eine Verkleidung geschaffen, die seinem Leben Sinn gab.

Ich träumte von ehemaligen Schülern, die vielleicht Anhalter würden, und davon, wie ich zukünftigen Schülern helfen könnte.

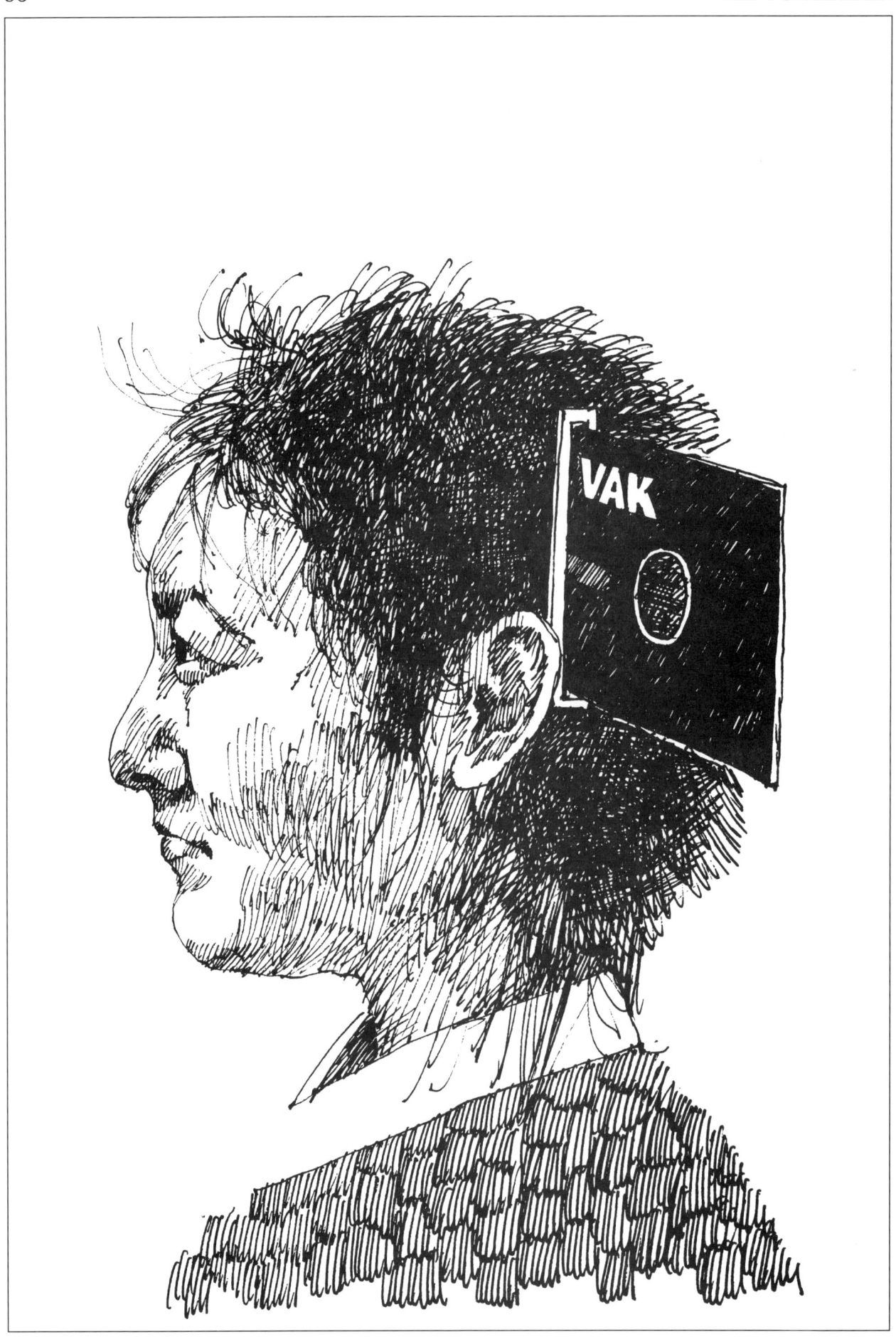

Kapitel 5

Das Speichern von Informationen

*"So wie du speicherst,
wirst du später Nutzen daraus ziehen."*
Krista Grinder

Seit den sechziger Jahren hat die Schule ein gespaltenes Verhältnis zu "Lernstilen". Lehrende sind von der Idee angetan, daß sie lernen können, wie Schüler denken. Aber sie sind ebenso verwirrt durch die Frage, ob sie ein System dem Individuum oder ein Individuum an ein System anpassen sollen.

Neurolinguistisches Programmieren machte es dem Lehrenden leichter zu diagnostizieren, wo der Lernende im Moment steht,– leichter als ein statischer Test, wie es sie im Handel gibt. Das Konzept der "Lernstile" beleuchtet die Input- und Outputkanäle des Lernenden. Beschäftigt man sich aber ernsthaft mit der Frage der Anpassung (von Individuum und System), so muß auch die Frage der Speicherung unter die erzieherische Lupe genommen werden.

Kennzeichen auditiver Speicherung			
	Input	Speicher	Output
visuell	_____		_____
auditiv	_____	nacheinander, in ganzen Einheiten	_____
kinästhetisch	_____	_____	_____
	Lernen	Wiederauffinden	

Charakteristisch für auditive Speicherung sind: Speicherung der Reihe nach und Speichern als gesamte Einheit (*sequential order* und *entire chunk*). Eine Lehrerin sagte einmal halb im Scherz, sie habe bei der Autopsie des Gehirns einer auditiven Schülerin bemerkt, daß es ein Kassettenrekorder war. Hört ein auditiver Schüler eine Frage, wählt er die Kassette mit der Antwort aus, legt sie ein und läßt die ganze Kassette ablaufen, bis er die Antwort lokalisiert hat. Es besteht die Tendenz, daß die Kassette weiterläuft, auch wenn die Antwort gefunden ist.

Alle Menschen haben wahrscheinlich drei Dinge auditiv gespeichert. Wenn Sie darauf achten, wie Ihr Gehirn auf die folgenden Fragen antwortet, finden Sie leicht heraus, wie der auditive Bereich die ganze Zeit über arbeitet. Wenn Sie diese Fragen gelesen haben, machen Sie bitte eine Pause und beobachten Sie, wie Sie im Geiste die Kassette einlegen, diese am Anfang starten und sie weiterlaufen lassen, auch wenn Sie die Information schon gefunden haben.

Erste Frage: *Wie viele Tage hat der Mai?*

Machen Sie eine Pause und antworten Sie dann. Haben Sie bemerkt, wie Sie innerlich aufzählen: Januar = 31, Februar = 28, März = 31...? (Im Amerikanischen: Absingen des Reims *"Thirty days has September, April, June and November..."*)

Zweite Frage: *Wie heißt die dritte Zeile von "Star Spangled Banner"?*

Manche Musiker *sehen* die dritte Zeile des Liedes, aber die meisten Amerikaner beginnen am Anfang und *hören* sich die einzelnen Zeilen an.

Dritte Frage: (Ein Plakat mit dem Alphabet hängt in jeder Grundschulklasse, aber es wird auditiv und nicht visuell gespeichert, da es auditiv gelehrt wird.) *Lesen Sie die folgenden Buchstaben und überlegen Sie, welcher Buchstabe im Alphabet ihnen folgt: J_, P_, T_, X_.*

Nun vergleichen Sie die Geschwindigkeit des Wiederauffindens mit derjenigen bei der nächsten Aufgabe. *Wenn Sie die folgenden Buchstaben sehen, denken Sie an den vorangehenden Buchstaben: _Z, _L, _R, _V.*

Haben Sie die vorangehenden Buchstaben schneller gefunden als die nachfolgenden? Wenn Informationen auditiv gespeichert werden, kann jeder Punkt einer Abfolge schnell gefunden werden, wenn der vorangehende Punkt genannt wird; wenn jedoch nach dem Punkt

gefragt wird, der vor einem genannten steht, muß die Kassette zurückgespult werden und an einer "natürlichen" Unterbrechung wieder neu einsetzen. In unserem Buchstabenbeispiel beginnt man normalerweise mit H, um den Buchstaben vor L zu finden. Wir kennen alle die Melodie "A, B, C, D, E , F, G (Pause), H, I, J, K, L, M, N, O, P..." Können Sie sich vorstellen, daß Ihr Gehirn permanent auf diese Weise arbeitet? Auditive Menschen tun das!

Wann wird im Unterricht auditiv gespeichert? In der **Grundstufe** wird das meiste auditiv gespeichert, da die visuellen Fähigkeiten der Schüler noch unterentwickelt sind.

In einer Vorschulklasse begann die Lehrerin die tägliche Routine mit einem Blick auf die Anschlagtafel, die Monat, Datum und Wochentag zeigte.

"Heute ist Mittwoch. Was ist morgen?" fragte sie.

"Donnerstag", antworteten die Schüler sehr schnell im Chor.

Als jedoch die Lehrerin fragte: "Was war gestern?", war es still. Und als sie weiterhalf: "Denkt daran: Sonntag, Montag...", da erinnerten sich die Schüler.

Die Lehrerin wiederholte am nächsten Tag das gleiche, und als sie sagte "Denkt daran ...", gab sie mit Stimme und Körperbewegung einen Rhythmus vor. Sie fand heraus, daß einige Kinder die Antwort wußten, bevor sie den Tag erreicht hatte; manche Schüler haben einen "Schnellauf" für ihre Kassetten.

In der **Mittelstufe** eröffnete ein Direktor jede Schulversammlung mit dem Treueeid *(Pledge of Allegiance)*. Jedes Jahr wurde erneut der Versuch unternommen, die Schüler dazu zu bringen, bei Kommas oder am Ende eines Satzes eine kurze Pause einzulegen. Das konnten aber nur die Schüler, die in der Lage waren, sich den Eid geschrieben vorzustellen. Die Mehrzahl der Schüler hat den Eid nach dem Klang gespeichert, und die Schüler machen dann eine Pause, wenn sie atmen müssen.

Auf der Junior-High-/Middle-School-Stufe können die Fragen bei Lückentests folgendermaßen aussehen:

1. Blah, blah, blah ....
2. Blah, blah .... blah, blah.
3. .... blah, blah, blah.

Ein Schüler, der die Information auditiv gespeichert hat, kommt mit dem ersten Beispiel am besten zurecht, mit dem letzten am wenigsten. Die Regel dazu lautet: "Ein auditiver Speicherplatz wird nur dadurch wiederaufgefunden, daß die einleitende oder eine der jeweils gesuchten vorangehende Informationseinheit *(bit of information)* aktiviert wird."

Erinnern sie sich, wie Sie einmal aufwachten, als im Radio gerade ein Lied gespielt wurde, und Sie den ganzen Tag den letzten Teil des Liedes wiederholten, sich aber nicht an den Anfang erinnern konnten?

Eltern, die ihren Kindern in der Oberstufe der **High-School** bei den Fragen am Ende eines Kapitels im Lehrbuch helfen wollen, können ihnen entweder bei der Suche nach den Antworten beistehen, oder – wenn sie nicht Lehrer spielen wollen – folgendes tun.

Tun Sie die Arbeit weiter, mit der Sie gerade beschäftigt sind, und stellen Sie dabei eine Reihe von Fragen:

"Wie viele Fragen sind es?"

Ihr Kind antwortet vielleicht: "Fünfzehn".

"Bei welcher Frage brauchst du Hilfe?"

"Bei Frage 5".

Sie wandeln die Antwort im Geiste in einen Bruch um (hier 1/3). Dann fragen Sie:

"Wie viele Seiten hat das Kapitel?"

"Einundzwanzig."

Im Geiste multiplizieren wir den Bruch mit der Anzahl der Seiten und sagen dann, daß die Antwort auf der siebten Seite des Kapitels zu finden ist.

Als Erwachsene schnippen wir oft mit den Fingern oder wir summen, wenn wir uns an etwas erinnern wollen. Es ist, als wären unsere Finger der Dirigentenstab einer Band, und wir bereiten unser inneres Orchester auf eine Aufführung vor.

Leitlinien für auditive Speicherung

Typisch für das auditive Gedächtnis sind die Speicherung als Sequenz und als Ganzes (von Anfang bis Ende). Wann wird nun Material am besten auditiv gespeichert?

1. Wenn Menschen nicht visualisieren können, das heißt im Kindergarten und in der 1. Klasse.

2. Wenn Input- und Outputkanal auditiv sind, also wenn es sich um die Wiedergabe von Musik, Texten oder Songs handelt.

3. Wenn es sich bei der Information um aufeinanderfolgende Schritte handelt, die alle ausgeführt werden müssen (Verfahrensweisen wie in Mathematik oder bei der Analyse eines Satzes).

Die folgende Übersicht (S. 100) soll Ihnen helfen, für bestimmte Lernvorgänge eine festgelegte Prozedur für die Schüler zu entwickeln. Das Beispiel ist aus dem Mathematikunterricht, die Form läßt sich aber auf alle Fächer anwenden.

Arbeitsblatt

Auditive Speicherung mit kinästhetischer Bewegung

Wesentliche Unterrichtsschritte	Korrespondierende Körperbewegung	Verwendete Wörter
_____	_____	_____
_____	_____	_____
_____		

Übertragen Sie das oben skizzierte Arbeitsblatt auf ein gesondertes Blatt Papier und führen Sie dort die Aufgabe aus! Das folgende Beispiel illustriert diese Aufgabe: Division, 4980 geteilt durch 18. Am schnellsten und besten erinnert man sich an aufeinanderfolgende Schritte, wen diese von symbolischen Bewegungen und einem Singsang in der Stimme begleitet werden.

Beispiel:

Auditive Speicherung mit kinästhetischer Bewegung

Wesentliche Unterrichtsschritte	Korrespondierende Körperbewegung	Verwendete Wörter
a. Runde den Divisor zum nächsten 10er auf oder ab.	Bewegen Sie die Hände, als hielten Sie einen Basketball.	Ab- oder aufrunden
b. Wie oft ist der Divisor im Dividenden enthalten?	Legen Sie einen Arm quer vor die Brust, zeigen Sie mit dem Finger zuerst darüber, dann darunter als Symbol für das Divisionszeichen.	Dividiere den Dividenden
c. Multipliziere den Quotient mit dem Divisor.	Überkreuzen Sie die Arme als Symbol für das Multiplikationszeichen.	Multipliziere
d. Subtrahiere das Produkt vom Dividenden.	Machen Sie mit dem rechten Arm einen Strich in die Luft, etwa in Brusthöhe.	Subtrahiere
e. Hole die nächste Zahl vom Dividenden herunter.	Heben Sie die Hand hoch und lassen Sie sie dann auf Taillenhöhe herab.	Hole herunter
f. Wiederhole die bisherigen Schritte bis zum Ende	Gehen Sie mit der Hand nach unten und dann im Halbkreis wieder hinauf.	Dasselbe noch einmal

Nachteile der auditiven Speicherung

Es ist in Ordnung, sich Informationen auditiv zu merken. Wird die ganze Einheit wieder in derselben Reihenfolge gebraucht, dann lassen Sie es bei der auditiven Speicherung. Wird die Information aber auch in anderer Reihenfolge benötigt, sollte visuell gespeichert werden.

	Input	Speicher	Output
visuell			X
auditiv		X	
kinästhetisch			
	Lernen	Wiederauffinden	

Normalerweise unterrichten wir auditiv und testen visuell. Hat ein Schüler beim Test den Stoff noch auditiv gespeichert, muß er in dieser Situation Übertragungsarbeit leisten. Dadurch ist er gegenüber Schülern, die visuell gespeichert haben, sehr im Nachteil. Ein Schüler beispielsweise, der den Stoff wie auf einer Wäscheliste hintereinander gespeichert hat, macht folgendes:

1. Er sieht die Frage.
2. Er schiebt die Kassette ein.
3. Er beginnt am Anfang, folgt seiner inneren Stimme.
4. Er findet die Information und schreibt sie hin.
5. Befindet sich die nächste Information an einer anderen Stelle der Kassette, muß sich der Schüler die ganze Kassette anhören oder nochmals beginnen. Dies braucht ganz offensichtlich Zeit und schafft Streß für den Schüler, dem die Zeit schneller davonrinnt, als er die Fragen beantworten kann.

Visuell gespeichertes Wissen kann als Ganzes überflogen werden, indem man sich auf die betreffende Information konzentriert. Wer auditiv gespeichert hat, kann nicht den Schnellgang einlegen und dabei die Informationen abhören. Ein visuell begabter Mensch dagegen kann im übertragenen Sinn Helikopter fliegen, schweben, ein Gebiet aussuchen, das er genauer betrachten möchte, und zwecks besserer Sicht näher heran fliegen. Der auditive Mensch dagegen kriecht am Boden entlang, bleibt auf der Straße der Erinnerung und arbeitet sich fleißig von einem Punkt zum nächsten vor.

Bei Verlagen besteht die Tendenz, die Fragen am Ende des Kapitels in der gleichen Reihenfolge zu bringen, in der die Informationen im Text erscheinen. Dahinter steht das Motiv der "täglichen Arbeit". Die Fragen, die der Lehrer in einem Schlußtest stellt, erscheinen jedoch oft in willkürlicher Reihenfolge. Wir wissen, was für Probleme wir damit für den auditiven Schüler schaffen; im Endeffekt erhält der Schüler seine Abschlußnote entsprechend seiner Fähigkeit, *visuell* zu speichern, und nicht entsprechend seiner Fähigkeit, das Wissen *überhaupt* zu speichern (zum Beispiel auch auditiv) und wiederzugeben.

	Input	Speicher	Output
visuell	_____	_____	Abschlußexamen
auditiv	_____	tägliche Arbeit	_____
kinästhetisch	_____	_____	_____
		Lernen	Wiederauffinden

Welche Eigenschaften der visuellen Speicherung sind Voraussetzung für die guten Ergebnisse in Tests? Das folgende Schaubild zeigt sie.

	Input	Speicher	Output
visuell	_____	Geschwindigkeit & beliebige Reihenfolge	_____
auditiv	_____	_____	_____
kinästhetisch	_____	_____	_____
		Lernen	Wiederauffinden

Zusammenfassung

Wir haben "Input", "Speicher" und "Output" betrachtet. Die Kristallkugel meines verborgenen inneren Hellsehers zeigt mir, daß der wesentliche Wert des Konzepts der Lernstile nur wahrgenommen wird, wenn wir uns auf den am wenigsten verstandenen, aber wertvollsten Aspekt konzentrieren: das Speichern.

	Input	Speicher	Output
visuell	_____	Geschwindigkeit & beliebige Reihenfolge	_____
auditiv	_____	nacheinander, in ganzen Einheiten	_____
kinästhetisch	_____	Muskelgedächtnis	_____

Lernen   Wiederauffinden

Kapitel 6

Die Bedeutung des Visualisierens

"Das Geheimnis der Erziehung
liegt im Respekt vor dem Schüler."
Ralph Waldo Emerson

Im letzten Kapitel wurden bereits die Vorteile visueller Flexibilität gestreift. Ab der vierten Klasse ist die Fähigkeit, sich Wörter vor dem inneren Auge vorzustellen, der Schlüssel zum Lernerfolg. Diese Fertigkeit kann bereits in der Vorschule geübt werden. Dieses Kapitel behandelt folgende Themen:

1. wie Schüler mit dem "inneren Auge" sehen;

2. wie man die visuellen Fähigkeiten von Schülern, die nicht "sehen", verbessert; welche Unterrichtsstrategien dabei helfen;

3. die Wiederholung, deren Zweck es ist, Informationen, die *auditiv* gespeichert sind, als Vorbereitung auf Tests *visuell* zu speichern;

4. Beispiele für Visualisierung: Lesen, Rechtschreibung, Mathematik.

Wie Schüler "sehen"

Die Schüler, die auf dem Förderband des Bildungswesens die wenigsten Schwierigkeiten haben, können gehörte Information (Input) sofort in eine innere visuelle Form umsetzen (Speicherung). Am häufigsten geschieht das in Form von Notizen. Die Mehrheit derjenigen, die Notizen machen, versuchen buchstäblich zu sehen, was sie hören. Obwohl beim Schreiben der Stichwörter auch der kinästhetische Bereich involviert ist, kann er hier vernachlässigt werden.

Wenn ich ein Stoffgebiet darstelle, nehme ich manchmal meinen Stift aus meiner Hemdtasche und schlage vor, ihn mit einem der eifrigen Schreiber in der ersten Reihe zu tauschen. Ich erkläre, daß die Kugelschreiberspitze mit einem farblosen Schmiermittel eingefettet ist. Sie gleitet so geschmeidig, daß sie dem Schreiber die gleichen flüssigen Muskelbewegungen ermöglicht, ohne daß irgendwelche Spuren auf der Seite hinterlassen werden. Mit diesem Angebot betone ich die Unterschiede zwischen kinästhetischen und visuellen Schülern, die aus unterschiedlichen Motiven heraus Notizen machen. Zum Notieren gehören sowohl visuelle als auch kinästhetische Fähigkeiten, aber mein Tauschangebot macht den Schülern den Zweck ihres Aufschreibens klar. Wenn sie die Wahl haben, aufzuschreiben, was sie hören, ohne es zu sehen, oder das Gehörte gedruckt zu erhalten, entscheiden sich die meisten visuellen Schüler für letzteres.

Es gibt bei Schülern **vier verschiedene Wege zum Visualisieren**. Diese sind hier aufgeführt, in der Reihenfolge von der gebräuchlichsten zu einer weniger üblichen, aber sehr effizienten Methode.

1. Die am häufigsten genutzte Methode wendet der Schüler an, der im Unterricht in Stichwörtern aufschreibt, was er gehört hat. Dann schaut er sich seine Notizen an und macht sich mit seinem inneren Auge ein Bild davon (siehe nachfolgendes Schaubild).

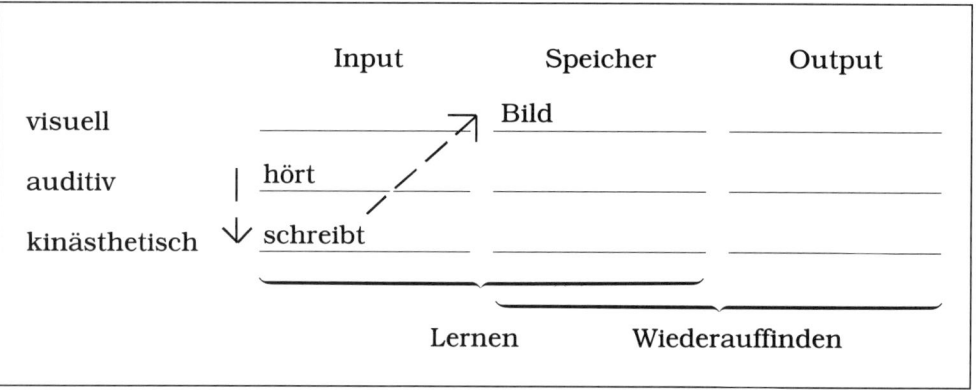

2. Die zweite sehr populäre Methode besteht darin, daß der Schüler ein Buch liest, sich Notizen macht, die Notizen durchliest und sich dabei ein inneres Bild macht (siehe nachfolgendes Schaubild).

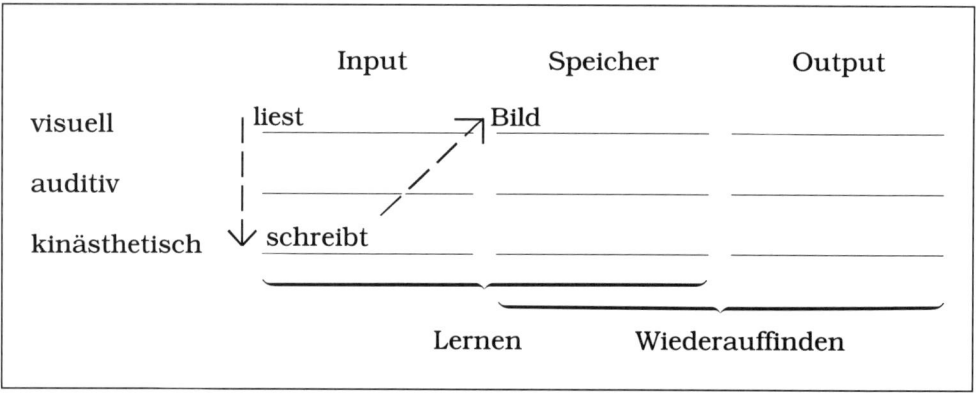

Welche dieser beiden Methoden des "Sehens" gewählt wird, hängt davon ab, ob der Lehrer bei der Erstellung der Tests nach dem Buch vorgeht oder ob er Material aus dem Unterricht dazunimmt. Zusätzlich ist der Inputkanal des Schülers entscheidend, nämlich ob auditiv oder visuell.

3. Das Aufschreiben von Stichwörtern ist ein Beispiel visueller Speicherung durch "externales Sehen" mit kinästhetischer Hilfe. Einige Schüler bevorzugen Sehen ohne kinästhetische Hilfe; sie erhalten die Texte lieber getippt. Es wäre interessant, diese Schüler zu fragen, ob sie den dargebotenen Stoff lieber getippt oder denselben Inhalt in ihrer eigenen Handschrift haben wollen. Was würden Sie selbst bevorzugen? (siehe nachfolgendes Schaubild).

	Input	Speicher	Output
visuell	liest – – – → Bild		
auditiv			
kinästhetisch			

Lernen   Wiederauffinden

4. Es gibt einige Schüler, die visuell speichern können, ohne die Information gesehen zu haben. Sie sind in der Lage, innerlich ein Bild zu kreieren, ohne vorher etwas betrachtet zu haben. Diese Schüler werden von ihren Klassenkameraden beneidet. Im College kaufen sie gewöhnlich keine Bücher und schreiben nichts auf, und dennoch schreiben sie gute Noten.

	Input	Speicher	Output
visuell		Bild	
auditiv	hört		
kinästhetisch			

Lernen   Wiederauffinden

Es gibt vier Arten des Visualisierens:

1. Auditiv external über Notizen zu visuell internal;
2. Visuell external über Notizen zu visuell internal;
3. Visuell external ohne kinästhetische Hilfe zu visuell internal;
4. Auditiv external unmittelbar zu visuell internal;

Schüler, die nach einer der ersten drei Methoden arbeiten, haben es in der Schule leichter als Schüler, die Informationen internal auditiv speichern. Der Schüler, der nur hört und unmittelbar visuell speichert, wird oft als sehr begabt bezeichnet.

Schulung der visuellen Fähigkeiten

Wie lassen sich die visuellen Fähigkeiten von Schülern verbessern, die erst lernen, innere Bilder zu sehen?

Als erstes können wir bestimmte nonverbale Signale anwenden (sehr ruhige Körperhaltung, flache, sanfte Stimme, Tempo verlangsamen und Sätze verlängern).

Zweitens müssen wir sehr geduldig sein und guten Rapport herstellen. Die Schüler, die bereits "sehen", werden sich vielleicht langweilen – wir sollten sie durch Rapport dazu bringen, geduldig zu sein. Und wir müssen zwei bis vier Wochen die rechts-visuellen Fähigkeiten schulen, bevor wir zu den links-visuellen übergehen.

Ungehinderter Zugang zu unseren Ressourcen scheint eine Voraussetzung dafür zu sein, daß wir voll das breite Spektrum unserer Wahrnehmungskanäle nutzen. Die Schüler atmen desto besser, je mehr Spaß eine Tätigkeit macht. Damit haben sie besseren Zugang zu ihren Ressourcen und auch zu visuellen Wahrnehmungen. Schaffen Sie eine unbeschwerte Atmosphäre und führen Sie die Schüler mit Ihrer Atmung. Eine optimistische Anmerkung: Je jünger die Schüler, desto eher werden sie von der Erwartungshaltung des Lehrers beeinflußt (siehe auch "Kongruenz vergrößern", S. 217).

In Kapitel 5 haben wir festgestellt, inwieweit die erreichten Noten von der primären Modalität eines Schülers abhängig sind – nämlich ob visuell oder auditiv. Es wurde gezeigt, daß sich für auditive Schüler Probleme ergeben können, wenn die Wiederholungsfragen am Ende des Kapitels in der Reihenfolge ihres Vorkommens geordnet sind, der Abschlußtest die Fragen aber in beliebiger Reihenfolge aufführt.

	Input	Speicher	Output
visuell	_____	_____	Abschlußexamen
auditiv	_____	tägliche Arbeit	_____
kinästhetisch	_____	_____	_____
	Lernen	Wiederauffinden	

Der Lehrer sollte die visuellen Fähigkeiten eines Schülers kennen, bevor er ihm erlaubt, Informationen visuell zu speichern. Es wäre gut, wenn wir die bevorzugte Modalität der Schüler testen könnten; jedoch sind ihr schulischer Erfolg und die Leichtigkeit, mit der sie die Anforderungen bewältigen, direkt proportional zu ihren visuellen Fähigkeiten. Diese sind ab der 4. Klasse allein ausschlaggebend und können bereits in der Vorschule trainiert werden. Es ist möglich, einem Schüler zu helfen, von auditiver zu visueller Speicherung überzugehen. Die folgenden Beispiele und Techniken ermöglichen einen solchen Transfer.

Lehrerverhalten zur Unterstützung des Visualisierens

Die Forschung zeigt, daß der Lehrer mit seinem nonverbalen Verhalten die Arbeit des Schülers stark beeinflußt. Wenn wir wollen, daß die Schüler sich ein inneres Bild machen, sollten wir folgendes Verhalten zeigen:

a) Körper und Arme ruhig

b) flache hohe Stimme

c) langsam sprechen

d) Sätze länger werden lassen

In einem Versuch beobachten wir, ob das wirkt.

1. Verhalten Sie sich an einem normalen Schultag wie oben beschrieben, während Sie etwas behandeln, das die Schüler zum Visualisieren einlädt. Beschreiben Sie die Reaktionen der Klasse:

_____

_____

_____

_____

2. Verhalten Sie sich in einer ähnlichen Situation genau entgegengesetzt:

a) Körper und Arme bewegen

b) tiefe Stimme, modulieren

c) schnell sprechen

d) Sätze einmal lang, einmal kurz

Beschreiben Sie die Reaktionen der Klasse:

_____

_____

_____

_____

Arbeitsblatt

Die Einführung des Visualisierens in einer Klasse

Einige Schüler visualisieren bereitwillig, andere nicht. Deshalb sollte die Einführung des Visualisierens in der Klasse in entspannter Atmosphäre mit viel Spaß erfolgen. Visualisieren ist oft leichter für Kinder, die es noch nie gemacht haben, als für Erwachsene, die aufgrund ihrer Erfahrung überzeugt sind, daß sie es nicht können. Bei Erwachsenen geschieht es leicht, daß Visualisieren Streß bedeutet, während dies bei Schülern seltener der Fall ist. Ich vermute, daß Kinder besser wissen, wie sie atmen müssen, als Erwachsene. Die folgenden Übungen sollten etwa zwei bis vier Wochen lang durchgeführt werden, bevor Visualisieren im Zusammenhang mit Lernstoff versucht wird. Die Anleitung ist so allgemein, daß Sie sie dem Unterricht in Ihrer Klassenstufe anpassen müssen (und können).

Anleitung

1. Schritt: Der Lehrer gibt den Schülern einen Satz vor, der jedoch keine Beschreibung enthält (einen Satz mit einem einfachen Subjekt und einem Prädikat, wie: "Der Junge und der Hund gingen nach draußen.").

2. Schritt: Der Lehrer fordert die Schüler auf, den Satz mit Details aus den unten genannten visuellen Bereichen zu ergänzen. Die Schüler finden Adjektive zu "Junge" und "Hund", wie "groß", "braun", "wuschelig", und sie ergänzen die Ortsbestimmung durch Adverbien wie "schnell" oder "ungeduldig". Vielleicht fordert der Lehrer die Schüler auch auf, dabei die Augen zu schließen.

Farben _____

Entfernung _____

Größe _____

Vordergrund/Hintergrund _____

Formen _____

Andere Eigenschaften _____

3. Schritt: Zum Schluß lassen Sie die Schüler ihre Beschreibungen austauschen. Der Austausch der Ergebnisse ist sehr wichtig, denn dadurch lernen die Schüler die jeweils unterschiedlichen Vorstellungen ihrer Mitschüler kennen. Denken Sie daran, den Schülern verbal und nonverbal mitzuteilen, daß alle Antworten korrekt sind.

Die Einführung des Visualisierens in einer Klasse (Fortsetzung)

Übungen

Auf den folgenden drei Seiten finden Sie Visualisierungsübungen mit steigendem Schwierigkeitsgrad. Suchen Sie sich die aus, die Ihrer Klassenstufe entsprechen. Notieren Sie die innerhalb von zwei Wochen sichtbaren Fortschritte.

1. Tag _____

_____

2. Tag _____

_____

3. Tag _____

_____

4. Tag _____

_____

5. Tag _____

_____

6. Tag _____

_____

7. Tag _____

_____

8. Tag _____

_____

9. Tag _____

_____

10. Tag _____

Visualisierungsübungen

Die folgenden Übungen entstammen dem Buch *Stop Studying and Start Learning*.*

1. Visualisieren Sie zuerst einmal **Farben**. Denken Sie an Rot, Grün, Blau, Orange oder eine andere Farbe, die Sie mögen. Konzentrieren Sie sich darauf, daß die Farben klar und rein bleiben. Erscheinen Ihnen die Farben undeutlich, konzentrieren Sie sich auf die Unterschiede zwischen den Farben. Das gelingt Ihnen wahrscheinlich erst nach mehrmaligem Üben. Wie unterscheidet sich Rot von Blau? Konzentrieren Sie sich auf den Unterschied, dann werden die Farben deutlicher.

2. Als nächstes visualisieren Sie bekannte **geometrische Formen** wie Kreis, Viereck oder Dreieck. Malen Sie eine dieser Figuren auf ein Blatt Papier und halten Sie dieses in Augenhöhe vor sich. Stellen Sie sich innerlich erst jedes Detail vor, dann das Ganze. Experimentieren Sie mit Veränderungen von Größe, Umfang oder Farbe des Gegenstands. Stellen Sie sich vor, daß das Objekt sich vor Ihrem inneren Auge dreht.

Haben Sie mit dieser Übung Schwierigkeiten, sollten Sie nicht enttäuscht sein und daraus schließen, daß Sie nicht gut visualisieren können. Manche Menschen finden es sehr viel schwerer, sich abstrakte Formen vorzustellen, als Gesichter.

3. Jetzt stellen Sie sich einen **vertrauten Gegenstand** vor, wie zum Beispiel einen Stuhl, einen Ball, eine Tomate, einen Stift oder eine Tasse. Stellen Sie den Gegenstand in etwa ein bis eineinhalb Meter Entfernung vor sich hin, entspannen Sie sich und betrachten Sie ihn genau. Dann schließen Sie die Augen und visualisieren diesen Gegenstand. Betrachten Sie die Details und versuchen Sie, diese in Ihre geistige Vorstellung zu übernehmen.

Jetzt entspannen Sie noch mehr und lassen Ihre Vorstellungskraft das Bild schaffen, ohne kritische Bewertung oder Feedback.

4. Visualisieren Sie **einen vertrauten Menschen oder ein Tier**. Konzentrieren Sie sich auf das Gesicht und studieren Sie jedes Detail sehr sorgfältig. Verändern Sie dann die Perspektive und sehen Sie sich das Gesicht aus der Ferne und aus der Nähe an. Dann betrachten Sie es von rechts, von links und schließlich von hinten. Beachten Sie, daß Visualisierungen nicht durch physikalische Gesetze eingeschränkt sind. Sie können sich einem Objekt nähern oder sich um dieses herum bewegen.

5. Als nächstes stellen Sie sich **ein vertrautes Haus oder Gebäude** vor. Öffnen Sie es in Ihrer Phantasie und treten Sie ein. Betrachten Sie den Fußboden vor sich, die Bilder und die Tapeten, die Sie von da aus sehen können, und schauen Sie auf die Türen zu den anderen Räumen. Erlauben Sie Ihrem inneren Auge zu forschen, von Zimmer zu Zimmer zu wandern und die Möbel, die Farben, die Fenster und andere Details zu betrachten. Dann gehen Sie wieder hinaus und betrachten das Haus von außen genauso sorgfältig.

6. Jetzt stellen Sie sich **einen Kürbis** vor. Sie haben richtig gelesen, einen leuchtend orangefarbenen Kürbis mit dem Stiel obendrauf. Lassen Sie den Kürbis vor sich schweben und langsam zur Decke aufsteigen. Dann holen Sie ihn zurück auf Augenhöhe und drehen ihn immer schneller. Dann stoppen Sie ihn plötzlich und lassen ihn kleiner werden, bis er die Größe eines Apfels erreicht hat.

---

* Richard Fenker/Robert Mullins: *Stop Studying and Start Learning*, Fort Worth/Texas 1982 (Tangram Press)

Schließlich stellen Sie sich vor, daß er seine Farbe wechselt und leuchtend blau wird, dann grün und wieder orange.

7. Phantasieren Sie, *Sie liegen bequem auf Ihrem Bett*. Betrachten Sie im Geist die vertrauten Gegenstände und die Einrichtung Ihres Zimmers. Wiederholen Sie diese Betrachtung, aber bewegen Sie sich dieses Mal durch das Zimmer und schauen Sie die Gegenstände, die Möbel, die Fenster und Türen aus der Nähe an. Jetzt stellen Sie sich zum Fenster, bewegen sich sanft darauf zu und durch das Fenster hindurch ins Freie. Sie merken, daß Sie immer höher steigen, bis Sie hoch über Ihrer Nachbarschaft schweben. Betrachten Sie sorgfältig die Straßen, die Häuser, die Bäume und das Gras aus dieser Perspektive. Dann schweben Sie sanft zurück zum Boden und landen leicht auf Ihren Füßen.

8. Jetzt holen Sie *einen ganz speziellen Ort* vor Ihr inneres Auge und stellen sich vor, daß Sie dort sind. Das könnte Ihr Lieblingsferienort sein oder eine besonders schöne Stelle, an der Sie einmal waren. Das könnte auch ein Ort sein, den Sie einmal besuchen möchten oder ein Platz, den Sie sich in Ihrer Phantasie schaffen möchten. Dieser Platz sollte ruhig, erholsam und sehr angenehm sein. Betrachten Sie ihn im Geiste genau. Erforschen Sie die Umgebung. Betrachten Sie Farben, Formen und Material. Ist dieser Platz im Freien, spüren Sie die Wärme der Sonne und eine leichte Brise. Achten Sie auf Düfte und Klänge. In der Zukunft wollen Sie diesen Ort vielleicht noch viele Male aufsuchen. Stellen Sie sich vor, wie Sie an diesen Ort kommen, um sich auszuruhen, Probleme zu überdenken oder andere Übungen auszuführen.

9. Stellen Sie sich Ihren Lieblingsplatz vor und wie Sie dort *einen klugen Freund oder*

Berater treffen. [Zusatz des Autors: Wenn Sie spirituell orientiert sind, könnte das auch Gott sein.] Stellen Sie sich vor, wie Sie diesen Berater begrüßen und zum Ausdruck bringen, daß er Ihr Freund ist.

Dieser Berater kann ein wirklicher oder imaginärer Freund sein. Bitten Sie ihn, daß er Ihnen hilft, Fragen zu beantworten, Probleme zu lösen oder eine von Ihnen gewählte Aufgabe zu bearbeiten. Hören Sie genau hin, was Ihr Berater Ihnen sagt.

10. Schließlich visualisieren Sie einen anderen speziellen Ort, Ihren *"Arbeitsplatz"*, an dem alle Werkzeuge und Hilfsmittel vorhanden sind, die nötig sein könnten, um jegliche Fragen zu beantworten oder auftauchende Probleme zu lösen. Stellen Sie sich diesen Platz mit einer großen Leinwand ausgestattet vor, auf der alle Bilder erscheinen, die Sie sich wünschen. Ihr Berater wird an Ihrem Arbeitsplatz erscheinen, wann immer Sie Hilfe brauchen. Üben Sie dann, das Abbild von Menschen und Dingen auf Ihre Leinwand zu projizieren.

Diese Übungen sind nur ein Anfang. Wenn Sie jede etwa eine Woche lang üben, bevor Sie zur nächsten übergehen, und wenn Sie sich für die Übungen immer gut entspannen, werden Sie in einigen Wochen eindrucksvolle Resultate erzielen.

Hier nun noch einige andere Ideen, wie Sie mit visuellem Denken experimentieren und Ihre Fähigkeiten verbessern können.

11. *Nachbild.* Nehmen Sie zwei Blatt Papier in leuchtenden Farben. Schneiden Sie aus einem ein Dreieck aus und legen Sie es auf die Mitte des anderen Blattes. Starren Sie dreißig Sekunden auf die Mitte des Dreiecks und schauen Sie dann sofort die weiße Wand an. Sie werden das Dreieck sehen, aber in der Komplementärfarbe der ursprünglichen Farbe.

12. *Anregung der Netzhaut.*
Schließen Sie die Augen (am besten in einem dunklen Raum) und reiben Sie Ihre Augenlider leicht oder üben Sie geringen Druck aus. Diese Erregung Ihrer Netzhaut wird Blitze hervorrufen. Versuchen Sie, darin Muster zu erkennen.

13. *Mentale Fotografie.* Stellen Sie sich vor, Ihr Geist sei eine Polaroidkamera. Werfen Sie einen kurzen Blick auf Ihre Umgebung, schließen Sie dann die Augen, und versuchen Sie, sich die Szenerie so deutlich wie möglich vorzustellen. Wenn Sie schon etwas Übung haben, können Sie versuchen, Details der Szene zu skizzieren. Diese Übung hilft Ihnen, die Welt unvoreingenommen zu betrachten.

14. *Mit Imagination lesen.* Versuchen Sie, wenn Sie lesen, den Text in visuelle Vorstellungen umzusetzen. Erschaffen Sie Ihre eigene Bildergeschichte, die zum Test paßt. Mit einiger Übung können Sie mit dieser Methode Ihr Gedächtnis auch bei abstrakten Inhalten unterstützen.

15. *Rahmen für visuelle Assoziationen.* Damit sind solche Dinge wie Tabellen, Organisationspläne, Karten, Tafeln und Diagramme gemeint. Durch einen solchen Rahmen werden die Begriffe, die man sich merken will, übersichtlich geordnet. Dadurch wird eine räumliche Beziehung zwischen Begriffen geschaffen, die sich somit leichter behalten lassen.

16. *Träume.* Versuchen Sie, Ihre Träume zu kontrollieren. Wenn Sie kurz vor dem Einschlafen entspannt sind, sagen Sie sich vor, wovon Sie träumen möchten. Sagen Sie sich auch, daß Sie sich nach dem Aufwachen an den Traum erinnern möchten. Vesuchen Sie beim Träumen bewußt zu bleiben, ohne aufzuwachen.

17. Lesen Sie **ein Buch** über Spiele für die Imagination wie zum Beispiel *Put Your Mother on the Ceiling* von Richard DeMille oder *Mind Games* von Richard Harris. Durch all das wird Ihre Imaginationsfähigkeit erhöht, und außerdem macht es viel Spaß.

Visuelles Aufnehmen von gedrucktem Material

Es folgt eine Serie von Übungen, die dem Schüler helfen sollen, sich gedrucktes Material bildlich vorzustellen. Die dazugehörige Theorie besagt, daß Schüler, die internal links-visuell orientiert sind (Wörter sehen), es in der Schule leichter haben. Da die meisten Schüler internal rechts-visuell orientiert sind (Gegenstände, Konfigurationen sehen), wird durch eine Verstärkung dieser Fähigkeit (und ihre Anwendung auf gedruckte Texte!) dem Schüler der Zugang zu links-visuell erleichtert.

Die ersten Übungen erfordern nur geringe visuelle Fähigkeiten, die Anforderungen steigern sich mit dem Fortgang der Übungen. Schüler, die bereits links-visuell recht gut sind, werden anfangs sagen "leicht" oder sogar "zu leicht, zu blöd". Die Zusammensetzung Ihrer Klasse und Ihr Verhältnis zu den leistungsfähigen Schülern werden Ihr Arbeitstempo bestimmen. Je mehr gute Schüler Sie haben, desto mehr besitzen gute visuelle Fertigkeiten links. Sie wollen die Übungen sicher schnell durchlaufen. Aber wir machen die Übungen nicht für sie; gehen Sie deshalb *langsam* voran und halten Sie Rapport mit den guten Schülern. Machen Sie einen Spaß daraus! Jede Übung kann mehrere Tage hintereinander mehrmals gemacht werden. Eine einmalige Bearbeitung reicht nicht, sondern: *üben, üben, üben!* Die Anleitungen zu den Übungen sind in Klammern gesetzt. Eckige Klammern enthalten Kommentare für den Lehrer.

Der Output wird verglichen
1. Die Schüler öffnen ihr Buch auf der angegebenen Seite, legen

ihren Finger hinein und klappen es wieder zu.

2. Die Schüler gehen mit dem Finger zur nächsten Seite, ohne hinzuschauen (es ist sinnvoll, Seiten mit Bildern, graphischen Darstellungen usw. auszusuchen).

3. Der Lehrer fordert auf, Augen und Bücher zu "öffnen" (Pause), zu "schließen". (Der Zeitabstand zwischen "öffnen und schließen" sollte variiert werden.)(Lassen Sie ein Merkzeichen oder einen Finger im Buch, damit es einfach wieder geöffnet werden kann.) [Visueller Input]

4. Der Lehrer sagt den Schülern, sie sollen auf ihrem Pult mit dem Finger die verschiedenen Teile, die sie gesehen haben, nachmalen. [Kinästhetischer Output]

5. Wiederholen Sie 2. und 3. mit einer anderen Seite und fordern Sie die Schüler auf, ihren Nachbarn das Layout der Seite zu beschreiben. [Output auditiv]

6. Besprechen Sie mit der Klasse, welche Übung leichter war und welches der Unterschied zwischen 4. [Output kinästhetisch] und 5. [Output auditiv] war. Achten Sie darauf, welche Schüler einen Unterschied merken; daran können Sie die primäre Modalität erkennen. Denken Sie daran, daß die Schüler beim Austausch der Ergebnisse vom Modell des anderen lernen können (*modeling*). Die Schüler, die von vornherein zur "großen Übersicht" tendieren, denken eher "global" (visuell rechts); die Schüler, die sich Einzelheiten und Reihenfolge merken, sind visuell links orientiert.

7. Wiederholen Sie 2. bis 4. mit einer weiteren Seite und bitten Sie die Schüler, mit einem Stift aufzumalen, was sie gesehen haben. (Papier und Stift sollten schon bereitliegen.)

8. In der Zusammenfassung wird das Nachmalen mit den Fingern (4.,

kinästhetisch) mit der auditiven Wiedergabe (5.) und der visuell-kinästhetischen Wiedergabe (7.) verglichen.

Ein zweiter Blick

9. Machen Sie die gleiche Übung noch einmal, lassen Sie die Schüler aber, wenn die Ergebnisse von 4., 5. und 7. vorliegen, die Bücher nochmals aufschlagen und nachschauen, damit sie weitere Details "hinzufügen und klären" können. Besprechen Sie das Ergebnis. Achten Sie wieder auf Gelegenheiten zum Modellieren, die sich beim Austausch ergeben. Beachten Sie die unterschiedliche Neigung zu globaler (rechts-visueller) bzw. detaillierter (links-visueller) Sichtweise. Eventuell lassen Sie Schüler ein drittes und viertes Mal nachsehen, damit sie ein klareres Bild bekommen.

10. Machen Sie das Gleiche noch einmal, aber diesmal haben die Schüler die Augen geschlossen; ihr Gesicht bleibt auf das offene Buch gerichtet. Geben Sie die Anordnungen zum "Öffnen und Schließen" – dieses Mal verharren die Schüler unbeweglich, während sie sich die Seite innerlich vorstellen.

11. Fassen Sie zusammen und vergleichen Sie die Ergebnisse: kinästhetisch (4. und 7.) gegenüber auditiv (5.) gegenüber visuell (10.). Hoffentlich waren diejenigen, die ihre auditive und kinästhetische Wahrnehmung trainieren sollten, dabei so erfolgreich, daß sie auch bei visueller Wahrnehmung Ergebnisse erzielten. Achten Sie darauf, welche Schüler sich bei dieser Arbeitsweise nicht wohl fühlen. Da Sie nicht so langsam vorgehen können, wie diese Schüler es nötig hätten, müssen Sie nach Möglichkeiten suchen, mit ihnen einzeln zu arbeiten.

12. Wiederholen Sie Übung 10. mit den Anweisungen von 9.

13. Als zusätzliche Übung können Sie Teile einer Seite ausschneiden und die ausgeschnittenen Teile in Kuverts an die Schüler verteilen. Diese öffnen die Augen, schauen das Buch an, schließen sie es, nehmen die entsprechenden Teile aus den Umschlägen und setzen sie zusammen. Wenn Sie die Übung die ersten beiden Male durchführen, kopieren Sie die Seite in Originalgröße. Bei weiteren Übungen, können Sie die Kopie verkleinern. [Das muß der Grundschullehrer sehr häufig tun: Material vorbereiten. Obwohl dies viel Zeit kostet, lohnt sich der Aufwand für kinästhetische Schüler zweifellos.] Gestehen Sie den Schülern auch einen "zweiten Blick" zu, damit sie größere Genauigkeit erreichen. Lassen Sie am Ende nochmals die Bücher öffnen, damit sie ihre Darstellung überprüfen können. Dies ist eine der wichtigsten Tätigkeiten für die kinästhetischen Schüler.

14. Jetzt wählen Sie Seiten mit Bildern, Grafiken oder Tabellen aus. Die Absicht dahinter ist, daß die unterschiedliche Größe der Abschnitte erkannt wird. Wählen Sie Seiten mit sehr unterschiedlichen Abschnitten (Länge, Breite, Fett-, Kursivdruck, Unterstreichungen). Lassen Sie wieder öffnen und schließen und üben Sie kinästhetische, auditive und visuelle Wiedergabe.

15. a) Eine gute Übung zum Aufwärmen: Lassen Sie die Schüler ihren Blick an einem Punkt fixieren und dann ihre Zeigefinger vor ihren Augen bewegen. Sie starren weiter geradeaus, während sie die sich bewegenden Finger an die Peripherie ihres Blickfelds bewegen.

15. b) Die Schüler haben die Augen geschlossen, ihr Gesicht aber zum Buch gewendet (wie in 10.); dieses Mal sollen sie ihre Augen auf die Spalte zwischen den beiden Seiten richten. Lassen Sie nur eine kurze Pause zwischen den Befehlen "öffnen" und "schließen". (Wählen Sie für jede Runde einen anderen Wiedergabekanal; lassen Sie den "zweiten Blick" zu und besprechen Sie die Ergebnisse.)

15. c) Wählen Sie einen Begriff, der aus dem Text heraussticht (zum Beispiel ein Datum, eine Jahreszahl) und lassen Sie die Schüler danach suchen. Machen Sie einen Spaß daraus (sie fixieren jetzt nicht mehr die Spalte). Geben Sie folgende Anweisungen:
– Öffnet auf Seite ...
– Finger ins Buch legen, schließen.
– Augen zur Tafel richten. (Der Lehrer fragt nach dem Begriff.)
– Sucht das genannte Wort; wer es gefunden hat, hebt die Hand.
[15. c) ist die erste Übung dieser Serie, bei der der Lehrer nach Information von visuell links fragt.]

Eine Information lokalisieren
16. a) Suchen Sie eine Passage, deren Paragraphen leicht begreifbaren Stoff für die Schüler enthalten. [Siehe auch "Wann Visualisieren mit der Klasse nötig ist", S. 118 – 119] Je unterschiedlicher die einzelnen Abschnitte, desto besser. Oder mit anderen Worten, suchen Sie Abschnitte, in denen der Autor jeweils nur einen Begriff, eine Tatsache erklärt. Lassen Sie die Klasse entweder laut oder jeden für sich lesen. Die Schüler haben ein leeres Blatt in der Größe der Buchseite vor sich. Nachdem alle gelesen haben, werden die Bücher geschlossen und Sie stellen eine Frage, deren Antwort im ersten Abschnitt zu finden ist. Die Schüler zeigen auf ihrem leeren Blatt auf die entsprechende Stelle. Fragen Sie, bis der Reihe nach alle 5 bis 7 Abschnitte abgefragt wurden. Wenn Sie sicher sind, daß der Stoff behalten wurde und die Schüler die entsprechenden Abschnitte auf dem leeren Blatt kennen, dann wiederholen Sie noch einmal, wo sich die einzelnen Abschnitte befinden. So verhelfen Sie der Klasse zu der fundamentalen Fähigkeit, die man gemeinhin als "fotografisches Gedächtnis" bezeichnet. Stellen Sie den Schülern noch einmal die gleichen Fragen, aber nicht der Reihe nach. Wieder sollen die Schüler auf dem leeren Blatt die Stelle zeigen, wo sich die Antwort befindet. Diese Stufe

visueller Verfeinerung kann täglich geübt werden. Wenn die Schüler für einen höheren Schwierigkeitsgrad bereit sind, können Sie fragen, ob die Antwort am Anfang, in der Mitte oder am Ende des Abschnitts steht.

16. b) In 16.a) ging es um die Fähigkeit, sich mit Hilfe einer externalen Repräsentation (Buch, leeres Papier) an die ursprüngliche Lage eines Textes zu erinnern. Auf dieser Übungsstufe wird der Übergang von externalem Sehen zu internaler Repräsentation des Gesehenen vollzogen. Lassen Sie die Klasse einen kurzen Satz in einem Buch, an der Tafel oder auf dem Overheadprojektor betrachten. Formulieren Sie folgendermaßen: "Schließt entweder die Augen oder schaut in irgendeine Richtung und stellt euch den Satz vor!" Gleichzeitig verhalten Sie sich so, daß Sie das Visualisieren unterstützen: ruhige Körperhaltung, Kopf erhoben, flache Stimme, langsamer Rhythmus. Wahrscheinlich verhalten sich auch die Schüler ruhig und haben den Blick fixiert. Dann sagen Sie: "Nickt langsam mit dem Kopf, wenn ihr den Satz sehen könnt." Manche Schüler könnten Schwierigkeiten haben mit dem Begriff "sehen". Kinästhetische Schüler bevorzugen die Aussage "wenn ihr ein Gefühl für die Lage habt". Also sagen Sie nicht nur "sehen/vorstellen", sondern fügen "ein Gefühl für etwas" hinzu.

Lassen Sie die Klasse den nächsten Satz anschauen und geben Sie die folgende Anweisung: "Schließt wiederum die Augen oder schaut in irgendeine Richtung und stellt euch den Satz geschrieben vor."

Wenn Sie den gleichen Vorgang zum dritten Mal wiederholen, fügen Sie hinzu: "Geht wieder an euren Lieblingsort und stellt euch den Satz vor." Besprechen Sie die Ergebnisse. Die Schüler können so ihre Strategien mitteilen, und vielleicht übernimmt jemand Strategien vom anderen. Mit dem wiederholten Gebrauch wird "euer Lieblingsort" zu einem Anker, den die

Schüler für Wiederholungen, besonders auf den Test hin, nutzen können. Natürlich sollten Sie, wenn Sie die Blätter für den Test austeilen, die Schüler auf ihren "Lieblingsort" aufmerksam machen, der sie den gelernten Stoff leichter wiederfinden läßt.

16. c) Machen Sie das gleiche wie in 16.b). Wenn Sie dann den zweiten und weitere Sätze hinzufügen, fordern Sie die Schüler auf, sich alle zusammen vorzustellen. Sie könnten zum Beispiel sagen: "Schaut euch den zweiten Satz an der Tafel an. Geht an euren Lieblingsort und seht ihn dort. (Pause) Seht auch den ersten Satz, während ihr dort seid. (Pause) Nickt langsam mit dem Kopf, wenn ihr beide seht."

Diese Aufforderung bedeutet für manche Schüler größere Mühe. Denken Sie daran: achten Sie darauf, daß gut geatmet wird und die Sache lustig bleibt. Fassen Sie wieder zusammen, damit die Strategien ausgetauscht werden können.

16. d) Es ist ähnlich wie 16. c), aber hier wird der Blickwinkel erweitert. Wenn die Schüler den zweiten Satz sehen, werden sie aufgefordert, "ihren Blick zwischen den ersten und zweiten Satz zu richten und beide gleichzeitig zu sehen". Genauso funktioniert ein internales visuelles Tachistoskop. Damit ist wohl für die meisten Schüler der äußerste Schwierigkeitsgrad erreicht.

17. *Verlagern.* Diese Übung kann nach jeder Einzelübung von 16. ausgeführt werden. Stößt die Klasse dabei an ihre Grenzen, legen Sie eine Pause ein. Wenn Sie fortfahren, starten Sie mit 17. Wo auch immer bei 16. Sie aufgehört haben, sagen Sie folgendes: "Seht den Satz an eurem Lieblingsort (Pause) und nickt leicht mit dem Kopf (Pause). Schaut auf euer Pult und stellt euch vor, ihr seht dort eine Frage aus dem Test, auf die ihr mit diesem Satz antwortet. (Pause) Nickt mit dem Kopf, wenn das der Fall ist. (Pause) Nun verlagert ihr den Satz von eurem Lieblingsplatz auf das Papier, und ihr seht die Antwort. (Pause) Übertragt die Antwort." Dies ist eine Fähigkeit von visuell begabten Menschen; es lohnt sich, auf dieser Stufe zu üben. Einige Schüler berichten vielleicht, daß sie das Gefühl hätten, sie betrügen im Test.

18. Üben Sie 16. a) bis c) und 17. mit neuen Sätzen.

Der Sinn der Wiederholung

Arbeitsblatt

Wann Visualisieren mit der Klasse nötig ist, Teil 1

Die meisten Schüler "sehen" konkrete Gegenstände leichter (rechte Hirnhälfte) als Buchstaben, Wörter, Sätze, Abschnitte (linke Hirnhälfte). Deshalb ist es wichtig zu wissen, wann man die Klasse auffordern sollte, Buchstaben zu "sehen". "Sehen" ist ein Vorgang. Unter Lehrern besteht die Neigung, den Inhalt sehr zu betonen und dabei den Vorgang der Vertiefung und des Einprägens zu vernachlässigen.

Wenn die Schüler mit Begriffen und Inhalten vertrauter sind, sehen sie links-visuell mit größerer Leichtigkeit. Die nachfolgend abgebildete **Waage des Lernens** erläutert das näher:

Erste Lernphase

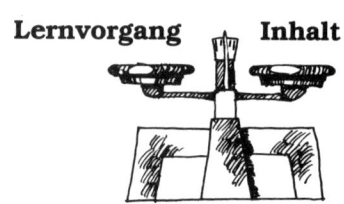

Wiederholung

1. Planen Sie unter Berücksichtigung der oben genannten Vorstellung eine Unterrichtseinheit, die Sie mit allen Wahrnehmungskanälen erarbeiten (stellen Sie sicher, daß die Schüler etwas sehen, hören und sprechen sowie berühren können).

_____

_____

_____

2. Führen Sie die Schüler während der Wiederholungsphase zum "Sehen".

_____

_____

_____

Wann Visualisieren mit der Klasse nötig ist, Teil 2

In Teil 1 dieses Arbeitsblattes zeigten wir, daß Vertiefung/Wiederholung dann stattfindet, wenn wir die Schüler darin bestärken, daß sie Buchstaben, Wörter, Sätze und Abschnitte "sehen". Hier wird nun die Wiederholungsphase noch gründlicher betrachtet.

	Input	Speicher	Output
visuell	_____	_____	_____
auditiv	_____	_____	_____
kinästhetisch	_____	_____	_____
	Lernen	Wiederauffinden	

Erste Wiederholung:

Sinn dieser ersten Wiederholung ist es zu überprüfen, daß die Schüler etwas gelernt haben. Dies geschieht oft, indem man die Schüler wählen läßt, wie sie zeigen wollen, was sie gelernt haben: durch Zeigen (visuell), Sagen (auditiv) oder Vorführen (kinästhetisch). Beschreiben Sie, wie Sie das gemacht haben/machen werden.

_____

_____

_____

Zweite Wiederholung:

Da der abschließende Test oft die Reihenfolge der Informationen verändert, gehört zur zweiten Wiederholung das Abfragen des Inhalts in beliebiger Reihenfolge. Die zwei typischen Merkmale visueller Speicherung sind *Geschwindigkeit* und *beliebige Reihenfolge*. Die zweite Wiederholung ist oft eine Variation des abschließenden Tests. Beschreiben Sie, wie Sie das vorhaben/ausgeführt haben.

_____

_____

_____

_____

Arbeitsblatt

Wissen abfragen, Teil 1

Das amerikanische Schulsystem bemüht sich sehr darum, daß die Schüler den Lernstoff auch wirklich behalten *(getting the learning in)*. Wir sind noch dabei zu lernen, wie man die Lerninhalte wieder zum Vorschein bringt *(how to get the learning out)*. Auf einem anderen Arbeitsblatt wurde der Unterschied zwischen visueller und auditiver Speicherung untersucht. Grundsätzlich vollzieht sich die auditive Speicherung als Aufeinanderfolge von Anfang bis Ende, während visuell gespeichertes Material schnell und in beliebiger Reihenfolge abrufbar ist.

Bei der täglichen Arbeit des Schülers sind die Fragen am Ende eines Kapitels normalerweise in der Reihenfolge gestellt, daß sie dem Ablauf des Stoffes folgen. Die Arbeit in der vorgegebenen Reihenfolge ist für einen auditiv veranlagten Schüler keine Herausforderung. In Abschlußtests sind die Fragen aber oft in willkürlicher Reihenfolge gestellt. Deshalb sind dann Schüler mit "Kassetten" in ihren Köpfen benachteiligt.

Geben Sie hier ein Beispiel, wie Sie oder Ihr Lehrbuch Unterrichtsinhalte in einer bestimmten Reihenfolge anbieten (Input):

Beschreiben Sie, *wie* die Schüler zeigen, daß sie den Stoff verstanden haben, und ob sie für die Wiedergabe (Output) die Reihenfolge ändern müssen.

Welche Einsichten über das Lernen haben Sie gewonnen?

Wissen abfragen, Teil 2: Visuelle und auditive Schüler

Im Teil 1 stellten wir fest, daß auditive Speicherung bei der täglichen Arbeit durchaus wirkungsvoll ist, für Tests aber unangemessen. Das vorliegende Arbeitsblatt untersucht den Unterschied zwischen visuellen und auditiven Schülern noch weiter. Die folgende Übersicht zeigt die Unterschiede.

Schülertyp	tägliche Arbeit	Testergebnisse im Vergleich mit der täglichen Arbeit
visuell	nicht fleißig	viel besser
auditiv	nicht fleißig	gleich gut
visuell	fleißig	gleich gut
auditiv	fleißig	schlechter

Wählen Sie Schüler aus, von denen jeder in eine der vorgegebenen Kategorien paßt (fragen Sie evtl. auch andere Lehrer, damit Sie für jede Kategorie einen Vertreter haben). Schreiben Sie die Anfangsbuchstaben auf und beschreiben Sie die unterschiedlichen Leistungen im täglichen Unterricht und in Tests.

1. Ein visueller Schüler, der nicht mitarbeitet: _____

Kommentar: _____

_____

2. Ein auditiver Schüler, der nicht mitarbeitet: _____

Kommentar: _____

_____

3. Ein visueller Schüler, der mitarbeitet: _____

Kommentar: _____

_____

4. Ein auditiver Schüler, der mitarbeitet: _____

Kommentar: _____

Arbeitsblatt

Wissen abfragen, Teil 3

In Teil 1 und 2 gingen wir der Idee nach, daß Tests den Stoff in einer anderen Reihenfolge bieten, als bei der Erarbeitung vorgegeben, und daß die Testergebnisse bei visuellen und auditiven Schülern unterschiedlich sind. Dieses Arbeitsblatt geht noch einmal auf die Unterschiede ein. Es soll festgestellt werden, woher die Informationen kommen, die in einem Test abgefragt werden; dann soll herausgefunden werden, ob die Quelle der Information Einfluß auf die Ergebnisse hat, wobei wieder visuelle und auditive Schüler verglichen werden.

Schritt 1: Bestimmen Sie die Schüler in Ihrer Klasse, die sehr visuell veranlagt sind, deren auditive Fähigkeiten jedoch sehr viel geringer sind.
Ihre Initialen (unter 30 haben Sie vielleicht 1 bis 6):

_____

Schritt 2: Finden Sie in derselben Klasse die Schüler heraus, die überwiegend auditiv und nur wenig visuell begabt sind (das sind vielleicht 2 bis 4 von 30). Initialen:

_____

Schritt 3: Sehen Sie einen Test durch und finden Sie heraus, wo der entsprechende Inhalt herkommt (bei größeren Tests geht das evtl. leichter als bei den wöchentlichen Tests). Für die Antworten auf die meisten Testfragen läßt sich sowohl eine visuelle Quelle (das Buch) als auch eine auditive Quelle (der Inhalt wurde im Unterricht vorgetragen) ausmachen. Für unsere Zwecke sind wir nur an Quellen einer *einzigen* Modalität interessiert. Welche Testfragen kommen *nur* aus dem Buch (die Schüler mußten die Seiten selbst durcharbeiten und der Lehrer brachte den Inhalt nicht im Unterricht)?
Setzen Sie ein "V" an den Rand neben die entsprechende Testfrage.

Schritt 4: Als nächstes bestimmen Sie die Testfragen, die ausschließlich oder fast ausschließlich aus auditiven Quellen entstanden (Unterrichtsvortrag, Diskussion in der Klasse usw.), und setzen ein "A" (für auditiv) neben diese Testfragen.

Schritt 5:
a) Wenn Sie den Test korrigiert und die Noten eingetragen haben, sollten Sie die Tests der visuellen Schüler hervorholen (siehe 1).

b) Machen Sie eine Aufstellung darüber, wie die visuellen Schüler insgesamt bei visuellen Fragen abgeschnitten haben (siehe 3).

Durchschnittliche Punktezahl: _____

c) Stellen Sie auch zusammen, wie die visuellen Schüler bei auditiven Fragen abgeschnitten haben (siehe 4).

Durchschnittliche Punktezahl: _____

d) Gibt es einen entscheidenden Unterschied zwischen 5 b) und 5 c)?   Ja ____   Nein ____

Wissen abfragen, Teil 3 (Fortsetzung)

Schritt 6:

a) Holen Sie nun die Tests der auditiven Schüler heraus (siehe 2).

b) Wie haben die auditiven Schüler insgesamt bei visuellen Fragen abgeschnitten?

Durchschnittliche Punktezahl: _____

c) Wie haben die auditiven Schüler bei auditiven Fragen abgeschnitten?

Durchschnittliche Punktezahl: _____

d) Gab es einen deutlichen Unterschied zwischen 6 b) und 6 c)?   Ja _____   Nein _____

Schritt 7: Läßt sich erkennen, daß die Quelle der Information den Erfolg des Lernenden beeinflußt (gleiche gegenüber unterschiedlicher Modalität)? Sind 5 b) und 6 c) zusammen höher als 5 c) und 6 b)?

_____

_____

_____

_____

_____

Arbeitsblatt

Gliederung oder "Mind-Mapping"?

Die traditionelle Methode der Unterrichtsvorbereitung ist die einer Gliederung (eines Überblicks, eines tabellarischen Entwurfs) nach folgendem Muster:

I. Die Gliederung ist ein formaler Rahmen.

    A. folgerichtig und numeriert

    B. meist vollständige Gedanken oder Sätze

    C. Inhalt und Struktur sind logisch aufgebaut:

        a) Gedanken der Reihe/Priorität nach

        b) Jeder Punkt hat wenigstens zwei Unterpunkte.

II. Die Gliederung hat Anfang und Ende.

Dieser strukturierte, logische, ordentliche und folgerichtige Stil ist hochgradig linkshemisphärisch. Das rechtshemsiphärische Gegenstück ist unter verschiedenen Etiketten bekannt: *mapping, clustering, webbing,* also landkarten-, netz- oder büschelförmige Anordnungen.

(Text dieser *mind-map* von links nach rechts: wie Zweige eines Baumes – vom Zentrum ausgehend – wie ein Spinnennetz – geht von der Mitte einer Seite aus – mit Zeichnungen – Gehirn – ähnliche Ideen und Beispiele in Gruppen angeordnet – Verbindungslinien werden gezogen – Ideen werden überall angehängt – Ideensammlung – alles ist möglich – nicht folgerichtig – schnell aufschreiben)

1. Bereiten Sie eine Unterrichtseinheit von etwa 20 Minuten vor, während der Sie eine grobe schriftliche Gliederung des Themas austeilen. Lassen Sie die Klasse diese Gliederung mit Stichwörtern aus dem Unterricht vervollständigen, wie Sie es an der Tafel oder auf dem Overheadprojektor vormachen.

2. Tragen Sie in weiteren 20 Minuten ein Stoffgebiet von ähnlichem Schwierigkeitsgrad vor, und geben Sie diesmal eine *mind-map*-Skizze dazu. Die Schüler sollen sie wiederum ergänzen, wie Sie selbst es während des Unterrichts zeigen.

3. Diskutieren Sie mit den Schülern über deren Reaktionen auf die beiden Anordnungen. Bedenken Sie dabei auch, daß neue, wenig vertraute Methoden ein "zweischneidiges Schwert" sind. Zeigt sich ein bestimmtes Muster, nämlich daß bestimmte Schüler die eine oder die andere Methode bevorzugen?

Einordnen des Unterrichtsstoffes nach *visuell* und *auditiv*

Die auditive Speicherung wird in großen, zusammenhängenden Einheiten vorgenommen. Visuelle Speicherung bietet schnellen Zugriff und ist nicht an eine bestimmte Reihenfolge gebunden. Mit Hilfe des vorliegenden Arbeitsblattes kann der Lehrer herausfinden, welcher Stoff geeignet ist, visuell dargestellt zu werden. Bedenken Sie dabei die Charakteristika der jeweiligen Modalität. Führen Sie ein oder zwei Themen unter jeder der Modalitäten auf und erklären Sie kurz, warum Sie so unterteilt haben. Schreiben Sie außerdem auf, was das Stoffgebiet für die gewählte Modalität geeignet erscheinen läßt.

Beispiel:

6 x 4 = 24

Der Inhalt ist aufgrund seines Rhythmus (im Englischen) für auditive Speicherung geeignet.

8 x 7 = 56

Hier ist visuelle Speicherung angebracht, es gibt keinen Rhythmus, die Zahlen ergeben jedoch eine Reihe (5, 6, 7, 8).

1. Inhalt für auditive Speicherung:

_____

_____

Begründung für die Auswahl:

_____

_____

2. Inhalt für visuelle Speicherung:

_____

_____

Begründung:

_____

_____

Beispiele für Visualisierung

Visualisieren beim Lesen

Da größere Geschwindigkeit ein Charakteristikum für visuelle Speicherung ist, führt ein schnelleres Vorgehen mit dem Stoff zu verstärktem Visualisieren. Um eine neue Verfahrensweise erarbeiten zu können, muß der Inhalt bekannt sein (vgl. die "Waage des Lernens", S. 118). Wählen Sie Lesestoff, der um einiges leichter ist als das, was die Schüler zur Zeit lesen können. Lassen Sie die Schüler in ihrer eigenen Geschwindigkeit lesen und stellen Sie fest, wie lange die Schüler durchschnittlich für eine Seite brauchen. Dann vereinbaren Sie mit ihnen, daß die Schüler die Seite umblättern, sobald Sie ein Signal geben (zum Beispiel Klatschen, Klopfen). Geben Sie jetzt etwas weniger Zeit, als die Schüler vorher individuell benötigten. Lassen Sie die Schüler einen kurzen Abschnitt lesen, stoppen Sie sie und fordern Sie sie auf zu beschreiben, wie sie sich die Szenen vorstellen.

Lesen – Pause – bildlich vorstellen

Vorwort: Einige Schüler gebrauchen mehrere Modalitäten und können sich der jeweils angesprochenen Modalität anpassen. Andererseits haben manche Schüler sogar dann Schwierigkeiten, wenn sie sich die Modalität aussuchen können. Der folgende Abschnitt gilt speziell für die Schüler, die zwischen den beiden Extremen anzusiedeln sind.

Unterrichtsmethoden können mit einem Pendel verglichen werden. Einmal neigt das Pendel zu Betonung oder Überbetonung von Methoden, die mit dem Lernstil eines bestimmten Anteils der Bevölkerung übereinstimmen. Zu anderen Zeiten schwingt das Pendel nach der anderen Seite, weil es Schülergenerationen gibt, die mit den angewendeten Methoden nicht zurechtkommen. Dann bewegt sich das Pendel wieder ganz weit auf die andere Seite, und einige Schüler, die bisher mit der Unterrichtsweise zurechtkamen, bekommen nun Schwierigkeiten.

Wir wissen, daß beim Lesen beide Gehirnhälften beteiligt sind; die linke Seite ist auf das Kodieren und Dekodieren, die rechte auf das Verstehen und den Bedeutungszusammenhang spezialisiert. Legt der Lehrer diese Definition zugrunde, kann er, wenn er die Leistungen beim Lesen beurteilt, feststellen, welche Hälfte beim Schüler mangelhaft arbeitet. Damit läßt sich dann ein Arbeitsplan zur Verbesserung der Leseleistungen erstellen. Versteht ein Schüler zwar die Bedeutung, spricht die Wörter aber falsch aus, dann arbeitet seine linke Gehirnhälfte besser als die rechte. Dies trifft besonders dann zu, wenn der betreffende Schüler das Lesen mit starker Betonung der Phonetik gelernt hat (linke Hälfte).

Die folgende Technik ist besonders für Schüler mit den oben geschilderten Symptomen gedacht.

1. Überprüfen Sie zunächst, ob der Schüler in der Lage ist, sich vor seinem inneren Auge Bilder vorzustellen. Ein Beispiel: Lassen Sie die Schüler auf ihr Pult schauen und sich vorstellen, ihr Pult wäre ihr eigenes Zimmer und sie schauten von der Decke aus auf die vier Wände und alle Gegenstände im Raum. Lassen Sie sie auf die Wand zeigen, an der ihr Bett steht, auf die Fenster, auf die Tür, auf den Schrank. Machen Sie die gleiche Übung mit dem ganzen Haus. Mit dieser Übung stellen Sie sicher, daß die Schüler sich von konkreten, rechtshemisphärischen Objekten eine Vorstellung machen können.

2. Lassen Sie ein sehr kurzes Segment lesen. Für einige Schüler ist das ein Substantiv, für andere ein Satzteil, für andere ein ganzer Satz. Für diese spezielle Methode ist ein Satz als ein Segment am besten geeignet.*

3. Haben die Schüler ihre Einheit beendet, wird ein Stopzeichen gegeben. Sie werden aufgefordert, ihre Augen zu schließen oder ins Leere zu starren – was immer ihnen lieber ist – und sich die Aussage des Satzes bildlich vorzustellen. Passen Sie auf, daß es sich bei den Substantiven um konkrete Gegenstände handelt und die Verben eine Handlung zum Ausdruck bringen; das Verb "sein" ist ungeeignet. Die Formen von "sein" und abstrakte Begriffe verwirren die Schüler und halten sie davon ab, die Imaginationskraft ihrer rechten Gehirnhälfte zu nutzen (siehe "Lesen", S. 55).

4. Lassen Sie die Schüler Farbe, Größe, Form, Vordergrund und Entfernung ihres Phantasiebildes beschreiben. Gibt es im Lesebuch ein Bild zu dem betreffenden Abschnitt, lassen Sie es vielleicht abdecken. Wenn sie es aber nach der Übung zeigen wollen, können Sie dies folgendermaßen einleiten: "Laßt uns sehen, ob das Bild im Buch genauso gut ist wie das Bild, das ihr euch selbst geschaffen habt."

5. Kommen die Schüler mit der bildlichen Vorstellung, wie in Übung 1 bis 4 beschrieben, gut zurecht, setzen wir uns ein neues Ziel: wir wollen herausfinden, wieviel ein Schüler in ein Bild packen kann, bevor er ein zweites braucht. Dies hängt vom Inhalt des Abschnitts ab, von der Vorstellungskraft des Schülers oder von der wechselwirkung der beiden Punkte. Wenn ein zweites Bild entsteht, muß der Schüler sein Lesen unterbrechen, eine Pause machen und das erste Bild einprägen, bevor er zum zweiten Bild übergeht. Das Gehirn kann gleichzeitig fünf bis neun Informationsbits aufnehmen. Wird die Kapazität überbeansprucht, besteht die Tendenz, daß frühere Informationen verlorengehen, damit Platz für die neuen geschaffen wird. Manchen Schülern fällt Visualisieren sehr leicht, und sie können sehr viele Informationen speichern: sie besitzen die Fähigkeit, die Informationen auf mehreren Bildern zu speichern und sie dann in einem Bild zusammenzufassen, um so wieder Platz für neue Inhalte zu schaffen. Ein augenfälliges Beispiel dazu ist das Einmaleins. Die Schüler lernen mehrere Zahlenreihen, aber wenn es zur nächsten weitergeht, können sie sich nicht mehr an bereits gelernte Faktoren erinnern. Hier muß der Lehrer zunächst das erste Bild zementieren, bevor das zweite Bild geformt wird. Beobachtung der Schüler und direkte Anleitungen, während das Einmaleins gelernt wird, sind Schlüssel zum Erfolg. Ich schlage nun vor, daß Sie mit einem Schüler einzeln arbeiten. Sie schreiben auf, wie der Schüler Ihrer Meinung nach seine bildlichen Vorstellungen kreiert und woran Sie erkennen, wenn er sich ein zweites Bild schafft. Weiterhin notieren Sie, wie Sie sein erstes Bild zementiert haben und wie Sie ihm beigebracht haben, das alleine zu tun.

6. Fragen zum Verständnis werden so gestellt, daß man den Schüler auffordert, sich an die einzelnen Bilder zu erinnern: das erste, das zweite und das dritte. Das ist es im Grunde, was Verstehen, Erlernen ausmacht.

---

* Nancy Bell: *Visualizing & Verbalizing*, Paso Robles/CA 1986 (Academy of Reading Publications)

Die Auswahl von Büchern für visuelle, auditive und kinästhetische Leser

In einer Klasse von 30 Schülern haben 22 ausreichend visuelle, auditive und kinästhetische Fähigkeiten, bei denen es nicht nötig ist, daß man sich individuell mit ihnen beschäftigt, um ihre Wahrnehmung zu kalibrieren. Bei zwei bis drei Schülern liegt die Ursache für ihre Schulprobleme nicht im ungenügenden Lernstil. Zwischen diesen beiden Gruppen gibt es vier bis sechs "Übersetzer"; sie nutzen nur eine Modalität, und der Lehrer muß sich ihrer Wahrnehmungsweise anpassen, damit sie verstehen und lernen können. Speziell bei diesen Schülern bedeutet es eine große Hilfe, wenn man versteht, was an einem Buch für sie attraktiv oder abstoßend ist.

Die Handlung, der Schauplatz und die Beschreibung der Charaktere sind die drei Bestandteile jeder Art von Literatur. Nur für den visuellen Menschen hat der Schauplatz Bedeutung. Die Bücher von James Michener zeigen in herausragender Weise, wie ein Schriftsteller viel Zeit aufwendet, um dem Leser eine bildliche Vorstellung der Ereignisse zu bieten. Nicht-visuelle Leser sind wenig interessiert und oft abgeschreckt von langen einleitenden Beschreibungen des Schauplatzes in manchen klassischen Büchern. Sie kennen sicher ein Buch mit einer interessanten Handlung oder einem guten Dialog und sind überzeugt, daß die Schüler es mögen: dann können Sie ihnen erlauben, Beschreibungen des Schauplatzes am Anfang und in den folgenden Kapiteln zu überlesen. Bei einem Taschenbuch möchten Sie diese Abschnitte vielleicht sogar kennzeichnen, damit ein wenig visueller Leser weiß, was er auslassen kann.

Ein auditiver Mensch liebt Dialoge, da er sich die Stimmen der verschiedenen Sprecher vorstellt.

Ein kinästhetischer Mensch bevorzugt Bücher mit sehr bewegter Handlung. Das räumliche Umfeld und die Charakterisierung der Personen interessieren ihn weniger. Er interessiert sich nur für die äußere Handlung. Bücher von Louis L'Amour sind ein Beispiel dafür.

Um ein Buch zu analysieren, blättern Sie es am besten vorwärts oder rückwärts durch und schauen nach Einrückungen links auf den Seiten. Einrückungen bedeuten neue Abschnitte. Je mehr Abschnitte, desto wahrscheinlicher finden Sie Dialoge. Je länger die Abschnitte, desto mehr Beschreibungen für visuelle Leser sind zu vermuten.

Der kinästhetische Leser möchte auch weniger Text auf einer Seite haben. Ich traf einmal eine außerordentlich erfolgreiche Sonderschullehrerin, die wußte, daß ihre Schüler kinästhetisch waren. Sie kaufte Taschenbücher und schnitt die Seiten in der Hälfte durch, so daß die Schüler die Seiten öfter umdrehen konnten. Sie erinnern sich sicher, daß kinästhetische Menschen Bewegung mögen und brauchen. Zu den geeigneten Büchern für diese Schüler gehören *The Outsiders* and *Durango Street*.

Eine sehr einsichtige Bibliothekarin stellte fest, daß nicht-visuelle (speziell kinästhetische) Leser in der Bibliothek in Streß geraten, da diese für sie mit den Begriffen "Versagen" und "Mangel an Bewegung" assoziiert ist. Deshalb markierte sie die Buchrücken farbig, blau für kinästhetisch, grün für auditiv. Die visuellen Bücher blieben, wie sie waren, da visuelle Menschen alles sauber und ordentlich haben wollen.

Bücher für visuelle, auditive und kinästhetische Leser auswählen

1. Name einer stark auditiven Schülerin Ihrer Klasse: _____

2. Welche Bücher/Geschichten hat sie gerne gelesen und warum?

Titel	Gründe
_____	_____
_____	_____
_____	_____

3. Suchen Sie Bücher/Geschichten für die Schülerin aus (unter Berücksichtigung der Gesichtspunkte im Text und der genannten Gründe der Schülerin). Geben Sie diese der Schülerin zum Lesen und schreiben Sie ihre Reaktionen auf.

_____

_____

_____

4. Name eines stark kinästhetischen Schülers: _____

Fragen Sie ihn nach Büchern, die ihm gefallen haben; wenn er keine nennt, fragen Sie nach Filmen.

Titel	Gründe
_____	_____
_____	_____
_____	_____

6. Suchen Sie auch für ihn Bücher aus und schreiben Sie seine Reaktionen hier auf.

_____

_____

_____

Visualisieren beim Buchstabieren

Beispiel 1

1. Schreiben Sie Wörter an die Tafel und fordern Sie die Klasse auf, die Wörter laut vorwärts zu buchstabieren. Um das Tempo zu bestimmen, können Sie mit dem Finger schnipsen oder ein ähnliches nonverbales auditives Signal geben. Dasselbe wiederholen.

2. Die Schüler sollen irgendwo in den Raum sehen, nicht jedoch an die Tafel, sich die Buchstaben vorstellen und gemeinsam laut aufsagen. (Verwenden Sie dasselbe auditive nonverbale Signal.) Wiederholen.

3. Jetzt sollen die Schüler wieder an die Tafel schauen und Sie sagen: "Schaut an die Tafel und buchstabiert die Wörter rückwärts." (Verwenden Sie dasselbe auditive nonverbale Signal.) Wiederholen.

4. Wieder sollen die Schüler von der Tafel weg in den Raum schauen, die Buchstaben sehen und rückwärts buchstabieren.

5. "Laßt die Augen da, wo ihr sie hattet (4.), sagt das Wort und buchstabiert es vorwärts."

Beispiel 2

1. Wählen Sie ein Wort mit einer ungeraden Anzahl von Buchstaben (zum Beispiel *Tafel*).

2. Die Schüler sollen ihre Finger vor ihren Augen hin und her und langsam immer weiter weg bewegen.

3. Sie werden aufgefordert, sich den mittleren Buchstaben des Wortes anzusehen (f bei *Tafel*).

4. "Während ihr den mittleren Buchstaben anschaut, schaut ihr euch auch den Buchstaben rechts davon an."

5. "Während ihr den mittleren und den Buchstaben rechts davon anseht, könnt ihr gleichzeitig auch den Buchstaben links von der Mitte dazunehmen."

6. Führen Sie die Übung nach rechts und links fort, bis das Wort vollständig ist.

Beispiel 3

1. Der Lehrer schreibt ein Wort an die Tafel und unterstreicht jeden Buchstaben einzeln: F r e u d e

2. "Schaut an die Tafel und merkt euch die Stellung jedes Buchstabens und seine Nachbarn auf beiden Seiten."

3. "Nickt mit dem Kopf, wenn ihr euch alle Buchstaben gemerkt habt."

4. Der Lehrer wischt die Buchstaben weg und läßt nur die Striche stehen: _ _ _ _ _

5. Der Lehrer deutet auf die Striche, und die Schüler sagen laut die einzelnen Buchstaben.

6. Ist der Lehrer sicher, daß die Schüler sich die Buchstaben gemerkt haben, nimmt er weitere, auch schwierigere Wörter.

Beispiel 4

1. Man macht das gleiche wie in 3, diesmal aber werden zwei Wörter an die Tafel geschrieben, eines über das andere, zum Beispiel:
G a r t e n
F e n s t e r

2. Nachdem die Schüler sich die Buchstaben eingeprägt haben, werden die Wörter weggewischt. Wieder bleiben die Striche.

_ _ _ _ _ _
_ _ _ _ _ _

3. Können die Schüler zu den Strichen die richtigen Buchstaben aufsagen, fragt der Lehrer abwechselnd nach Buchstaben des ersten und des zweiten Wortes, und die Schüler sollen die Buchstaben laut sagen.

Wörter mit einer ungeraden Anzahl von Buchstaben

1. Sie arbeiten jetzt entweder mit jeweils zwei Schülern oder mit der ganzen Klasse. Schreiben Sie ein Wort mit einer ungeraden Zahl von Buchstaben an die Tafel oder auf ein Blatt Papier und ziehen Sie einen Strich durch den mittleren Buchstaben.

Beispiel: T a f e l

Der Schüler soll sich den mittleren Buchstaben (f) anschauen, seinen Blick auf diesen Buchstaben fokussieren und dann mit den Augen auch den jeweils rechten (e) und linken (a) miterfassen. Den Blick weiter auf die mittleren drei Buchstaben gerichtet, soll er auch die Buchstaben rechts außen und links außen dazunehmen. Diese Übung wird fortgeführt, bis alle Buchstaben gleichzeitig gesehen werden.

Um die visuelle Speicherung des Wortes zu verstärken und zu testen, können Sie folgendes tun:

1. Bitten Sie einen Schüler, in den Raum zu schauen und sich den mittleren Buchstaben vorzustellen. Danach fragen Sie nach den Buchstaben rechts und links von den Mitte und den Buchstaben weiter außen. Haben die Schüler einmal gelernt, sich das Wort bildlich vorzustellen, kann der Lehrer beliebig fragen: nach dem mittleren Buchstaben, dann nach dem rechts außen, nach dem dritten von rechts usw., desgleichen nach den Buchstaben links.

2. Nehmen Sie diese Übung in Ihren Unterrichtsplan auf. Nehmen Sie sich mehrere Tage hintereinander täglich etwas Zeit dafür. Schreiben Sie die Ergebnisse auf, und achten Sie besonders darauf, welche Schüler am meisten davon profitieren.

Arbeitsblatt

Den neurologischen "Ort" für Buchstabieren nutzen

1. Teilen Sie die Schüler paarweise auf: je ein Schüler X und ein Schüler Y.

2. Lassen Sie sie ein Wort aus einer Wörterliste oder ein eigenes wählen und dieses Wort auf ein Blatt Papier schreiben. Das Wort sollte am besten mitten auf die Seite geschrieben werden, und das Papier sollte so dick sein, daß auf der Rückseite nichts durchscheint.

3. Schüler X gibt sein Blatt jeweils Schüler Y, Y hält das Blatt (Vorderseite in Richtung X) und bittet X, das Wort zu "sehen" und zu buchstabieren. X buchstabiert zweimal vorwärts, und dann bittet Y seinen Partner, rückwärts zu buchstabieren. Der Schüler tut das und buchstabiert dann noch einmal vorwärts.

4. Y bittet X, den Blick in den Raum zu richten, sich das Wort vorzustellen und, wenn er es sieht, zu buchstabieren. X tut das.

5. Y bittet X, seine Augen genau an dieser Stelle zu lassen, und versucht, das Papier an die Stelle zu halten, wohin X schaut. X hilft ihm durch Handzeichen, genau die Richtung zu finden.

6. Y bittet X wieder, das Wort zu "sehen" und zweimal vorwärts zu buchstabieren, dann einmal rückwärts und noch einmal vorwärts. Y verharrt starr und dreht das Papier langsam und sachte um, und wieder buchstabiert X vorwärts, rückwärts, vorwärts. Möchte X zu irgendeinem Zeitpunkt das Wort noch einmal sehen, macht er das mit Gesten klar, oder Y kann, nach einer Pause, das Blatt sehr langsam umdrehen. Wenn X fertig ist, wird die Übung mit vertauschten Rollen wiederholt.

7. Nehmen Sie diese Übung in Ihren Unterrichtsplan auf. Nehmen Sie sich mehrere Tage hintereinander täglich etwas Zeit dafür. Schreiben Sie die Ergebnisse auf, und achten Sie besonders darauf, welche Schüler am meisten davon profitieren.

Besonderen Dank an Dr. David Lundsgaard für die Entwicklung der oben angeführten Techniken.

Die Zahl der für ein Wort benötigten Bilder verringern

Bitten Sie die Schüler, sich Wörter ihrer Wahl auszusuchen. Die Schüler fordern dann den jeweiligen Partner auf, sich ein Wort genau anzusehen, dann in den Raum zu schauen und sich das Wort vorzustellen. Achten Sie darauf, wieviele Bilder die Schüler benötigen, um ein Wort zu buchstabieren. Sinn dieses Arbeitsblattes ist es, die Anzahl der Bilder zu reduzieren, so daß das Wort im Gehirn des Schülers weniger Rahmen benötigt. Ziel ist es natürlich, die Anzahl der in ein Bild passenden Buchstaben zu erhöhen.

Dabei ist es wichtig zu wissen, daß wir die Wörter nach Silben trennen und für jede Silbe ein eigenes Bild schaffen. Diese Methode ist sehr auditiv und linkshemisphärisch visuell. Rechtshemisphärisch visuell wird das Wort gerne sehr ungewöhnlich, entgegen allen üblichen Lehrmethoden, getrennt (zum Beispiel Was-hing-ton).

1. Lassen Sie die Schüler das erste Bild anschauen. Wenn sie es deutlich sehen, sollen sie mit dem Kopf nicken und den letzten Buchstaben des Bildes sagen (bei unserem Beispiel wäre das "...s").

2. Wenn die Schüler das zweite Bild klar vor sich sehen, sollen sie wieder mit dem Kopf nicken und den ersten Buchstaben dieses Bildes sagen (im Beispiel also "h..."). Dann bitten Sie die Schüler, sich ein neues Bild zu schaffen mit dem letzten Buchstaben des ersten und dem ersten Buchstaben des zweiten Bildes ("...sh...").

3. Lassen Sie die Schüler das Bild noch einmal anschauen. Fragen Sie dann, wieviele Bilder das Wort jetzt hat. Ziel ist es, nur noch zwei Bilder zu haben ("Washing" und "ton").

4. Lassen Sie die Schüler dann ein neues Bild machen: mit dem letzten Buchstaben des ersten ("...g") und dem ersten Buchstaben des zweiten Bildes ("...t") wird ein neues Bild geschaffen ("...gt..."). Fragen Sie sie wieder, wieviele Bilder sie für das Wort haben. Der Zweck ist, die Anzahl der Bilder für das Wort zu verringern. Manche Schüler werden zwei Bilder brauchen, da das Wort lang ist. Manchen reicht ein Bild.

Arbeitsblatt

Visualisieren in Mathematik

1. Beispiel

Wenn Schüler in Mathematik etwas lernen (zum Beispiel Addition), dann werden diese Kenntnisse beim nächsten Thema (Subtraktion) vorausgesetzt. Diese kumulative Art von Mathematik ist für jene Schüler schwierig, die auditiv speichern. Haben die Schüler "3 + 1 = 4" auditiv im Gedächtnis, so können sie diese Information nicht nutzen, um die Aufgabe "4 – 1 = ?" zu lösen. Für die Subtraktion wird die Reihenfolge der Addition umgekehrt. Die Frage ist also: Wie kann ich eine auditiv gespeicherte Information so speichern, daß sie auch in umgekehrter Anordnung für die nächsthöhere Stufe genutzt werden kann?

1. Schritt: Verändern Sie die lineare Ordnung von "3 + 1 = 4", indem Sie die Rechnung in Form eines Dreiecks aufschreiben.

2. Schritt: Der Schüler hält seinen Finger über eine der Ecken des Dreiecks.

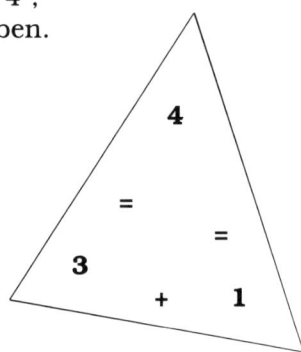

3. Schritt: Der Schüler beantwortet jetzt die Frage: "Wie heißt die fehlende (zugedeckte) Zahl?". Der Schüler lernt so, die drei Zahlen als Bündel, Familie oder Gruppe zu behalten. Das Dreieck hat die lineare Struktur aufgehoben, und damit kann der Schüler die Subtraktion lernen.

2. Beispiel

Wiederholen Sie die oben beschriebenen Anweisungen mit der Multiplikation als Vorbereitung für die Division.

1. Schritt: Verändern Sie die lineare Form von "7 x 7 = 49", indem Sie die Aufgabe in ein Dreieck schreiben.

2. Schritt: Der Schüler legt den Finger abwechselnd über eine Ecke des Dreiecks.

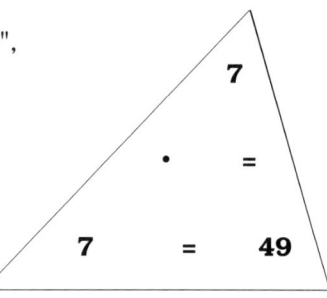

3. Schritt: Der Schüler nennt die jeweils verdeckte Zahl. Wieder lernt er hier die Zahlengruppe. Nach Aufhebung der linearen Struktur kann er die Division.

Denken Sie dabei immer an der Leitsatz über die "Waagschale des Lernens": "Ein neuer Prozeß (Visualisieren) lernt sich am besten mit bekanntem Inhalt." In den oben angegebenen Beispielen ist vorausgesetzt, daß die Schüler diese bereits rechnen können, und wir konzentrieren uns nur darauf, sie zu speichern.

Machen Sie folgende Übung auf einem gesonderten Blatt:

1. Schreiben Sie eine Aufgabe linear auf.

2. Wie arrangieren Sie die Aufgabe um, damit eine eventuelle auditive Speicherung unterbrochen wird?

3. Wie können Sie die Aufgabe formulieren, um sicherzustellen, daß der Schüler visuell speichert?

Zusammenfassung

Ab der 4. Klasse wird von den Schülern erwartet, daß sie den erlernten Stoff in beliebiger Reihenfolge wiedergeben können. In unserem Beruf bringen wir den Schülern vieles bei und leisten dabei recht ordentliche Arbeit. Wir sind aber gerade erst dabei, zu begreifen, daß die Wiedergabe und der Rückgriff auf das Gelernte andere Fähigkeiten erfordern als das Erlernen selbst. Das Geheimnis liegt in der Frage, wie gespeichert wird. Das ist entscheidend dafür, wie schnell wir auf etwas zurückgreifen können. Um die Fähigkeit des Sehens mit dem inneren Auge zu vermitteln,

brauchen wir die Erlaubnis, mit neuem Stoff langsamer vorzugehen (siehe "Waage des Lernens", S. 118). Die überwiegende Mehrheit der Schüler kann sich Dinge vor dem inneren Auge vorstellen (rechts-visuell). Wir müssen ihr Vertrauen in ihre eigenen Fähigkeiten stärken, bevor wir sie auffordern, Wörter zu "sehen" (links-visuell). Unser Ziel ist es, *allen* Schülern diejenigen Fähigkeiten zu vermitteln, die die *guten* Schüler bereits besitzen. Die besseren Schüler arbeiten so, daß sie die Frage lesen, sich ein Bild von der Antwort machen, sich die Antwort auf dem Papier vorstellen und dann handschriftlich die Spuren auf dem Blatt nachziehen.

Test

**Zweite Wiederholung =
bereit für den Test**

**Erste Wiederholung =
stellt sicher, daß der Stoff
gelernt wurde**

Erstmaliges Lernen

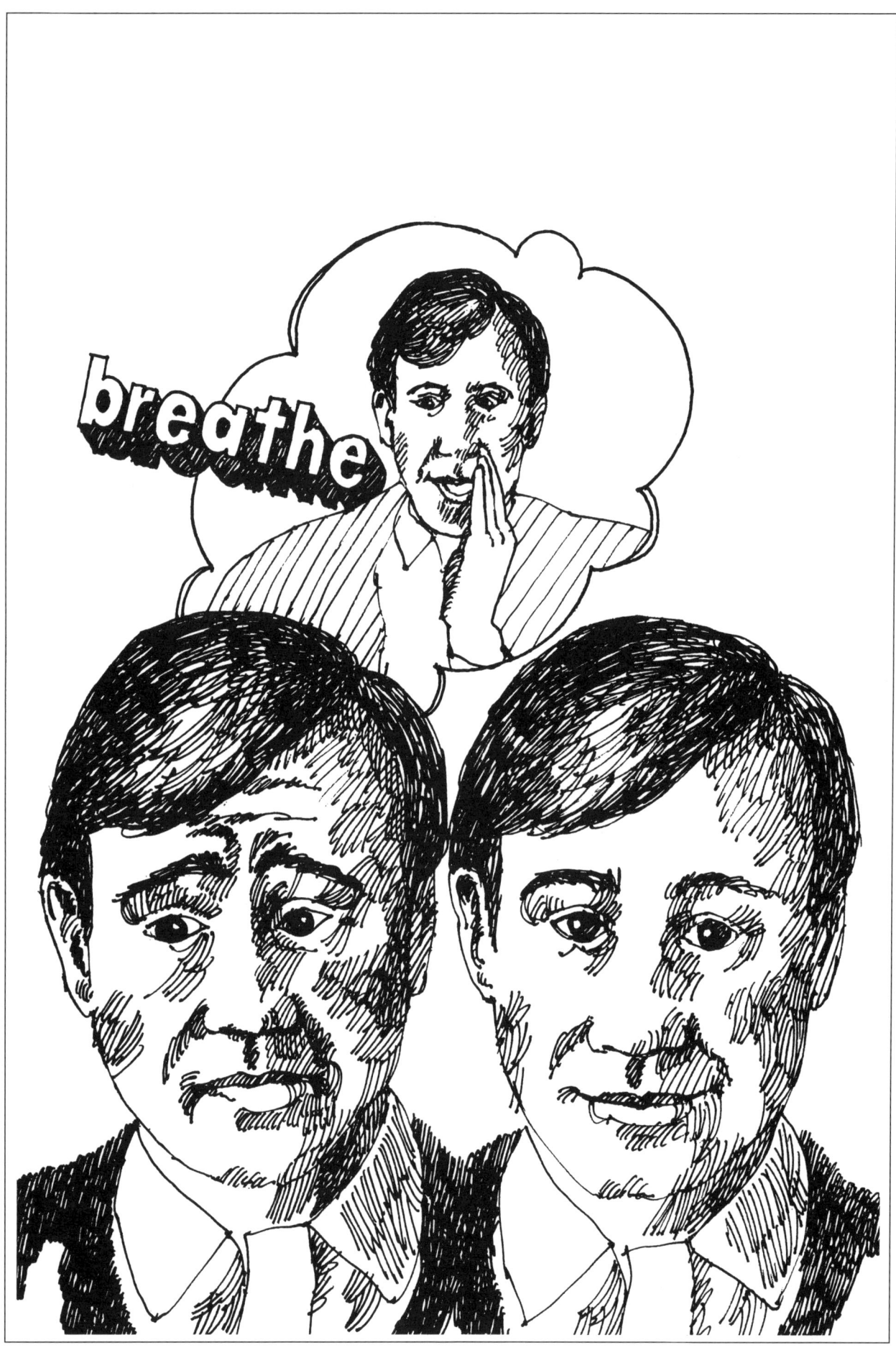

Kapitel 7

Ein Modell für "Wohlbefinden"

"Erfahrung garantiert noch keine Weisheit.
Letztere erreicht man durch kritisches Betrachten der Vergangenheit
und durch Einstudieren der Zukunft."
John Grinder

Überblick

Karriereberatern legt man folgenden Spruch in den Mund: Es gibt drei Arten von Beschäftigung oder Kombinationen davon: mit den Händen arbeiten, mit Ideen arbeiten oder mit Menschen arbeiten. Die letzte Kategorie ist – statistisch betrachtet – anfälliger für Streß als die ersten beiden.

Vorteile des "Wohlbefindens" (wellness)

Lehrer arbeiten mit Menschen. Unser "Wohlbefinden" läßt sich mit einer Autobatterie vergleichen. Wir haben zwölf Zellen (Monate), und wenn wir Energie entnehmen, müssen wir diese sinnvoll anwenden, und wir müssen wissen, wie wir sie wieder aufladen können.

Wie wir "Wohlbefinden" definieren (etwa: guten Zugang zu seinen Ressourcen haben) und wie es sich auf unsere Arbeit auswirkt, sei hier kurz skizziert; es wird im folgenden ausführlich behandelt:

1. Die Beschaffenheit von Streß: Es gibt einen Unterschied zwischen allmählich zunehmendem Streß *("gradual stress")* und "Überraschungsstreß" *("surprise stress", trauma).* Da wir wissen, daß ein enger Zusammenhang zwischen Körper und Geist besteht, haben wir mehrere Möglichkeiten, das Zusammenwirken zwischen beiden zu koordinieren und zu steigern.

2. Assoziiert/dissoziiert: Ist man assoziiert, befindet man sich im eigenen Körper und betrachtet die Umwelt. Man kann sehen, hören, sich bewegen und trotzdem wissen, was man (innerlich) fühlt. In dissoziiertem Zustand befindet man sich "außerhalb" des Körpers und kann seinen Körper und die Umgebung betrachten. Man hört Geräusche und beobachtet sich selbst, wie man sich bewegt, aber der Zugang zu den eigenen Gefühlen ist eingeschränkt oder überhaupt nicht möglich. Es besteht eine direkte Korrelation zwischen dem Wohlbefinden eines Menschen und seiner Fähigkeit, vom assoziierten in den dissoziierten Zustand zu wechseln (und umgekehrt), wann immer es angemessen erscheint, sowohl im Privat- als auch im Berufsleben.

3. Disziplinieren ohne Anstrengung: Eine praktikable Definition dieses Begriffes fordert, das zu tun, was die Schüler im Moment gerade (von dir) brauchen, damit sie sich wohl fühlen *(doing what they need you to do in order for them to be okay).* Der Schlüssel zum Disziplinieren ohne Anstrengung ist die Fähigkeit zu dissoziieren (nicht zu wissen, wie man sich selbst fühlt).

Allmählich zunehmender Streß

Spannung

Experten für Streß* sagen, daß es zur Balance des Lebens gehört, daß Körper und Geist zwischen Zeiten der Spannung und Zeiten der Entspannung und Erholung abwechseln. Der Geist interpretiert beide Zustände als bedeutsam. Die Forschung zeigt, daß Spannung im Zusammenziehen (Kontraktion) des Körpers besteht, das heißt einer Grimasse und einem Schrei könnten etwa gleich starke Kontraktionen zugrunde liegen. Laut Statistik besteht die gleiche Spannung, ob jemand eine Hochzeit oder eine Beerdigung besucht; genauso wenig zeigt sich ein Unterschied, wenn jemand eine Gehaltskürzung oder aber eine Gehaltserhöhung von 5000 DM erhält; der Streß ist derselbe, ob jemand heiratet oder sich scheiden läßt. Das Ausmaß der Anspannung, der Anpassung des zentralen Nervensystems an die Ereignisse, ist das gleiche. Da Spannung gleich Spannung ist, kommt es darauf an, wie das Gehirn das interpretiert, was der Körper erfährt.**

Während der Invasion Italiens im Zweiten Weltkrieg führte ein amerikanischer Arzt eine Statistik über die Soldaten, die er im Verlauf eines begrenzten Feldzuges behandelte.*** Nur 30 Prozent überlebten die Anfangsphase. Als man den Verwundeten, die auf dem Wege der Besserung waren, Morphium anbot, wiesen es 80 Prozent der Leute zurück und baten das medizinische Personal, das Schmerzmittel für andere aufzuheben. Der Arzt war sehr verblüfft über diese altruistische Weigerung. Daher führte er später in seiner privaten Praxis eine vergleichbare Studie durch (mit den gleichen statistischen Größen wie Alter, Rasse, Religion und Bildungsstufe). Zum Vergleich zog er die häufig vorkommenden Auto- und Arbeitsunfälle heran. 80 Prozent der Zivilisten akzeptierten die Schmerzmittel nicht nur, sie verlangten mehr davon. Die Interpretation: die Soldaten waren froh, daß sie überlebt hatten, und freuten sich auf ihr weiteres Leben; die Zivilisten andererseits empfanden ihren Unfall als eine dramatische, negative Veränderung ihres Lebens. Das folgende Schaubild soll die Beziehung zwischen Körper und Geist leichter verständlich machen

---

Beziehung Körper – Geist

M E A N I N G

I

N

D

B A R O M E T E R

O

D

Y

Der Körper dient als Barometer für den Geist, vergleichbar mit einem Frühwarnsystem für das Gehirn. Ein Weg, sich das vorzustellen, ist

---

* Da es zwischen "Wörtern und Nerven" eine Beziehung gibt und da das Wort "Streß" in diesem Abschnitt immer wieder verwendet wird, lege ich Ihnen sehr ans Herz, jedes Mal tief und langsam zu atmen, wenn Sie das Wort lesen.

** Holmes, Thomas & Rahe: *The Social Readjustment Rating Scale*, in: Jounal of Psychosomatic Research 11/1967, S. 213ff.

*** Henry K. Beecher: *The Measurement of Subjective Response*, New York 1959 (University Press)

der Vergleich unserer Person mit einem großen Land, wie zum Beispiel den Vereinigten Staaten. In den Ausläufern unseres "Alaska" halten hochempfindliche Geräte Ausschau nach U.F.O.s (unbekannte Flugobjekte = Stressoren). Sind sie auf dem Bildschirm sichtbar, nimmt das Militär dieser Station (Stirnbereich) Kontakt mit der Zentrale (dem Gehirn) auf. Dieser Kontakt bedeutet Spannung. Das Gehirn hat verschiedene Möglichkeiten, die Spannung zu interpretieren. Wenn die Spannung ignoriert wird (keine Anerkennung für die "Einsatzleute" in Alaska), liegt das System "schief". Aus Pflichtgefühl muß das "Militär" die Spannung erhöhen und verwandelt so eine leichte Anspannung im Stirnbereich in ein Stirnrunzeln. Kommt vom Hauptquartier keine Antwort, kontaktiert die Station andere Außenposten (Nacken, Schultern) und die Spannung erhöht sich, bis eine Antwort kommt.

Die oben beschriebene Metapher wurde durch die medizinische Forschung bestätigt. Zum Beispiel haben Leute mit Migräne – statistisch erwiesen – mindestens drei Warnsignale, die sich, wenn sie nicht beachtet werden, zur Migräne weiterentwickeln. Deshalb wird der Körper als das Barometer bezeichnet. Er kann nicht rationalisieren, er kann nur das Wohlbefinden eines Menschen einschätzen. Je eher die Signale für Spannnung entdeckt werden, desto leichter kann sie aufgelöst werden. Medizinische Studien untermauern diese Feststellung: Aspirin zeigt um so größere Wirkung, je eher es eingenommen wird.

Lehrer haben ihren Beruf gewählt, um anderen zu helfen. Dies ist ein großer Vorteil für die Motivation, gleichzeitig aber auch eine Schwäche. Wir neigen dazu, Spannungen zu ignorieren, um anderen zu helfen. Hier kommt der saisonale Aspekt unseres Berufs ins Spiel. Ob wir nun sagen: "Heute ist Mittwoch, bis Freitag halte ich noch aus", oder: "In zwei Wochen sind Ferien, das schaffe ich noch" – wir neigen dazu, Spannungssignale zu übersehen. Der Enthusiasmus und die Energie von Grundschullehrern verdienen geradezu einen Heiligenschein. Sie beginnen im September mit mehr Einsatz und Einfühlung als Sekundarlehrer, sind aber im November viel erschöpfter als Sekundarlehrer. Diese denken mehr an ihre "Rechte" und schreiten anders voran.

Allmählich zunehmender Streß

Lehrer sind Saisonarbeiter; der einzige Unterschied ist, daß sie nicht laufend den Wohnort wechseln. Der Einsatz, die Energie und die Begeisterung sind in der ersten Schulwoche nicht die gleichen wie zwei Wochen vor Weihnachten. Unser Schuljahr läßt sich mit einem Film vergleichen, der am Rand entlang Führungslöcher hat (die uns festhalten und weitertragen).

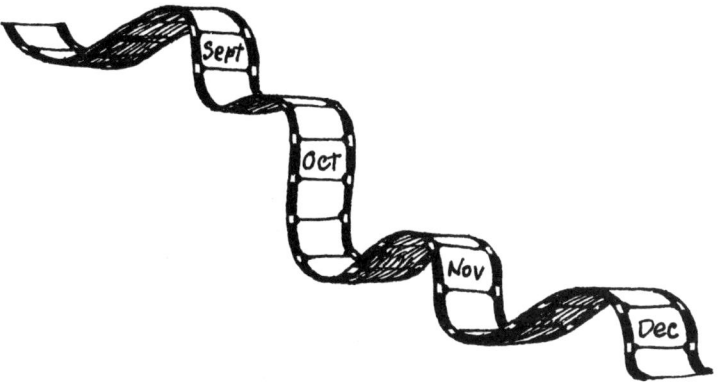

Unsere Batterien müssen regelmäßig aufgeladen werden. Jemand, der sich selbst und seine Bedürfnisse gut kennt und weiß, wie er diese befriedigen kann, kann systematisch seine Energie immer wieder nachladen. Wir alle brauchen eine Wiederbelebung, weil wir im Beruf mit Menschen umgehen, und jene, die Sonderschüler oder die 13- bis 16-jährigen an der Junior-High-School unterrichten, müssen noch gesünder sein als der Rest.

Arbeitsblatt

Tun Sie sich selbst etwas Gutes! (Aufladen)

1. Schreiben Sie drei bis fünf Beschäftigungen auf, die Ihnen besonders gut tun.

a) _____

b) _____

c) _____

d) _____

e) _____

2. Nach dieser Auflistung interviewen Sie sich selbst oder bitten Sie jemand, Ihnen zu helfen. Finden Sie die wesentlichen Merkmale, die diese Aktivitäten für Sie so befriedigend machen. (Bitte schreiben Sie sie auf.) Einige Möglichkeiten sind hier aufgeführt:

- Tun Sie es mit anderen Leuten oder alleine?
- Wann am liebsten?
- Wo, in welcher Umgebung?
- Aufmerksamkeit von innen kommend oder äußerlich bedingt?
- Sind es überwiegend visuelle, auditive oder kinästhetische Aktivitäten?
- Sind Vorbereitungen nötig?
- Welche Sinne werden durch diese Aktivitäten erfrischt?
- Welche Vereinbarungen müssen Sie mit sich oder anderen treffen, damit Sie es genießen können?

_____

_____

_____

_____

_____

_____

_____

3. Eines der Ziele der oben genannten Fragen ist es, den Aberglauben zu entmystifizieren, daß uns *nur bestimmte* Dinge Erholung bringen. Wenn Sie über die gemeinsamen Merkmale der Mehrzahl der erholsamen Aktivitäten nachdenken, können Sie den "Unterschied entdecken, der den Unterschied ausmacht". Dann können Sie *auch andere* Aktivitäten, die einige der Ihnen wesentlichen Bedingungen erfüllen, an die Stelle der genannten setzen.

Assoziiert / dissoziiert

In diesem Abschnitt werden die Begriffe "assoziiert" und "dissoziiert" erläutert. Jeder dieser Zustände bietet Möglichkeiten, Energie zu sparen, wenn er entsprechend eingesetzt wird.

Algebra ist ein mathematisches Modell, das die Modelle Addition, Subtraktion, Multiplikation und Division einschließt, gleichzeitig aber auch komplizierter ist als diese. Genauso gibt es bei NLP Modelle innerhalb des Modells.

Die Begriffe *visuell, auditiv* und *kinästhetisch* bilden den Grundstock für das Verständnis der Wahrnehmung und der Verarbeitungsprozesse. Darüber steht der Begriff "Sequenz". Eine Sequenz ist die Abfolge der Modalitäten, die beim Denken eingesetzt werden (zum Beispiel bei der Entscheidung, ins Kino zu gehen). Wiederum darüber steht der Begriff der "geistigen Zustände" *(mental states)*.*

| Geistiger Zustand |
| Sequenz |

| V | A | K | V | A | K |

Ein geistiger Zustand ist eine Ihrer verschiedenen emotionalen Identitäten. Beispielsweise bin ich als Ehepartner, Elternteil und Lehrer jeweils in einem anderen Zustand, in dem unterschiedliche Entscheidungsstrategien (Sequenzen) zur Anwendung kommen. In jedem Zustand verläßt man sich auf ande-

re Modalitäten oder deren Kombinationen. Zwei der wichtigsten Zustände, die für Streßmanagement Bedeutung haben, sind Assoziation und Dissoziation.

Denken Sie an ein angenehmes Ereignis (Ferien, Feier usw.). Können Sie sich selbst sehen (dissoziiert) oder befinden Sie sich in Ihrem Körper und erinnern sich an das Ereignis (assoziiert)? Gehen Sie im Geiste einige Ereignisse durch, speziell solche, mit denen Sie unterschiedliche Gefühle verbinden. Wir alle haben Erinnerungen, bei denen wir uns selbst "von außen" sehen. Dann gibt es andere, bei denen wir uns *in* unserem Körper in der jeweiligen Umgebung wiederfinden. Schließlich gibt es drittens die Möglichkeit, daß wir *innerhalb eines* Ereignisses zwischen den Zuständen assoziiert und dissoziiert wechseln können.

Damit soll klargemacht werden, daß es bereits zu unserem Repertoire gehört, assoziiert oder dissoziiert zu sein. Zwei weiterführende diesbezügliche Fragen, die wir uns nun selbst stellen sollten, lauten: "Wann möchte ich diese Zustände nutzen?" und "Wie kann ich sie bewußt herbeiführen?"

---

* Gregory Bateson: *Die logischen Kategorien von Lernen und Kommunikation,* in: *Ökologie des Geistes,* Frankfurt 1985, S. 362 ff. (Suhrkamp)

Arbeitsblatt

Übungen zur Steigerung des Assoziiertseins

Die Zwänge unserer Berufswelt machen es oft erforderlich, daß wir dissoziiert sind (wir müssen dann nicht fühlen, was vor sich geht, wenn wir streßbeladene Entscheidungen fällen). Ich kenne nur einen Weg, um sich nach einer Periode der Dissoziation wieder zu erholen: zu assoziieren und es sich angenehm zu machen. Beides ist nötig, damit der Erholungsprozeß stattfinden kann. Mit den folgenden Übungen läßt sich dieser Prozeß trainieren; die Reihenfolge der Übungen ist nicht zwingend. Die linke Gehirnhälfte beschäftigt sich vor allem mit Etikettieren, Interpretieren und Filtern (hinein und heraus) der Realität. Die rechte Gehirnhälfte dagegen neigt zur Erfahrung der Realität ohne Ordnen und Artikulieren. Deshalb ist bei vielen der folgenden Prozesse die rechte Hirnhälfte ohne Einmischung der linken gefragt.

1. Nehmen Sie sich täglich etwas Zeit (etwa fünf Minuten sind angemessen), um die Augen zu schließen (dabei wird externales und internales Sehen vermindert und die anderen Sinne werden verstärkt angesprochen, so daß die Erfahrung mit diesen Sinnen verbessert wird). Beginnen Sie mit einigen tiefen Atemzügen und entspannen Sie. Lassen Sie alle Eindrücke Ihres Geruchssinns und Ihres Gehörs ungefiltert einströmen und gestatten Sie sich, in der Gegenwart zu bleiben, während Sie alles wahrnehmen (am besten sitzen Sie dabei im Freien). Beschreiben Sie, wie Sie dabei immer besser wahrnehmen, ob innere Bilder aufsteigen oder ob Sie etikettieren und nachforschen, was der Auslöser ist. Stellen Sie fest, ob Sie mehr auf äußere Eindrücke achten und die linke Gehirnhälfte dann weniger interpretiert. Beschreiben Sie, ob sich Ihr Energieniveau verändert, wenn Sie diese Methode vervollkommnen.

1. Tag _____

_____

2. Tag _____

_____

3. Tag _____

_____

4. Tag _____

_____

5. Tag _____

_____

6. Tag _____

_____

Übungen zur Steigerung des Assoziiertseins (Fortsetzung)

2. Sicherheit scheint wichtig zu sein, wenn man in den assoziierten Zustand geht. Wählen Sie für die folgende Übung jemanden, bei dem Sie sich sehr wohl fühlen (dies kann ihr Ehepartner sein oder auch nicht). Lassen Sie Ihren Partner/Ihre Partnerin ein Essen zubereiten, ohne daß Sie wissen, was es ist. Dann darf er/sie Sie füttern und nonverbal mit Ihnen kommunizieren. Sie halten die Augen geschlossen und schweigen beide (etwa sieben Minuten). Wenn Sie Lust haben, können Sie irgendwelche Laute von sich geben, ohne zu sprechen. Lassen Sie Ihren Gaumen die vielfältigen Geschmacksrichtungen, die unterschiedliche Konsistenz und Temperatur der verschiedenen Speisen genießen. Ziel ist es zu versuchen, sich auf Geschmack und Gerüche zu konzentrieren. Wenn Ihr Gehirn die Eindrücke identifizieren will – denken Sie daran, es ist Ihre linke Hälfte – versuchen Sie, das zu ignorieren, und bleiben Sie bei Ihrer rechten Hälfte. Schreiben Sie die Ergebnisse hier auf.

_____

_____

_____

_____

_____

_____

3. Diese Übung ist ähnlich wie 2. Lassen Sie sich von einem Freund auf einen "blinden Spaziergang" führen, wobei Ihr Führer Sie verschiedenen Eindrücken von Temperatur, Umfang, Größe und Form aussetzt, die Sie (bei geschlossenen Augen!) mit Ihrer kinästhetischen und auditiven Wahrnehmung erfassen. Sie können versuchen, Ihre linke Gehirnhälfte zu beschäftigen, um die Erfahrung der rechten zu steigern. Beispielsweise könnten Sie während Ihres Spaziergangs von 199 an rückwärts zählen (linke Hälfte). Berichten Sie über Ihre gesteigerte Fähigkeit zur Wahrnehmung.

_____

_____

_____

_____

_____

_____

"Warum sollte ich dissoziieren wollen?"

Lehrer wählen ihren Beruf, weil sie mit zukünftigen Generationen zu tun haben wollen, weil sie am Wachstum, am Lernen und Erwerb von Fähigkeiten und Überzeugungen beteiligt sein wollen. Wenn wir das tun können, genießen wir den Erfolg. Häufig fühlen wir uns nach einem langen Tag ausgelaugt. Ein alter Lehrer nannte das eine "schöne Müdigkeit". Wenn wir an manchen Tagen übermäßig zu tun haben, um die Disziplin zu erhalten, ist unser Energiepegel niedrig, wir sind unberechenbar und und unkonzentriert. Passiert das mehrere Tage hintereinander, fragen wir uns, ob wir "zu alt werden" oder ob wir nicht einen anderen Beruf hätten ergreifen sollen. Allgemein läßt sich sagen, daß es für Lehrer kein Motiv der Berufswahl ist, den strengen Vorgesetzten zu spielen. An diesen Tagen spürt man eine "böse Müdigkeit". Wenn es einen Weg gäbe, die notwendigen Disziplinarmaßnahmen durchzuführen und währenddessen und nachher gefühlsmäßig taub zu sein, bliebe unsere Erinnerung daran vage und nur die Erinnerung an unseren Unterricht klar. Dies wird möglich, wenn wir dissoziieren, während wir disziplinieren. Zusätzlich macht es die Dissoziation möglich, daß wir uns von außen wahrnehmen, so daß wir logisch anstatt emotional Art und Umfang der angemessenen Maßnahmen bestimmen können.

Viele Lehrer disziplinieren in assoziiertem Zustand und wenden dann ihren eigenen Maßstab von Gerechtigkeit an. Sie gestatten sich, solange nicht gegen unangemessenes Verhalten einzuschreiten, bis die Klasse oder ein Schüler die Grenze überschritten und die Rechte des Lehrers verletzt hat. Assoziiert ist der Lehrer daher in Gefahr, die aufgestaute Frustration zu entladen, statt wirksam für Disziplin zu sorgen. Wir erreichen *dann* wirksame Disziplin, wenn wir so handeln, wie *die Schüler* es brauchen, anstatt so, wie *wir* fühlen. Wenn der Lehrer in assoziiertem Zustand seine Frustration entlädt, führt das zu einem weiteren Nebeneffekt: Er fühlt sich nachher schuldig. Die Inkongruenz, die er der Klasse gegenüber zeigt, macht die Situation noch schlimmer.

"Wie kann ich auf Kommando dissoziieren?"

Lesen Sie die folgenden Anweisungen durch. Sie können sie auswendig lernen, sich vorlesen lassen, während Sie die Übungen machen, oder Sie können ein Tonband laufen lassen. Wenden Sie dabei die nonverbalen Verhaltensweisen an, wie sie auf Seite 109 ("Lehrerverhalten ...") beschrieben sind. Bei jeder Auslassung machen Sie eine Sekunde Pause.

Runde 1:
Setzen Sie sich bequem hin und atmen Sie zweimal tief durch. Schließen Sie langsam die Augen oder starren Sie vor sich hin ... Wenn Sie in diesem Zimmer einen Beobachterposten einnehmen sollten, würden Sie eine Stelle weiter rechts wählen ... oder links, ... vor ... oder hinter Ihnen? ... Wäre dieser Platz weiter oben ... oder weiter unten ... oder genau da, wo Sie jetzt sind? ... Wenn Sie ein Gefühl für diese Stelle haben oder die Richtung wissen oder zu wissen glauben, dann nicken Sie ganz sachte mit dem Kopf ... Von dem neuen Platz aus sehen oder spüren Sie Ihren physischen Körper.*

Re-assoziieren: Wenn Sie sich den neuen Platz eingeprägt haben und sich geistig dort befinden,

---

* Anmerkung: Kinästhetische Menschen bevorzugen beim Dissoziieren und Visualisieren anstelle von *sehen/vorstellen* die Wörter *fühlen/spüren.*

nicken Sie wieder sachte mit dem Kopf, ... dann kommen Sie langsam zurück und gehen wieder in Ihren Körper. Wenn Sie den Teil Ihres Körpers fühlen, der den Stuhl berührt, öffnen Sie langsam die Augen und strecken Sie sich, wenn Sie das mögen, wie eine Katze, die aus dem Schlaf erwacht.

Die vorangehende Übung kann jeder machen. Damit der Vorgang schneller wird und besser funktioniert, tun Sie folgendes:

Runde 2:

Nach dem Satz "Von dem neuen Platz aus sehen oder spüren Sie Ihren physischen Körper" machen Sie folgendermaßen weiter: Nicken Sie mit dem Kopf, wenn Sie die tatsächliche Entfernung (in Meter) einschätzen können (zwischen dem neuen Platz und Ihrem physischen Körper, den Sie jetzt von dort aus betrachten). ... Zum Beispiel könnten Sie sich sagen: "Mein Körper ist am anderen Ende der Couch, drei Meter vom Fensterbrett entfernt." Nicken Sie dann mit dem Kopf, sobald Sie ein Gefühl für einen Gegenstand haben, der an diesem neuen Platz ist oder logischerweise dort sein könnte (zum Beispiel eine Tür, ein Fensterbrett oder Stuhl usw.). Denken Sie bei sich: "Ich bin dort drüben am Fenster und es steht ein Wandtisch mit einer runden Lampe zwischen meinem Aussichtspunkt und meinem Körper." Sie können auch mit dem Kopf nicken, wenn Sie an einen Gegenstand in Ihrer Nähe denken. "Ich habe meinen Platz am Erkerfenster, in der linken oberen Ecke des mittleren Fensters." Danach beenden Sie die Übung.
Reassoziieren Sie, wie in Runde 1 beschrieben.

In dieser Runde wurde die Distanz zum Objekt bestimmt und der Zwischenraum näher beschrieben. Dies stabilisiert die Dissoziation, so daß Sie diesen Platz schnell erreichen und dort bleiben können.

Runde 3:

Nachdem Sie dieses Mal Ihren Ort der Dissoziation erreicht haben, geben Sie sich folgende Anweisungen: "Wenn ich meine Person betrachte (oder ein Gefühl dafür habe), dann erweitere ich meinen Blick, so daß ich noch mehr Gegenstände in dem Raum sehen kann." Jedes Mal, wenn Sie dies üben, erweitern Sie Ihren Panoramablick, so daß Sie einen besseren Überblick über die Geschehnisse bekommen. Re-assoziieren Sie.

Runde 4:

Wenn Sie dieses Mal an Ihrem Ort der Dissoziation sind, bringen Sie auditive Elemente dazu, und zwar mit folgenden Worten: "Und von meinem Aussichtspunkt in der Dissoziation bemerke ich Klänge, die ich hören kann." Re-assoziieren Sie.

Runde 5:

Da Ihnen Ihr Dissoziationsort jetzt vertraut ist, können Sie noch schneller dorthin gelangen, indem Sie diese Sätze hinzufügen: "In der nächsten Sekunde werde ich meine Augen schließen oder fixieren, und ich halte sie nur so lange geschlossen, wie ich brauche, um zum Ort meiner Dissoziation zu kommen und meine Person von dort zu betrachten. (Mit etwas Übung lernen Sie, während eines längeren Lidschlags zu dissoziieren.) Ich vergewissere mich, daß ich dieses Mal und immer, wenn ich dissoziiere, danach wieder in meinem Körper assoziiert bin."

Runde 6:

Wenn Sie diese Schritte sicher gemeistert haben, machen Sie es mit offenen Augen. Danach tun Sie es, während Sie sich bewegen, und schließlich während Sie dabei sprechen.

Schlußkommentar:

Die Fähigkeit, dissoziiert zu sein, erlaubt Ihnen, das Manöver auf Kommando durchzuführen, da Sie den Prozeß vorher geübt und einen

Ort oder Gegenstand vorbereitet haben. Wählen Sie einen solchen Platz oder Gegenstand sowohl in Ihrem Klassenzimmer als auch an anderen Orten Ihres Berufs- und Privatlebens.

Ein Beispiel aus unserem Beruf

Ein Lehrer bekam ein neues Klassenzimmer, zwei Türen entfernt von seinem alten. Er ging vor Schulanfang drei Tage hintereinander zur Schule. Er hatte sich im Sekretariat einen Schlüssel geliehen, setzte sich am ersten der drei Tage in eine Ecke seines Klassenzimmers und entschied, wo er seine Dissoziationsecke haben wollte. Es war die Ecke zwischen der Fensterwand und der Decke. Von dort aus beobachtete er (im Geiste) ein zwanzigminütiges Video mit sehr gelungenen Unterrichtsabschnitten aus seiner bisherigen Tätigkeit. Als er sein neues Klassenzimmer verließ, konnte er wahrnehmen, daß nun die Aspekte seines Berufslebens, an die er gerne dachte, mit seinem neuen Klassenzimmer verbunden waren. Am zweiten Tag ankerte er die Erinnerungen an Gelegenheiten, bei denen er mit seinen Methoden Disziplin erreicht hatte. Am dritten Tag visualisierte er einige der schwierigsten Schüler, die er gehabt hatte, und nutzte die Techniken, die unter "Rückschau" und "Einstudieren" (S. 157-158) zu finden sind.

Wenn jemand in seinem streßreichen Beruf oft dissoziiert ist, ist es zwingend notwendig, daß er sein Privatleben pflegt und häufig in angenehmen Situationen assoziiert ist. Der einzige Weg, sich von Dissoziationsphasen zu erholen, ist die positive Assoziation. Einer der Hauptunterschiede zwischen einem Lehrer und einem Verwaltungsangestellten liegt in der Notwendigkeit für letzteren, den Grad seiner beruflich notwendigen Dissoziation ständig zu steigern.

Ein persönliches Beispiel

Meine Frau und ich benutzen "Sofagespräche" mit unseren Teenagern als eine unserer Situationen, mit denen wir automatisch dissoziieren. Dies ist äußerst nützlich, da einige der Diskussionen sehr emotional ablaufen. Durch die Dissoziation ist auch unsere Neigung, in der typischen Reaktion auf Teenager steckenzubleiben ("an die Decke" zu gehen oder Dinge zu sagen, die nicht so gemeint sind), geringer geworden. Das Ergebnis ist, daß unsere Teenager gezwungen sind, sich ihrer Situation zu stellen und zu "kapieren", was sie da gerade im Begriff sind zu tun.

Wechsel von *dissoziiert* zu *assoziiert*

Auf der vorangehenden Seite wurde festgestellt, daß es bei der Arbeit unter unangenehmen Bedingungen und in schwierigen Situationen im Umgang mit Menschen besser ist, dissoziiert zu sein. Es gibt aber auch angenehme Situationen, in denen es empfehlenswert ist, dissoziiert zu bleiben, zum Beispiel wenn Sie vor einer Gruppe sprechen. In diesen Fällen ist es Ihre Verantwortung, neben sich zu stehen und zu beobachten, was Sie tun, auf die Gruppe zu achten und auf deren Reaktionen einzugehen. Unter diesen Umständen können Sie so weitgehend dissoziiert sein, daß Sie nicht merken, daß Ihre Blase gefüllt ist oder daß Sie Hunger oder Durst haben. Erst wenn Sie das Podium verlassen haben, werden Ihnen Ihre Bedürfnisse bewußt.

Wenn Sie aus der Dissoziation (weil Sie Streß hatten oder weil die Dissoziation angemessen war) in die Assoziation wechseln, sollte die Geschwindigkeit des Übergangs Ihren Bedürfnissen gemäß sein. Die Gefühle, die Sie in der Dissoziation nicht wahrgenommen haben, werden Sie in der Assoziation direkt zu spüren bekommen. Die Gefühle könnten Sie überfluten wie Wasser, das einen Damm durchbrochen hat.

Die meisten haben schon Überraschungsstreß erlebt (Unfall, Notfall) und mußten dann schnell, aber auch intelligent und rational handeln. Erst *nach* dem Unfall (wenn der Betroffene im Krankenhaus oder versorgt ist) beginnen wir unsere Gefühle zu spüren. Ich erinnere mich, wie meine Frau und ich eines Tages unseren Sohn Kelly auf der Terrasse schreien hörten. Wir fanden ihn, den Kopf blutüberströmt; er war gegen eine Mauerecke gelaufen. Wir taten sofort das Notwendige: wir stoppten die Blutung, wuschen die Wunde aus, riefen im Krankenhaus an und so weiter. Innerhalb weniger Minuten konnte Kelly wieder zum Spielen nach draußen gehen und mit seinem auffälligen Verband angeben. Er war vier Jahre alt und wollte zur Normalität zurück. Dann erst setzten seine Mutter und ich uns hin und dachten leicht zitternd daran, wie schlimm es hätte ausgehen können.

Je mehr emotionale Energie wir zu erwarten haben, wenn wir von dissoziiert zu assoziiert überwechseln, desto nötiger ist es, das Wasser langsam fließen zu lassen. Menschen, die in der Notaufnahme arbeiten, bei der Polizei, bei der Feuerwehr, und auch Lehrer, die um Disziplin kämpfen, sind einen großen Teil des Tages dissoziiert. Deshalb muß der Wechsel so geschehen, daß er ihnen angemessen ist. Dies wird beim Thema "Unterbrecherzustand" (S. 149) eingehender behandelt.

Zusätzlich ist zu bemerken, daß wir von Zeit zu Zeit feststellen, daß auch unser Privatleben es manchmal erfordert, dissoziiert zu bleiben. Dann brauchen wir Ferien von der Arbeit und der Familie, um uns zu erholen. Da ich mit drei Teenagern lebe, kann ich Ihnen versichern, daß es sehr wirksam ist, zuhause zeitweise dissoziiert zu bleiben.

Es stellt sich also die Forderung, unser Privatleben so zu gestalten, daß es entscheidend anders ist als unser Berufsleben. Das folgende Arbeitsblatt wird Ihnen dabei helfen.

Arbeitsblatt

Wie Sie von *dissoziiert* zu *assoziiert* wechseln

Beschreiben Sie auf dieser Seite die Art und Weise, wie Sie in den assoziierten Zustand kommen. Wie lange dauert es, wo tun Sie es, unter welchen Umständen oder mit welchen Hilfsmitteln gelingt es Ihnen, die erforderliche Geschwindigkeit zu erreichen?

1. Schreiben Sie auf, wo Sie zuhause Ihre Materialien für Ihren Beruf aufbewahren.

_____

_____

2. Beschreiben Sie, wie Sie vom Beruf zum Privatleben umschalten (oft geschieht das, indem ein "Unterbrecherzustand" dazwischengeschoben wird). Dazu gehören auch der Wechsel der Kleidung, der Aufbewahrungsort für Ihre beruflichen Utensilien und andere nonverbale Gewohnheiten.

_____

_____

_____

_____

3. Falls Sie Ihren Beruf zuhause ausüben: Wie haben Sie Ihren Arbeitsplatz gestaltet, wie sieht Ihr Zeitplan aus?

_____

_____

_____

_____

4. Wo erholen Sie sich?

_____

Was tun Sie, um Ihr Schlafzimmer als Ihren Schlaf- und Ruheplatz zu "entgiften"? Ich empfehle Ihnen, sich zum Ärgern und Sorgen einen speziellen Platz und etwas Zeit zu reservieren; beschränken Sie sich darauf, daß Sie sich nur dort zu einer festgesetzten Zeit Sorgen machen und sich immer daran halten. (Siehe "Das Sorgenspiel", S. 151)

Unterbrecherzustand

Auf den zwei vorangehenden Seiten haben wir betrachtet, wie wir den Übergang vom Berufsleben (dissoziiert) zum Privatleben (assoziiert) gestalten können. Es wurde empfohlen, diesen Übergang zu ritualisieren (zum Beispiel Umziehen, Zeitunglesen, Kaffeetrinken).

Manchmal ist es nötig, daß der Übergang länger dauert als üblich, sei es, weil das während der Dissoziationsphase Erlebte besonders intensiv war oder weil wir sehr lange dissoziiert waren. Dann muß der Unterbrecherzustand länger sein als üblich. Wir haben zwei unterschiedliche Zustandsformen: dissoziiert und assoziiert. Der Unterbrecherzustand sorgt dafür, daß sie säuberlich getrennt bleiben. Wir wissen aus Studien, daß ein Schüler wahrscheinlich Schwierigkeiten bekommt, wenn er nacheinander in derselben Position und am selben Platz seine Vorbereitung für Geschichte und Literatur erledigt: während des Geschichtstests am nächsten Tag können sich unbewußt Antworten aus der Literatur einschleichen. Da die unterschiedlichen geistigen Zustände durch unterschiedliche körperliche Haltungen gekennzeichnet, unterstützt und aufrechterhalten werden, bleiben die gelernten Informationen dann säuberlich getrennt, wenn zwischen Geschichte und Literatur ein Wechsel der Position erfolgt. An manchen Tagen ist es nötig, den Übergang zwischen Dissoziation und Assoziation exakter und einschneidender zu gestalten als sonst. Was können Sie tun oder was haben Sie getan, um den Unterbrecherzustand zu verstärken?

Mein eigenes Muster scheint zu sein, daß es für mich gut ist, in Zeiten mit viel Streß – und auch in angenehmen Zeiten, wenn es beruflich angebracht ist, daß ich neben mir stehe – dissoziiert zu sein. Das trifft beispielsweise zu, wenn ich einen Vortrag halte, oder bei der intensiven Arbeit zu zweit. Beim Wechsel von dissoziiert zu assoziiert gehe ich oft das Geschehene noch einmal durch und überlege, wie ich es in Zukunft machen möchte. Dabei gehe ich oft langsam, atme entsprechend langsam, ich setze mich eine Weile ins Auto, starte es aber nicht, ich lasse das Radio aus und fahre fünf Meilen langsamer als sonst.

Vielleicht wollen Sie auch überlegen, welche Variationsmöglichkeiten für *Ihren* Unterbrecherzustand an schwierigen Tagen wichtig sind. Welche Punkte helfen Ihnen, den Übergang zu verlangsamen?

_____

_____

_____

_____

_____

_____

Arbeitsblatt

Im Privatleben dissoziiert sein

Manchmal geschieht es, daß ich nach einem anstrengenden Arbeitstag, an dem ich meist dissoziiert war, auf dem Heimweg meinen Unterbrecherzustand durchlaufe. Ich komme in Erwartung eines angenehmen Abends nach Hause und nehme an, daß ich assoziiert sein kann, aber ich werde enttäuscht und dadurch ziemlich geschockt. Rückblickend ließe sich sagen, daß es besser gewesen wäre, wenn ich zumindest teilweise dissoziiert geblieben wäre, als ich nach Hause kam. Es kommt mir so vor, als ließe ich manchmal meine Berufskleidung an der Garderobe und damit auch meine Fähigkeit, zu kommunizieren und wahrzunehmen und dadurch Rapport mit den anderen zu erreichen. Ein typischer Gedanke für diese Situation ist "Warum ich? Habe ich das verdient ...?" (Mitleid mit mir selbst). Wenn auch Sie diese Erfahrung kennen, möchten Sie dieses Verhalten vielleicht hier niederschreiben, damit Sie sich dessen besser bewußt werden. Vielleicht wollen Sie sich umprogrammieren, damit Sie in Zukunft angemessener reagieren können, indem Sie dissoziiert bleiben oder wissen, wie Sie schnell wieder in diesen Zustand kommen.

Beschreiben Sie eine Situation zuhause, bei der es für Sie erforderlich ist, voll oder teilweise dissoziiert zu bleiben, und beschreiben Sie, wie Sie sich selbst daran erinnern möchten, daß Sie diesen Zustand beibehalten sollten.

Situation(en):

_____

_____

Methoden, um den Zustand der Dissoziation zu aktivieren?
(Üben Sie, indem Sie in jedem Raum, in dem Sie üblicherweise sind, einen Gegenstand oder Platz zum Dissoziieren auswählen.)

_____

_____

_____

_____

_____

_____

_____

_____

Das Sorgenspiel

"Schaufeln, solange der Haufen noch klein ist."
John Klovas

Immer wenn Sie "Sorgen" haben, können Sie mit der folgenden Technik Ihren Tag "entgiften" und Energie sparen.

Schritt 1: Beschreiben Sie allgemein die Thematik, um die es geht:

_____

_____

Schritt 2: Schätzen Sie, wie oft am Tag und wie lange Sie darüber nachdenken.

Wie oft: _____   Zeit insgesamt: _____

Schritt 3: Setzen Sie Zeit und Ort fest, um sich zu sorgen. Vielleicht müssen Sie das jeden Tag neu überlegen, aber je regelmäßiger Sie diesen Termin einhalten, desto wirkungsvoller ist diese Technik. Es wird vorgeschlagen, daß Sie am Ende einer Sorgenzeit Ort und Zeit für die nächste festsetzen. So lächerlich dies auch klingen mag, fünf bis zehn Minuten sind mehr als genug zum Sich-Sorgen.

Zeit: _____   Ort: _____

Schritt 4: Während dieser Zeit, in der Sie ungestört bleiben sollten, denken Sie nur an negative Dinge, die Sie niedergeschlagen machen. Dies ist der wichtigste Faktor für den Erfolg. Unser Gehirn denkt gern ambivalent; man denke nur an die klassische Bemerkung "ja, aber".

Schritt 5: Wenn außerhalb Ihrer Sorgenzeit trübe Gedanken hochkommen, atmen Sie sofort und sagen Sie zu Ihrem Geist "danke" und anschließend voll Neugier: "Nun, das ist aber neu; das wird mir helfen, meine fünf bis zehn Minuten zu füllen, bitte erinnere mich daran." Dann kehren Sie unmittelbar in die Realität zurück.

Während Schritt 4 verweilen Sie die ganze Zeit bei Ihren Sorgen oder in totalem Schweigen. Der Zweck ist es, die Sorgen zu lokalisieren, indem man Sie mit einer bestimmten Zeit täglich und einem bestimmten Ort in Verbindung bringt. Da Ambivalenzen in dieser Zeit nicht erlaubt sind, hat es unser Gehirn schwer, einige Minuten lang *nur* verschiedene Horrorszenen zu servieren. Über die Sorgen, die sonst oft so viel Aufmerksamkeit in Anspruch nahmen, wird jetzt in eintönigen fünf bis zehn Minuten nachgedacht. Wenn Sie das Sorgenspiel mit einer vertrauten Person spielen wollen, stellen Sie sicher, daß der andere dafür sorgt, daß Sie nur an bedrückende Ereignisse denken. Schreiben Sie hier Ihre Eindrücke auf.

_____

_____

Der Text oben ist eine Adaption von Techniken des *Western Behavioral Institute,* 1150 Silverade, LaJolla/CA, aus den späten 60er Jahren.

Überraschungsstreß

*"Niemand bedient unsere
Schaltknöpfe – wir geben unser
Schaltpult zur Bedienung frei."*
Sean Rogers

Die vorangehenden Seiten handelten von allmählich zunehmendem Streß. Viele Modelle bieten Hilfe bei dieser Art der Anspannung. Mindestens zweimal jährlich wird in *Reader's Digest* über Streßmanagement geschrieben. Es kommt jedoch vor, daß wir traumatisiert werden, wenn ein streßauslösendes Ereignis so überwältigend ist und uns so unerwartet trifft, daß wir geschockt werden.

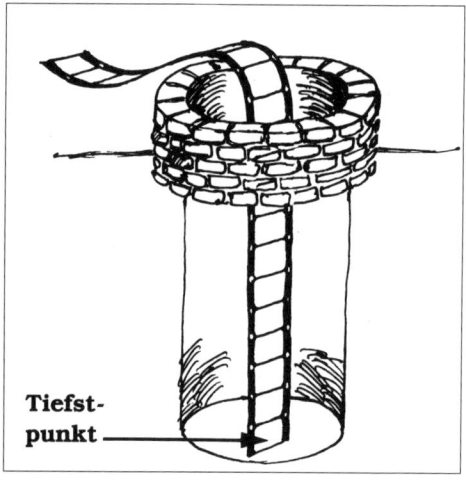

**Tiefst-
punkt**

Plötzlich befinden wir uns am Grunde des Brunnens, und alles ging so schnell, daß wir uns nicht erinnern, wie wir dahin gekommen sind. Wir sind außer Atem und fühlen uns hilflos.

Die bisher genannten Techniken lassen sich bei Überraschungsstreß nicht anwenden. Was gehört dazu, um diese Art Streß erfolgreich zu bewältigen?*

Das Zusammenspiel von Körper und Geist bewirkt, daß der Körper chemische Stoffe ausschüttet, wenn Überraschungsstreß wahrgenommen wird. Die Dosis ist so hoch, daß die verschiedenen Systeme des Körpers dies als einen Schock empfinden. Das hat Störungen zur Folge und der Körper braucht eine Erholungsphase. Dieser Kreislauf von Ausschüttung, Störung und Erholung ist in manchen lebensbedrohlichen Situationen sehr nützlich. Es gibt jedoch Situationen, in denen die Reaktion stärker ist, als es die aktuelle Situation erfordert, und deshalb unnötige Störungen auftreten.

Übung

Wie können wir lernen, anders zu reagieren? Indem wir die Zeit *dehnen*, verlangsamen wir unsere Reaktionen und haben mehr Reaktionsmöglichkeiten. Die folgende Übung zeigt, wie unser Körper dem Geist physiologische Indikatoren für Streß gibt. Bei Seminaren über NLP und Streßmanagement dient diese Übung dazu, den jeweils ersten, zweiten und dritten physiologischen Indikator herauszufinden.**

Schritt 1:
Die Teilnehmer arbeiten jeweils zu zweit. Jeder denkt an einen Zustand in seiner Vergangenheit, da er sich sehr gut, stark und positiv fühlte (genannt *circle of excellence*). Beide zeigen einander, wie dieser Zustand aussieht.

Schritt 2:
Die Paare gehen zu Vierergruppen zusammen. Die Rollen werden wie folgt verteilt: Lehrer, Anleiter und zwei Schauspieler (die Schüler/ Kollegen, Vorgesetzte/Eltern darstellen).

---

* Der Autor hält dazu mittlerweile auch in Deutschland NLP-Seminare unter dem Titel "Das Brunnen-Modell" ab.
** Da die Übung sehr schwierig und emotionsträchtig ist, sollte sie nur unter Aufsicht geeigneter Trainer gemacht werden.

Schritt 3:

Der Anleiter bittet den Lehrer, sich von den Schauspielern abzuwenden und an Menschen zu denken, die durch Blick, Tonfall, Haltung oder eine Bemerkung das Gefühl von Ohnmacht/Hilflosigkeit bei ihm auslösen. Das ist Überraschungsstreß (wird im weiteren noch erläutert).

Schritt 4:

Hat der Lehrer die Person gefunden, die bei ihm diesen Streßzustand (auch *stuck state*) hervorruft, dann wendet er sich zu den Schauspielern und spielt das auslösende Verhalten vor. Gleichzeitig spiegeln die Schauspieler ihrerseits *sein* Verhalten.

Schritt 5:

Der Anleiter beobachtet den Lehrer; sobald der Lehrer durch die ihn imitierenden Schauspieler beeinflußt wird, dreht er den Lehrer von den Schauspielern weg, die sofort mit ihrem Rollenspiel aufhören.

Schritt 6:

Der Lehrer macht noch einen Schritt weg von den Schauspielern, zurück in den anfangs aufgerufenen positiven Zustand *(circle of excellence)*. Der Anleiter erinnert den Lehrer taktvoll daran, einmal durchzuatmen, dann noch einmal. Damit gelangt wieder Sauerstoff in den Körper und wird an alle Organe verteilt, damit sie funktionieren und überleben können. Es sieht so aus, als bekomme das Gehirn seine maximale Sauerstoffzuteilung erst *nach* den anderen Organen; deshalb gibt es eine direkte Relation zwischen unserer Atmung und unserer Fähigkeit, den Zugang zu unseren Ressourcen zu behalten. Die allgemeine Weisheit "tief durchatmen" ist teilweise richtig. Wenn wir uns die Lungen als einen Ballon oder Beutel vorstellen, so sehen wir, daß der erste Atemzug nicht sehr viel mehr Sauerstoff in die Lungen bringt. Dadurch wird nur die Menge des Sauerstoffs erhöht, der ausgeatmet wird. Wichtig ist die stärkere Ausatmung, die ein Vakuum schafft, so daß mit dem zweiten Atemzug mehr Sauerstoff hineingelangt; daher auch der NLP-Ausdruck: "Und jetzt ein zweites Mal atmen".

Schritt 7:

Der Lehrer – noch mit dem Rücken zu den Schauspielern – tritt aus dem *circle of excellence* heraus und dreht sich dann zu den Schauspielern um.

Schritt 8:

Die Schauspieler zeigen sofort wieder das Verhalten, das den Lehrer ärgert.

Schritt 9:

Sobald der Lehrer innerlich etwas fühlt (Spannung), dreht er sich von den Schauspielern weg (die aufhören) und geht wieder in seinen "Kreis" (den positiven Zustand). Der Anleiter erinnert den Lehrer, zweimal zu atmen; er fragt dann: "Wo haben Sie die Spannung zuerst gespürt?" Dieser Punkt wird bestimmt und der Lehrer kann zu 10 weitergehen.

Schritt 10:

Der Lehrer wendet sich wieder den Schauspielern zu und bleibt dieses Mal lange genug, um sein *erstes* Anzeichen für Spannung *und auch das zweite* wahrzunehmen.

Schritt 11:

Spürt der Lehrer auch das zweite Spannungsanzeichen, dreht er sich von den Schauspielern weg, tritt wieder in seinen Kreis und atmet zweimal durch. Der Anleiter fragt, ob das erste Zeichen für Spannung dieses Mal das gleiche war wie beim ersten Mal...

Es zeigt sich zweierlei. Erstens: Was als erstes Anzeichen für Spannung genannt wird, ist in Wirklichkeit das zehnte bis fünfzehnte. Dies zeigt, wie gut der Verstand abschalten und den Kontakt mit dem Körper verlieren kann.

Zweitens fällt der zeitliche Abstand auf zwischen dem Sehen oder Hören von Stressoren und ihrer folgerichtigen Lokalisierung. Das Geheimnis der Bewältigung von Überraschungsstreß besteht in der Fähigkeit, die Realität zu *dehnen*: Dann bleibt mehr Zeit zwischen dem Auftreten Ihres ersten Spannungsanzeichens und dem Zeitpunkt, an dem Sie Ihre Ressourcen für eine entsprechende Antwort zur Verfügung haben. Die veränderte Wahrnehmung der Zeit ermöglicht Handlungsalternativen.

Der Baseballspieler Ted Williams behauptete immer, daß er in seiner Wahrnehmung den Ball, der auf ihn zufliege, so verlangsamen könne, daß er die Nähte erkennen könne. Kein Wunder, daß er ihn traf.

Mary Jo Peppler, mehrere Jahre Star des olympischen Volleyball-Teams und später Trainerin, hatte eine Lieblingsübung. Sie stand auf einer Stufenleiter auf der einen Seite des Netzes und hatte einen Karton mit Bällen neben sich. Eine Spielerin mußte jenseits des Netzes ihre Würfe abfangen. Die Spielerin war bei einer Ballgeschwindigkeit von 90 Meilen natürlich ungeheuer im Nachteil. Mary Jo meinte dazu nur: "Ihr müßt den Ball verlangsamen, dann habt ihr mehr Zeit."

Ein Berufsrennfahrer kann auf der Rennstrecke mit 100 Meilen in die Kurve gehen und die anderen überholen ihn, da er zu langsam ist. Genauso gut kann er mit 101 Meilen recht sicher um die Kurve kommen, seine Position halten oder sogar aufholen. Bei 102 hat er einen Unfall und gerät in Brand. Für den *Durchschnittsfahrer* gibt es hier nur *drei* Abstufungen. Ein *Berufsfahrer* kann die Realität dehnen, so daß es für ihn zwischen 100 und 101 Meilen *fünf* Abstufungen und zwischen 101 und 102 noch einmal weitere fünf Übergänge gibt. Wegen seiner Fähigkeit, die Zeit zu verlangsamen, hat er mehr Chancen.

Viele von uns haben schon einmal das Gefühl gehabt, daß "die Zeit stillsteht". Es gibt Untersuchungen, die vermuten lassen, daß der Körper Stoffe ausschüttet, die diesen Vorgang unterstützen.

Wenn Ihnen die Beispiele vom Baseball, Volleyball und Autorennen zu weit hergeholt erscheinen, dann denken Sie an Ihren letzten Elternabend, als Eltern anerkennend sagten: "Wir wissen nicht, wie Sie das bloß schaffen." *Wir* sind die Experten und haben gelernt, unsere Wahrnehmung zu verändern.

Viele stimmen sicher mit mir überein, daß wir oft erstaunlich professionell sind und unglaubliche Dinge instinktiv tun. Es gibt jedoch auch Zeiten, da wir nicht so professionell handeln, wie wir es gerne täten. Diese Szenen nagen an uns, oft am Wochenende oder in den Ferien. Dieses nagende Gefühl ist wie ein alter Freund, der uns zu einer neuen Handlungsweise auffordert. Bearbeiten Sie das nachfolgende Arbeitsblatt "Rückschau" (S. 157). Es hilft uns, auf unseren inneren Freund zu hören, der da sagt: "Ich erinnere dich nur an die Möglichkeit, daß X noch einmal passiert - hast du dir, seit ich dich das letzte Mal gemahnt habe, Alternativen überlegt?"

Natürlich mißverstehen die meisten das Signal des alten Freundes und antworten: "Wer zum Teufel plagt mich mit dem alten Zeug? Ich lasse mir keine Schuldgefühle einreden - jetzt schon gar nicht."

Was Sie für die Rückschau brauchen

1. In der Zeit zurückgehen: Ihr Gedächtnis läßt sich mit einem Filmstreifen mit Führungslöchern am Rand vergleichen. Was auf der Leinwand wie ein ununterbrochener Fluß von Ereignissen wirkt, ist in Wirklichkeit eine Abfolge vieler jeweils leicht veränderter

Aufnahmen der gleichen Szene. Die Frage ist, welche Aufnahme uns als erste in den Sinn kommt, wenn die Erinnerung an X wachgerufen wird. Die meisten Leute erinnern sich an diejenige Aufnahme, die dem Höhepunkt des Desasters gerade vorausgeht.

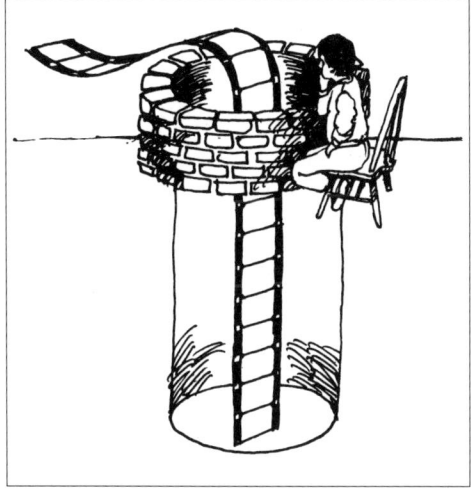

Sie möchten nun den Filmstreifen zeitlich zu einer neutralen oder positiven Aufnahme zurückdrehen. Das tun Sie, indem Sie fragen: "Was geschah davor?". Während Sie zurückdrehen, wird Ihre Atmung entspannter und regelmäßiger. Wieviel Zeit ist dabei vergangen oder wieviele Schauplatzwechsel haben stattgefunden?

2. In dissoziiertem Zustand stabilisiert: Sehen Sie sich selbst (ihre Person) vor Ihrem inneren Auge. Wie weit sind Sie entfernt? Wo genau stehen Sie jetzt, wenn Sie auf sich selbst zurückschauen?

3. Gnade, Verzeihung: Sie betrachten sich außerhalb des Brunnens (*vor* dem Ereignis, als Sie sich noch wohlfühlten). Bedenken Sie, daß Sie unter den gegebenen Umständen das für Sie Bestmögliche getan haben. Das Wort "Gnade" bedeutet "unverdiente Gunst".

4. Hilfsmittel, Kraftquellen: Sie wissen, was Ihrem damaligen Ich passieren wird. Es ist, als stünden Sie auf einem hohen Gebäude und sähen, wie sich unten zwei Autos einer Kreuzung nähern. Die Aufnahme ist wie eingefroren, die Realität steht still. Als dissoziierter Beobachter können Sie Ihr früheres Ich betrachten und entscheiden, was es braucht, um die bevorstehende Situation gut zu meistern. Beschreiben Sie das benötigte Hilfsmittel.

Jetzt geben Sie, das dissoziierte Selbst, Ihrem früheren Ich das Mittel (vergewissern Sie sich, daß es Sie sehen kann), entweder durch einen Blick (visuell), durch Ihre Stimme (auditiv) oder indem Sie sich strecken und es berühren (bleiben Sie dissoziiert und tun Sie so, als könnten Sie unendlich weit reichen). Beobachten Sie, wie Ihr früheres Ich sich verändert, wenn Sie es ihm geben – solange, bis es bei "9 und mehr" auf einer Skala von 1 bis 10 angekommen ist (10 bedeutet, daß es wirklich in der Lage ist, die Situation zu meistern). Falls "9 und besser" nicht erreicht wird, ändern Sie eine der folgenden drei Variablen:

a) das gewählte Mittel; vielleicht ist noch ein anderes erforderlich;

b) die Art der Übermittlung; variieren Sie mit V, A und K;

c) die Person, die gibt; Sie können jederzeit andere Menschen zu sich an Ihren Dissoziationsort holen.

5. Zielzustand: Das andere Ich ist bei "9 und besser", Sie sind dissoziiert. Lassen Sie die Szenen nun in der Geschwindigkeit ablaufen, in der Sie Hilfe geben können und diese aufgenommen werden kann. Sie beobachten, wie sich Ihr Ich dem Zielzustand nähert.*

Zusammenfassung:
Um Erfahrung durch Weisheit zu ergänzen, tun Sie folgendes:

---

* Der Wortlaut wurde von Phil und Norma Baretta entwickelt.

1. Gehen Sie von der Aufnahme am "Tiefstpunkt" zurück zu einer neutralen oder positiven. Achten Sie darauf, wieviel Zeit vergangen ist oder welche Ortswechsel stattgefunden haben. Frieren Sie jetzt die Realität ein, wobei Ihr früheres Ich weiß, daß endlich der Mensch/die Menschen anwesend sind, die es brauchte.

2. Dissoziieren Sie. Wie weit ist Ihr Ich von Ihnen entfernt? Verwenden Sie das Personalpronomen der dritten Person und benennen Sie es damit.

3. Befreien Sie es durch Gnade.

4. Stellen Sie fest, welche Hilfsquelle es braucht. Aus der Dissoziation geben Sie Hilfe mit VAK, und es nimmt sie auf und erreicht den Zustand "9 oder besser". Variationen sind möglich durch Hinzufügen weiterer Ressourcen, eine andere Übermittlung oder Wechsel des Übermittlers.

5. Die Geschwindigkeit des Vorgehens ist nur so schnell, wie Sie geben können und Ihr Ich aufnimmt.

Dieses Vorgehen ist so einfach wie das Abzählen Ihrer fünf Finger:
1. Zeitliche Rückführung;
2. Dissoziieren;
3. Gnade;
4. Ressourcen;
5. Erwünschter Zielzustand.

Stufen der Veränderung

Welches sind nun die Leitlinien für den Gebrauch des oben beschriebenen Rückschau-Verfahrens und inwieweit müssen bei einem schwerwiegenden Problem die einzelnen Schritte geändert werden?

1. Handelt es sich um ein leichteres Problem, erfragt man den Zielzustand wie folgt: "Wie hättest du damals gerne gehandelt?"

2. War das Ereignis nicht schwerwiegend, das Problem aber dennoch nicht mit der oben genannten Frage lösbar, dann fragt man weiter: "Was würdest du brauchen, um so zu handeln?"

3. Genügen die Schritte 1 und 2 nicht, handelte es sich wahrscheinlich nicht um ein geringfügiges Problem, und die angegebene Rückschau ist angebracht.

4. Wenn auch 3 nicht genügt, folgt das Ereignis vielleicht einem chronischen Muster. In diesem Fall wenden Sie die 5-Finger-Schritte an, aber auf das früheste Beispiel für dieses Muster. "Wann hast du eine ähnliche Szene schon einmal erlebt? Erinnerst du dich an eine ähnliche Szene, als du noch jünger warst?" Eine andere Variable ist: Je stärker die "Überraschung" war, desto besser ist es, einen Dissoziationsort *außerhalb* der betreffenden Szene zu wählen: "Kannst du dir einen anderen Ort vorstellen, an dem du gerne wärst, dann stelle dir einen Ort vor, der so angenehm ist (ein Ferienort zum Beispiel), daß du von dort dein jüngeres Selbst beobachten könntest."

5. Ist auch 4 nicht ausreichend, dann liegt die Vermutung nahe, daß es nicht genügt, das "jüngere Selbst" zu verändern, damit der externale Streßauslöser *ohne* Schock wieder ausgelöst werden kann. Gehen Sie zu der Ursprungsszene zurück und verändern Sie alle Anwesenden und auch das jüngere Selbst. Sind die anderen Leute verändert, so verändert sich auch der externale Streßauslöser.

Wir haben zwei Hände: die Finger der einen Hand repräsentieren die fünf Schritte der Rückschau, die Finger der anderen Hand die fünf Stufen der Veränderung. Ist nun die Fähigkeit zur korrigierenden Rückschau eine Garantie dafür, daß wir anderntags mit der Post eine Portion Weisheit erhalten? Zur Weisheit gehört mehr: *Einstudieren* für die Zukunft.

Rückschau

Beschreibung Ihres "Brunnens" in einem Satz:

Welche Aufnahme erscheint vor Ihrem inneren Auge, wenn Sie an den "Brunnen" erinnert werden? (Wie weit ist sie vom Tiefstpunkt entfernt?)

1. Sie sind in eine andere Zeit, an einen anderen Ort (außerhalb des Brunnens) zurückgegangen; wie lange hat es gedauert, wieviele Ortswechsel kamen dabei vor?

2. Sie haben dissoziiert. Beschreiben Sie Ihr früheres Ich (jetzt Ihr Beobachtungsobjekt) und bestimmen Sie Ihre Entfernung dazu:

3. Sie betrachten es und stellen fest, daß es unter den gegebenen Umständen in dieser Situation sein Bestes gegeben hat. Damit haben Sie Nachsicht geübt.

4. Frieren Sie diese Aufnahme (außerhalb des Brunnens) ein und stellen Sie fest, was Ihr Ich in der darauffolgenden Situation braucht, um sie zu meistern. Beschreiben Sie die benötigte Ressource.

Geben Sie ihm das benötigte Hilfsmittel auf visuellem, auditivem oder kinästhetischem Wege. Vergewissern Sie sich, daß Ihr früheres Ich auf der Skala von 1 bis 10 mindestens bei "9 und besser" ist. Welche Zahl auf der Skala hat es erreicht? (10 bedeutet, daß es in der Lage ist, die folgende Situation zu meistern.)

5. Lassen Sie die Szene ablaufen, wobei jede Aufnahme nur so schnell erscheint, wie Sie (aus der Position der Dissoziation) Hilfe geben und Ihr früheres Ich sie – bei "9 und besser" bleibend – aufnehmen kann. Kommentieren Sie hier den Vorgang:

Erläutern Sie, inwiefern Sie die betreffende problematische Situation jetzt anders betrachten.

Arbeitsblatt

Einstudieren

1. Sie haben das Rückschau-Arbeitsblatt durchgearbeitet und überlegen nun, wann oder wie Sie in der Zukunft in eine ähnliche Situation geraten könnten. Der Reiz, durch den Sie bemerken, daß Sie in einer vergleichbaren Situation sind, wird "Auslöser" *(trigger)* genannt. Der Auslöser ist etwas, was Sie sehen oder hören, und manchmal etwas, was Sie äußerlich fühlen; diese Wahrnehmung erinnert Sie an eine besonders belastende Situation.

2. Verbinden *(linking)*
Machen Sie folgende Übung:

a) Denken Sie an einen Auslöser und atmen Sie (tief und entspannt).
Wichtig: *Sobald* Sie an den Auslöser denken, beginnen Sie zu atmen.

b) Denken Sie an einen Auslöser, atmen Sie und denken Sie an die Hilfsquellen.

c) Denken Sie an einen Auslöser, atmen Sie, denken Sie an die Hilfsquellen und schauen Sie sich zu, wie Sie in Ihrem gewünschten Zustand agieren.

3. Erlauben Sie dem gewünschten Zustand, eine Vielfalt von Szenarien (Drehbüchern) zu haben (das heißt verschiedenartig ausgestaltet zu sein, zum Beispiel mal humorvoll, mal ernst usw.).

4. Kommentieren Sie die Wirkung der Übung. Gehen Sie sorgfältig vor.

Disziplinieren ohne Anstrengung

Dieser Abschnitt soll kein vollständiges Modell darstellen, sondern allgemeine Verhaltensmuster kommentieren, die in Disziplinierungssituationen auftreten.

Lehrer gehen oft so in ihrer Rolle als "Gebende" auf und sind dabei derart besitzergreifend, daß die Klasse auf einen Besucher wie ein Abbild der eigenen Identität des Lehrers wirkt. Wie bereits erwähnt, sprechen wir dann von wirkungsvoller Disziplinierung, wenn sie danach fragt, was die Schüler brauchen, und nicht davon abhängt, wie der Lehrer sich fühlt. Entscheidend dafür, ob effektives Disziplinieren möglich ist oder nicht, ist das Streßmanagement des Lehrers.

Disziplinierung hat zum Ziel, die Unterbrechung zu beenden, damit Lehren und Lernen weitergehen können. Der grundsätzliche Unterschied zwischen Disziplinieren und Beraten besteht darin, daß bei Disziplin das *Verhalten* im Vordergrund steht, das abgestellt werden soll. Ein beratendes Gespräch geht auf die *Absicht* ein, die hinter dem Verhalten steht. Es geht davon aus, daß die Absicht in gewissem Maße positiv ist. Dies wird anerkannt und man sucht eine Möglichkeit, diese Absicht durch ein anderes, angemesseneres Verhalten zu verwirklichen. Das braucht Zeit.

In gewisser Weise wird mit Disziplin versucht, in der Klasse eine Atmosphäre zu schaffen, die *allen* gerecht wird, während in einer Beratung die Bedürfnisse des Individuums im Vordergrund stehen. Überlegt ein Lehrer, ob er einen Schüler ermahnen oder ein Gespräch mit ihm führen sollte, so ist dies meist eine Frage der Zeit. Je

besser ein Lehrer vorbeugend für Disziplin sorgen kann, desto mehr Chancen ergeben sich für Beratungsgespräche.

Wenn wir eine Klasse besuchen, gibt uns der Sitzplatz des Schülers, der am häufigsten stört (wir nennen ihn Willy Wiggles), Aufschluß darüber, wie gut der Lehrer für Disziplin sorgen kann. Sitzt Willy Wiggles mitten in der ersten Reihe, dann wissen wir: erstens gibt sich die Lehrerin große Mühe, Willy Wiggles (WW) bei der Stange zu halten, und zweitens hat sie damit Erfolg. Sonst könnten sich alle visuellen Schüler, die WW im Blickfeld haben, nicht konzentrieren, wenn sie zum Lehrer schauen. Deshalb sitzt Willy häufiger hinten in der Klasse. Sehr gute Lehrer kommen mit *zwei* WWs in einer Klasse zurecht. Ein dritter WW in einem amerikanischen Klassenzimmer ist untragbar; dann herrscht Chaos.

Viele Lehrer, die mit WW Nummer 2 Erfahrung gesammelt haben, meinen, daß ein zweiter Willy mehr ist als nur ein weiterer WW 1. Ich hörte einmal, wie sich zwei Lehrer mit vielen Willys in ihren Klassen beim Essen unterhielten. Sie verglichen amüsiert ihre morgendllichen Erfahrungen mit der "Ordnung" in einem Kriegsgebiet. Einer fragte: "Nun, wie war es heute morgen in deinem Bunker?", und der andere antwortete: "Wenn sie so kinästhetisch sind und dauernd mit ihren Händen alles anlangen, warum sind sie dann nicht öfter krank und bleiben zuhause?"

Eine Faustregel lautet, daß Disziplin mit Autorität erreicht werden kann, im beratenden Gespräch jedoch Rapport nötig ist. Wenn Sie als Lehrer oder Eltern ein Kind zunächst beraten, dann aber aus Zeitmangel zu Ermahnungen übergehen, fühlt das Kind sich emotional sabotiert. Wenn Sie auf Ihre Autorität pochen, nachdem Sie zunächst auf Vertrauen gebaut hatten, fühlt sich das Kind verraten.

Arbeitsblatt

Disziplinieren oder Gespräche führen?

Disziplinieren zielt auf Verhalten. Zweck ist, "Unterbrechungen zu unterbrechen", damit der Unterricht fortgeführt werden kann. Manchmal wenden wir die "autoritäre" Form der Disziplin an ("Weil ich das so gesagt habe" oder "Es wird dir leid tun, wenn ..."). Manchmal nutzen wir Rapport und steuern die Schüler mit freundlichen oder ermunternden Blicken, Berührungen oder Stimmlagen.

Das Beratungsgespräch stellt die "Absicht" hinter dem jeweiligen Verhalten in den Vordergrund. Sinn des Gesprächs ist es, die Absicht des Schülers als positiv zu akzeptieren und diese in ein verändertes Verhalten umzuleiten, das im Klassenzimmer akzeptabel ist.

Schreiben Sie aus Ihrer Erfahrung zwei Beispiele dafür auf, wie Sie jemanden *ermahnt* haben. Welches Verhalten wollten Sie abstellen?

Fall 1: _____

_____

Fall 2: _____

_____

Schreiben Sie auch zwei Fälle auf, in denen Sie ein Gespräch führten. Wie haben Sie es geschafft, Verhalten und Absicht auseinanderzuhalten? Wie haben Sie die Absicht anerkannt? Wie haben Sie mitgeholfen, ein angemesseneres Verhalten zu finden, das die gleiche Absicht erfüllte?

Gespräch 1: _____

_____

_____

_____

Gespräch 2: _____

_____

_____

_____

Überlegen Sie, unter welchen Bedingungen Sie mehr zur autoritären Form von Disziplin greifen und wann Sie eher Rapport suchen.   (Fortsetzung nächste Seite)

Disziplinieren oder Gespräche führen? (Fortsetzung)

Wenn wir die "Unterbrechung unterbrechen" wollen, damit der Unterricht weiterlaufen kann, ist es desto besser, je schneller wir unterbrechen oder intervenieren. Wir schreiten sofort ein, sobald wir bei einem Schüler unangemessenes Verhalten beobachten.

Wir wollen auch in dem Moment aufhören, in dem der Schüler sein störendes Verhalten einstellt, falls nötig mitten im Satz. Wir nehmen gewissermaßen an, daß der Schüler sich seines Verhaltens nicht bewußt war; sobald er sein Verhalten einstellt, beenden wir unsere Ermahnung und fahren mit dem Unterricht fort. Damit erreichen wir eine Art Gedächtnisschwund. Der Schüler erinnert sich daran, daß er etwas gelernt hat, nicht aber daran, daß er ermahnt wurde. Wir leben nach dem Prinzip "Erfolg schafft weiteren Erfolg".

In den folgenden Zeilen schreiben Sie Ihre Erfahrungen auf, die Sie machen, wenn Sie üben, Unterbrechungen schnell und nachhaltig zu unterbinden. Schreiben Sie täglich auf...
a) was der Schüler getan hat,
b) ob Sie primär visuell, auditiv oder kinästhetisch eingegriffen haben,
c) womit der Schüler Sie zum Beenden des Eingreifens veranlaßt hat,
d) wieviel Zeit verging zwischen der Verhaltensänderung des Schülers und der Beendigung Ihrer Intervention. Wie ließe sich diese Zeitspanne verkürzen?

1. Tag   a) _____

              b) _____

              c) _____

              d) _____

2. Tag   a) _____

              b) _____

              c) _____

              d) _____

3. Tag   a) _____

              b) _____

              c) _____

              d) _____

Arbeitsblatt

Schluß mit doppelten Botschaften!

"Ich bemühe mich sehr, nicht darüber nachzudenken,
aber während ich mich sehr anstrenge, nicht daran zu denken,
kann ich doch nicht aufhören, daran zu denken."
Paul Zurella

Dieses Buch befaßt sich aus zwei Gründen überwiegend mit den nonverbalen Anteilen der Kommunikation; erstens sind 82 Prozent unserer Kommunikation nonverbal und zweitens haben sich pädagogische Kurse für Lehrer bisher hauptsächlich mit dem verbalen Anteil der Kommunikation befaßt. Es ist eine Ausnahme in diesem Buch, daß sich der folgende Abschnitt mit verbaler Kommunikation befaßt.

"Wie oft muß ich dir noch sagen, daß du nicht ...?" Kommt Ihnen das vielleicht vertraut vor? Es scheint, daß wir manchmal genau das erreichen, was wir eigentlich verhindern wollen. Wie kommt das?

Ein Teil unseres Gehirns versteht die *Absicht* gesprochener Botschaften, ein anderer Teil versteht *wörtlich*, was gesagt wurde. Wenn zum Beispiel jemand sagt: "Denken Sie nicht an Blau", an welche Farbe denken Sie dann? Der Teil, der die *Absicht* versteht, denkt an Pink oder Grün, während der Teil, der *wörtlich* versteht, an Blau denkt. Botschaften, die eine *Negation* enthalten (hör auf, tu das nicht, laß das usw.) lenken das Gehirn auf zwei Dinge gleichzeitig anstatt nur auf *eine* Sache.

Die Lösung ist, das *wörtlich* zu sagen, was unsere *Absicht* ist. Da Doppelbotschaften kulturell "eingebettet" sind, brauchen wir für den Umlernprozeß einiges an Zeit, Aufmerksamkeit, Willen und Geduld.

1. Schritt: Schreiben Sie in einer Schulwoche täglich vier Sätze mit Negationen auf, die Sie oder jemand anders sagen. Übersetzen Sie diese in ihre *wörtliche* Bedeutung.

Absicht (was ausgesagt werden soll)	***Wörtlich*** (neu formuliert ohne Negation)
1. Tag	
Beispiel: "rede nicht"	= "rede"
2. Tag	

Schluß mit doppelten Botschaften! (Fortsetzung)

3. Tag

_____   _____

_____   _____

_____   _____

_____   _____

4. Tag

_____   _____

_____   _____

_____   _____

_____   _____

5. Tag

_____   _____

_____   _____

_____   _____

_____   _____

Mit dem ersten Schritt auf unserem Weg, Doppelbotschaften zu vermeiden, haben wir uns eine Woche Zeit genommen, um uns ihrer bewußt zu werden. Vielleicht überlegen Sie einmal, in welchen Situationen und unter welchen Bedingungen Sie diese Botschaften anwenden. (Einige Lehrer berichten, das sie das dann tun, wenn ihr Eltern-Ich spricht und sie oft "sollen" verwenden.)

2. Schritt: Fangen Sie sich selbst immer dann ab, wenn Sie gerade eine Negation verwenden wollen; stoppen Sie rechtzeitig und sagen Sie stattdessen: "Ich wollte sagen, ...". Schreiben Sie eine Woche lang täglich drei Beispiele auf.

Wenn Sie sich dabei ertappt haben, daß Sie eine doppeldeutige Aussage machen wollten, unterstützen Sie Ihre verbale Korrektur mit nonverbalen Ausdrucksformen:

1. Treten Sie einen Schritt zur Seite;

2. atmen Sie;

3. ändern Sie Ihre Stimmlage und

4. sagen Sie ruhig: "Ich wollte sagen ..." und beenden Sie Ihren Satz.

(1. bis 3. dienen als "Unterbrecherzustand".)   (Fortsetzung nächste Seite!)

Arbeitsblatt

Schluß mit doppelten Botschaften! (Fortsetzung)

Absicht (Ich begann zu sagen ...)   *Wörtlich* (Ich wollte eigentlich sagen ...)

1. Tag: Beispiel "Hör auf zu rennen ..."   "Ich wollte sagen: Geh langsam ..."

2. Tag:

3. Tag:

4. Tag

5. Tag

Sätze mit negativen und positiven Aussagen

Nachdem wir zwei Wochen geübt haben, Doppelbotschaften zu vermeiden, können wir fragen, ob es vorkommen kann, daß wir negative Aussagen sowohl brauchen als auch anwenden wollen. Grundschullehrer müssen manchmal beim Namen nennen, was nicht getan werden sollte.

In diesem Abschnitt beschreibt "negativ" das Verhalten einer Klasse oder eines Schülers, das alles andere als wünschenswert ist; "positiv" beschreibt wünschenswertes Verhalten. Nachfolgend eine Aufstellung möglicher Aussagen mit dazugehörigem Kommentar.

1. Nur negative Aussage. Beispiel: "Hier wird absolut zuviel geredet."

Kommentar: Unser Energiepegel ist bei einer negativen Aussage niedriger als bei einer positiven. Eine negative Aussage nimmt dem Lehrer und den Schülern Energie, und sie behalten diesen Tag als unangenehm in Erinnerung. *Vermeiden!*

2. Positive Aussage, gefolgt von einer negativen. Beispiel: "Ich möchte, daß ihr mir zuhört. Hier wird absolut zuviel geredet."

Kommentar: Die Klasse erinnert sich eher an den letzten als an den ersten Satz.

Beim Militär gibt es den Ausspruch: "Befolge den letzten Befehl zuerst." Wenn wir uns an etwas erinnern, ist unser *letzter* Eindruck oft lebhafter als irgendein vorangehender. *Wenn Sie eine negative Aussage machen, dann schließen Sie mit einer positiven ab!*

3. Negative Aussage, gefolgt von einer positiven. Beispiel: "Hier wird absolut zuviel geredet. Ich möchte, daß ihr mir zuhört."

Kommentar: Erwähnen Sie das Negative, bevor Sie das Positive sagen, solange der Klasse ihr unangemessenes Verhalten noch nicht bewußt ist. Eine Beschreibung dieses Verhaltens, besonders wenn sie mit neutraler Stimme erfolgt, ist sehr wirkungsvoll und geeignet, die Schüler zum erwünschten Verhalten zu bringen.

4. Nur positive Aussage. Beispiel: "Ich brauche mehr Ruhe."

Kommentar: Lehrer, die ein gutes Verhältnis mit ihrer Klasse haben, die dem Lehrer bereitwillig folgen, benutzen am liebsten diese sehr positive Aussage.

5. Von positiver zu noch positiverer Aussage. Beispiel: "In der Bläsergruppe spielen wir schon sehr gut, und nun wollen wir es noch besser machen, indem wir aufrecht sitzen und etwas stärker blasen."

Kommentar: Diese Aussage mit Pacen (was die Schüler tun) und Führen (zu dem, was Sie erreichen wollen) ist dann angemessen, wenn Sie die Klasse für ihre gute Leistung loben und sie zu noch größerer Meisterschaft anspornen wollen.

6. Positiv – negativ – positiv. Beispiel: "Ich brauche Ruhe in der Klasse. Hier wird zuviel geredet. Schaut mich an und hört zu!"

Kommentar: Diese Reihenfolge hat im Gegensatz zu *negativ – positiv* den Vorteil, daß Sie mit der Benennung dessen, was Sie wollen, beginnen können, und damit ist ihr Energiepegel zu Beginn etwas positiver.

Diese Unterscheidungen sind deshalb so wichtig, weil ein Teil unseres Gehirns alles wörtlich aufnimmt und nur exakt das versteht, was gesagt wird. Sagen Sie zu jemandem: "Sorgen Sie sich nicht", dann muß er erst darüber nachdenken, was "sorgen" heißt, um zu verstehen, an was er nicht denken soll. Deshalb sollten wir unerwünschtes Verhalten nur dann beschreiben, wenn es unbedingt nötig ist.

Arbeitsblatt

Sätze mit negativen und positiven Aussagen

Wir haben soeben eine Art Richtschnur gegeben, wann und wo die verschiedenen Aussagen angewendet werden können und sie wirken. Schreiben Sie sich diese Woche Sätze aus mindestens drei der angegebenen Kategorien auf. Beschreiben Sie, in welcher Situation Sie diese angewendet haben, und kommentieren Sie, ob es besser gewesen wäre, wenn Sie eine andere Kategorie genommen hätten.

1. Kategorie/Situation: _____

Kommentar: _____

_____

2. Kategorie/Situation: _____

Kommentar: _____

_____

3. Kategorie/Situation: _____

Kommentar: _____

_____

4. Kategorie/Situation: _____

Kommentar: _____

_____

5. Kategorie/Situation: _____

Kommentar: _____

_____

6. Kategorie/Situation: _____

Kommentar: _____

_____

Gruppendisziplin

Um Disziplin und Lernen zu trennen, brauchen Sie zwei besondere Stellen im Raum; an der einen unterrichten Sie, an der anderen ermahnen Sie. Kinästhetische Lehrer, die den ganzen Raum nutzen oder ein spezielles Training (TESA = *Teacher Expectations Student Achievement*) absolviert haben, müssen sich eine Stelle suchen, die sie immer meiden, außer wenn sie disziplinieren wollen. Visuelle Lehrer nutzen bereits systematisch den vorderen Teil des Raumes zum Unterrichten.

Der Platz: Überblick

In unseren Kursen (*Education 101*) haben wir gelernt, daß Beständigkeit der Schlüssel ist, um von den Schülern als fair anerkannt zu werden. Lehrer, die konsequent und damit fair handeln, haben die Angewohnheit, beim Unterrichten und beim Ermahnen systematisch unterschiedliche Stimmlagen zu gebrauchen. Im folgenden wird vorgeschlagen, daß Sie sich einen speziellen Platz schaffen. Wenn es nicht zu Ihrem Stil paßt, für Ermahnungen Ihren Platz zu wechseln, sind Sie sicher in der Lage, die Maßnahmen aufzugreifen, die zu Ihrem Stil passen.

Wenn Sie einen bestimmten Platz haben, von dem aus Sie ermahnen, wissen die Schüler, wenn Sie dorthin gehen, daß Ermahnungen zu erwarten sind. Hat der Lehrer dazu einen bestimmten Gesichtsausdruck, eine bestimmte Stimmlage und Körperhaltung, wird das noch deutlicher. Damit können die Schüler und der Lehrer Disziplin an diesem Platz lokalisieren (ähnlich wie beim "Sorgenspiel", S. 151). So können nach den Ermahnungen Lehrer und Schüler wieder zum Unterricht zurückkehren. Damit wird eine Amnestie leichter (*Amnestie* und *Amnesie* stammen von derselben Wurzel mit der Bedeutung "vergeben" oder "nicht erinnern"). Am Ende des Tages erinnern sich die Schüler eher an den Lernstoff als an die Ermahnungen.

Wie weit sollten der Platz für die Ermahnungen und der Platz zum Unterrichten auseinander liegen? Das ist von Ihrem Stil abhängig, vom Unterrichtsinhalt und davon, wie kinästhetisch die Klasse ist. Als Faustregel gilt, daß er Abstand (bzw. der Kontrast) desto größer sein sollte, je stärker kinästhetisch die Schüler sind (zum Beispiel leistungsschwache Schüler und untere Klassen). Gibt es eine Stelle, wo die Hausordnung angeschlagen ist, sollten Sie Ihren Platz für Ermahnungen dort wählen. Eine Lehrerin hatte in ihrer 2. Klasse ausgeprägt kinästhetische Schüler, und sie hatte mit ihren erprobten Methoden zur Disziplin nicht mehr den gleichen Erfolg wie vorher. Man gab ihr den Rat: "Da kinästhetische Schüler weder gut sehen noch gut hören, müssen Sie übertreiben, damit die Schüler merken, daß sie ermahnt werden. Da sie sich nur kurz konzentrieren können und leicht abgelenkt werden, muß alles, was Sie tun, möglichst dramatisch sein und schnell gehen." Diese Lehrerin war so engagiert, daß sie schon in der darauffolgenden Woche folgendes berichten konnte:

In eine Ecke des Raumes wurde ein schwarzer, metallener Abfalleimer gestellt. Dahinter lag, für die Schüler nicht sichtbar, ein Haufen Steine, die etwas größer als eine Grapefruit und mit schwarzer Farbe besprüht waren. Wenn sich die Klasse nicht richtig verhielt (es geht hier um Gruppendisziplin), ging sie zu dem Abfalleimer, nahm einen Stein, hielt ihn über ihren Kopf und ließ ihn mit lautem Krachen in den Eimer fallen: "Boom!" Das bedeutete: eine Minute weniger Pause für die Klasse. Auf der anderen Seite vorne im Klassenzimmer gab es eine farbige Anschlagtafel, vor der ein Stern aufgehängt war. Dieser zeigte an, daß die Schüler, wenn sie sich ordentlich verhielten, entweder eine Minute zurückgewonnen hatten oder sich einer Belohnung näherten (Popcorn, zusätzliche Pause usw.). Am Ende eines jeden Tages hatte die Lehrerin weitaus mehr Energie als sonst, und die Schüler bekamen kinästhetisch übermittelt, wie sie sich als Klasse verhalten hatten.

Eine andere Lehrerin berichtete begeistert von der Wirkung der Amnestie/Amnesie. Wenn sie an ihren Platz (für Disziplin) ging, war ihr klar, daß sie ihren Beruf nicht gewählt hatte, um zu disziplinieren, daß dies aber notwendig war. Sie hatte gelernt, zu dissoziieren, bevor sie zu ihrem Platz ging, und sie tat, was für die Klasse nötig war. Am meisten half ihr dabei die Vorstellung, daß sie die Hauptrolle in dem Theaterstück "Das Scheusal unter der Brücke" spielte. So war ihr immer bewußt, was von ihr erwartet wurde, während sie an ihrem Platz stand.

Ein andere Lehrerin, die sehr geschickt mit Disziplinieren durch positive Bestätigung umgehen konnte, fand heraus, daß sie, wenn sie die Namen von Schülern an die *Tafel* schrieb, Unterricht und Disziplin vermischte. So brachte sie neben der Tafel ein zusätzliches Brett an. Damit waren die beiden unterschiedlichen Plätze getrennt. Da sie aus dem Nordosten kam, wo Eishockey ein Lieblingssport der Schüler ist, schrieb sie "Strafbank" auf dieses Brett.

Mrs. Cross-Rhodes ließ sich in der High-School-Werkstatt aus Abfallholz eine Ampel schreinern (und besorgte selbst die elektrischen Teile für 18 Dollar). Mit drei Schaltern konnte sie ein rotes, grünes oder gelbes Licht einschalten. Die Ampel wurde außerhalb ihres Unterrichtsbereichs aufgestellt und zeigte morgens jeweils Grün. Ging sie zur Ampel, wußten die Schüler, daß sie auf eine der anderen Farben umschalten würde, und weil sie die Konsequenzen kannten, verhielten sie sich entsprechend.

Das letzte Beispiel ist repräsentativ für alle genannten. Um als konsequent und fair anerkannt zu werden, müssen wir den nonverbalen Aspekt bei unseren Maßnahmen für die Disziplin in Betracht ziehen. Wenn Sie das nächste Mal eine Ansprache beginnen mit "Wie oft habe ich schon gesagt, daß ....", sollten Sie überlegen, wie Sie das, was Sie sagen wollen, auch nonverbal zum Ausdruck bringen könnten – schließlich sind 82 Prozent unserer Kommunikation nonverbal.

Der Platz: Übergang

Da Sie nun zwei Plätze haben, einen zum Unterrichten, einen für die Disziplin, brauchen Sie einen Übergang zwischen den beiden. An Kreuzungen würde unser Verkehr chaotisch und unvorhersehbar, wenn wir nur Grün und Rot hätten. Wir benötigen das gelbe Licht im Verkehr und auch im Klassenzimmer. Klassenzimmer ohne gelbes Licht sind wie Vulkane, die ohne Vorwarnung der Seismographen ausbrechen. Bis zu einem gewissen Grad werden die Schüler dadurch verunsichert.

Mrs. Cross-Rhodes wechselt nie von Grün zu Rot. Sie schaltet von Grün auf Gelb um und gibt damit der Klasse die Gelegenheit, ihr Verhalten zu ändern oder zur Kenntnis zunehmen, daß sie vorgewarnt wurden. Manche Lehrer schreiben die Namen der Schüler, die unangenehm auffallen, auf eine Tafel. Bleibt diese Tafel immer sichtbar, erinnert sie dauernd an Negatives und Versagen.

Eine Lehrerin hat einen riesigen Stift mit fluoreszierender Farbe besprüht und hält diesen in der Ecke verborgen. Verhält sich die Klasse ungebührlich, geht sie in die

Ecke und zeigt den Stift. Dann kehrt sie wieder an den Platz zurück, an dem sie unterrichtet und macht ruhig und freundlich weiter. Sie nutzt den fluoreszierenden Stift wie ein gelbes Licht, um allen zu zeigen, daß Gefahr besteht.

Eine Lehrerin der High-School verwendete ein Barometer, um den Schülern zu zeigen, wie sie selbst ihre Stimmung einschätzte. Ein Ende der Skala zeigte den Zustand "Fragt mich nicht". Der Zeiger deutete nur sehr selten an diese Stelle, aber die Schüler wußten, daß es riskant war, wenn sie die Lehrerin an diesem Tag reizten.

Eine Lehrerin der 5. Klasse hatte eine Marionette namens "Hildebroom", die Ombudsman der Klasse war. Ging die Lehrerin zu ihrem Platz, um zu ermahnen, und die Klasse bemerkte das nicht, dann änderte die Lehrerin ihre Stimmlage und sagte als Hildebroom: "Vorsicht, Achtung, sie kommt!" Oder wenn sie an der Tafel stand und die Schüler schrieben ab und sie merkte, daß sie sich an diesem Tag nicht besonders wohlfühlte, dann sagte Hildebroom: "Sie scheint heute etwas schlecht gelaunt zu sein, aber wir wissen, sie tut, was sie kann."

Es kommt sehr auf Ihre Beziehung zu den Schülern an und auf die Klassenstufe, die Sie unterrichten, wie weit Sie von einem bestimmten Platz für die Disziplin und von dem Übergang mit dem gelben Licht Gebrauch machen. Bei einem Abschiedsessen hörte ich, wie ein weiser Lehrer den Unterschied zwischen Unterricht in 4. Klassen und darunter einerseits und in 6. bis 9. Klassen andererseits beschrieb. Zu den jungen Schülern könnte der Lehrer sagen: "Ich habe heute etwas Kopfweh. Ich würde mich freuen, wenn ihr ruhig für euch arbeitet." Wenn genügend Rapport besteht, ist das Mitgefühl derart, daß nach einer halben Stunde 22 kleine Schüler auch Kopfweh haben. Würde die Lehrerin zu den großen Schülern sagen: "Ich habe etwas Kopfweh," wäre das Ergebnis ein ganz anderes. Wahrscheinlich würde bald einer der Schüler seinem Nachbarn zuflüstern: "Sie meint nur, daß sie Kopfweh hat. Noch vor Ende der Stunde wird sie einen Brummschädel haben." Damit wird klar, wie der Umgang mit dem gelben Licht von verschiedenen Bedingungen abhängig ist.

Als Tatsache bleibt dennoch, daß wir eine Art Übergang mit gelbem Licht brauchen, wenn wir vom Unterrichten zur Disziplinierung schwenken. Auch wenn wir meinen, unsere Stimmung sei deutlich erkennbar, die Schüler benötigen dennoch visuelle Hinweise.

Der Platz: Einmal dort

Die Tatsache allein, daß wir einen bestimmten Platz gewählt haben, garantiert noch nicht, daß die Klasse weiß, daß jetzt Disziplin gefragt ist. Der Platz ist nur eine von vier Variablen, die nonverbal signalisieren, daß jetzt Disziplin ansteht. Der Gesichtsausdruck, die Stimmlage, die Körperhaltung (und Beinhaltung) sind die Faktoren, die die 82 Prozent ausmachen. Deshalb erreichen Sie um so mehr Wirkung, je unterschiedlicher Ihr Ausdruck, Ihre Stimme und Ihre Bewegungen beim Unterrichten und beim Disziplinieren sind. Auf dem Arbeitsblatt "Mein Platz für Gruppendisziplinierung" (S. 173) wird Ihnen empfohlen, diese Unterschiede zu üben.

Der Platz: Einführung

Nachdem Sie mit einem Kollegen geübt haben, wo Ihr Platz ist, können Sie diesen einführen. Am besten geschieht das nach einer natürlichen Unterbrechung (zum Beispiel Ferien, lange Wochenenden usw.) und wenn die Klasse links-hemisphärisch gepolt ist. Ob Sie die Klasse über den Platz und seinen Zweck aufklären wollen, ist eine Frage Ihres Stils. Vorzugsweise sollte für die Einführung des Platzes eine Metapher verwendet werden (vgl. die beiden Beispiele unter "Ankern mit Metaphern", S. 190).

Der Platz: Wieder aufrufen

Der Abschnitt über "Ankern" erklärt, wie ein gewünschter Zustand wieder "aufgerufen" wird. Ist der Platz wirkungsvoll verankert, gelingt es Ihnen bei wiederholtem Gebrauch, Ruhe in der Klasse zu schaffen, indem Sie den gleichen Gesichtsausdruck, die gleiche Stimme und Körperhaltung einnehmen.

Einer der wichtigsten Vorteile dieses Platzes (anstatt von verschiedenen Stellen im Raum für Ruhe zu sorgen) ist, daß Sie an dieser Stelle dissoziiert sind und von hier aus die Schüler beobachten. Wenn Sie wieder Ruhe in der Klasse haben, wissen Sie, daß Sie aufhören können; wenn Sie jedoch an verschiedenen Plätzen im Raum ermahnen, fällt es Ihnen schwerer, dissoziiert zu sein, und Sie werden deshalb nicht merken, wann Sie das erwünschte Verhalten erreicht haben und aufhören können. Wenn Sie mehr als drei oder vier Sätze sagen, haben Sie vielleicht Ihre innere Kassette anlaufen lassen, und Sie werden assoziiert, anstatt das Ergebnis zu beachten, das Sie erzielen.

Versuchen Sie der Übung halber einmal Ihr Disziplinspiel. In dem Moment, da Sie die Veränderung erreicht haben, hören Sie mitten im Wort auf und lassen den Rest unausgesprochen. Dies ist die beste Art, sich selbst zu überzeugen, daß nonverbale Hinweise wirksamer sind als verbale.

Wir haben auf der Grundstufe experimentiert und den Platz mit Farbband markiert. Zu unserem großen Vergnügen erinnerten die Schüler nach zweimaligem Gebrauch ihren Lehrer daran, sich an den Platz zu begeben. Von der 2. bis zur 4. Klasse wurde berichtet, daß die external auditiven Schüler ihren Lehrer, wenn er ein grimmiges Gesicht aufsetzte und dabei nicht am Platz war, unterbrachen und sagten: "Herr Lehrer, Sie müssen da hinüber gehen, wenn Sie laut werden wollen."

Der Platz: Unauslöschliche Erinnerung

Die beiden nächsten Punkte sind die wichtigsten Gründe, die für den Gebrauch des Platzes gelten. Eines der Ziele ist, daß der Platz einen so bleibenden Eindruck macht, daß er weniger in Anspruch genommen werden muß. Wenn Sie an Ihrem Platz fertig sind, erstarren Sie kurz in Ihrer Haltung und in Ihrem Gesichtsausdruck. Die meisten Lehrer finden es gut, mit zusammengepreßtem Kiefer den Schülern noch einen Blick zuzuwerfen, an den sie sich erinnern. Es ist sicher gut, einen unauslöschlichen Eindruck zu hinterlassen, aber es ist vom Gefühl her unfair, "mit einer Elefantenbüchse auf Feldmäuse zu zielen". Die Frage, wie lange man in seiner Haltung erstarrt bleibt, hängt von der Konzentrationsspanne der Schüler ab. In der 3. Klasse sagt man am besten im Geiste "1001". Bei High-School-Schülern kann man "1001, 1002, 1003" abzählen.

Ein Komödiant sagte mir einmal, daß das Geheimnis des richtigen Timing darin besteht, dann mit der nächsten Zeile zu beginnen, wenn bei den Zuschauern die zweite Welle zu lachen aufhört. Wenn Sie demnächst als Zuschauer in einer Gruppe sind, sollten Sie diese beobachten. Es gibt eine wellenartige Bewegung, wenn das Schweigen beendet wird oder wenn sich der Zustand der Zuhörer verändert. Was für Gruppen mit Hunderten von Leuten stimmt, trifft auch auf die Klasse zu. Der Leiter hat zu Beginn der zweiten Welle die Gruppe noch unter seiner Führung, wenn aber die zweite Welle vorüber ist und die dritte eingesetzt hat, verliert der Leiter die Führungsrolle. Beobachten Sie diese Wellenbewegung intuitiv den Tag hindurch immer dann, wenn Sie nicht für Diziplin sorgen müssen.

Mr. B. Marker wollte als tägliche Gewohnheit eine Periode stillen Lesens für alle, auch für sich selbst, einführen. Am ersten Tag saß er an seinem Pult und tat so, als ob er lese, in Wirklichkeit jedoch beobachtete er die Klasse. Als die zweite Welle von Unruhe in der vierten Minute einsetzte, sagte er ruhig zur Klasse, daß sie eine Minute Pause einlegen könnten. Die Toleranzschwelle der visuellen Schüler war größer als vier Minuten und sie fühlten sich durch die Ankündigung gestört. Sein Ziel war es aber, die nichtvisuellen Schüler zu synchronisieren. Am zweiten, dritten und vierten Tag nahm er wieder die Hinweise aus der Klasse auf; zu Beginn der zweiten Welle kündigte er die Pause an. Irgendwann in der zweiten Woche war die Klasse daran gewöhnt, daß der Lehrer ihre Konzentration bestimmte. Er hatte lange genug gepaced und konnte sie nun führen. Jeden Tag zögerte er seine Ankündigung weiter hinaus. Innerhalb von drei Wochen hatte er ihre Konzentrationsspanne auf mehr als zehn Minuten verlängert.

Der Platz: Zurück zum Unterricht

Wir wissen, daß Körper und Geist in Wechselbeziehung stehen und sich gegenseitig beeinflussen. Die Atmung ist eine der stärksten physiologischen Kräfte, die den Geist beeinflussen. Wenn Sie einen solchen Platz benutzen möchten, dann ist Atmen der zweitwichtigste Faktor. Wenn Sie in der Klasse umhergeschaut haben, sollten Sie gleichzeitig die Augen, den Körper und den Kiefer entspannen und dann, wenn Sie Ihre warnende Haltung aufgeben, atmen. Üben Sie das Unterbrechen dieser angespannten Haltung und das Atmen nach dem Unterricht mit einer Kollegin. Wenn Sie Ihrer Kollegin helfen, sollten Sie genau auf das Timing achten. Wenn sie sich von ihrem Platz wegbewegt (in der Erinnerung an das "Scheusal unter der Brücke"), muß sie ein zweites Mal atmen, bevor sie wieder in ihren Unterrichtsbereich kommt. Warum? Wenn die Lehrerin den Atem anhält, während sie in der Klasse umherschaut, hält die Klasse ebenfalls den Atem an. Wenn sie genau zum richtigen Zeitpunkt (zu Beginn der zweiten Welle) atmet, sich entspannt und ihren Platz verläßt, dann wird auch die Klasse aufatmen. Die Wirkung ist gewaltig; Gemeinsamkeit ist wiederhergestellt und die Amnestie ist allgemein wirksam.

Je jünger ein Kind ist, desto mehr gleicht es einem prall gefüllten Ball, den man gegen die Wand wirft und der wieder zurückspringt. Kinder sind nach klarer, eindeutiger und systematisch betriebener Diziplin schnell wieder entspannt. Erwachsene verhalten sich eher wie eine Bowlingkugel. Wenn wir wegen eines einzelnen Schülers oder wegen der ganzen Klasse explodieren und dabei assoziiert sind, so handeln wir so, als hätten wir eine Bowlingkugel an unserem Fußgelenk befestigt. Wir haben unseren

Beruf nicht gewählt, um für Disziplin zu sorgen, also ist es besser, zu
dissoziieren und in die Rolle eines
Schauspielers zu schlüpfen, wenn
wir Disziplin schaffen müssen.
Wenn wir Klassen besuchen, beobachten wir immer wieder die folgende Szene, die uns in der Überzeu-
gung bestätigt, daß bei disziplinarischen Maßnahmen Dissoziation
wichtig ist.

Violet Mudd ist nicht sehr glück-
lich, aber sie versucht, ihr Bestes
zu geben. Sie arbeitet mit Schüler A
und gleichzeitig heben drei andere
Schüler die Hand und bitten um
ihre Hilfe. Willy Wiggle hat sich gerade wieder einmal daneben be-
nommen. Als die Lehrerin in Willys
Richtung eine Drohung schreit,
nehmen alle drei Schüler die Hand
wieder herunter, da sie instinktiv
wissen, daß Miss Mudd jetzt eine
Bowlingkugel am Fuß hat, und sie
wollen ihr jetzt nicht zu nahe kommen.

Der Platz: verschiedene Stile

Der Platz kann unterschiedlich
genutzt werden, denn auch das,
was die Klasse gerade braucht, ist
abhängig von der jeweiligen Situation. Anzunehmen, daß Ärger und
eindringliche Vorhaltungen die
einzigen Mittel sind, um Disziplin
zu erreichen, hieße die Möglichkeiten des Platzes zu unterschätzen.
Enttäuschung, Verlegenheit usw.
sind nur zwei Beispiele für Gefühle,
die Lehrer zeigen können. Ein
Lehrer zum Beispiel nutzte mit
seiner stark motivierten Klasse den
Platz folgendermaßen: von dort aus
blickte er einfältig und schüchtern
in die Klasse und sagte: "Meine
Frau hat mich gefragt, wie wir mit
dem neuen Kapitel vorankommen."
Dann machte er eine lange, bedeu-
tungsvolle Pause und fuhr fort: "Ich
sagte ihr, daß wir auf dem besten
Weg seien."

Mein Platz für Gruppendisziplinierung

1. Beschreibung des Platzes:

2. Entfernung vom regulären Unterrichtsbereich:

3. Wenn ich die Grenze zwischen Unterrichtsbereich und Disziplinierungsplatz überschreite, woher wissen die Schüler, daß jetzt gelbes Licht angezeigt ist?

4. Wenn ich an meinem Platz bin: Inwiefern ist mein Gesicht, meine Haltung und meine Stimme anders als im Unterrichtsbereich?

5. Um meinen Platz einzuführen, sollte ich eine Metapher oder eine Umschreibung verwenden. Meine Metapher/Umschreibung:

6. Ist der Zweck des Platzes etabliert, ist das Ziel des weiteren Gebrauchs, die Schüler nonverbal an das ursprüngliche Ereignis zu erinnern. Wenn Sie mehr als drei oder vier Sätze sagen, um die Erinnerung zu beleben, verringern Sie die Wirkung der nonverbalen Hinweise. Wie rufe ich den Platz in Erinnerung (bestimmter Ausdruck und Haltung, ein bis vier Sätze usw.):

7. Um die Erinnerung der Schüler zu festigen, verharre ich, bevor ich den Platz verlasse, in meinem Gesichtsausdruck und meiner Haltung und blicke prüfend in die Klasse.

8. Nach diesem Blick atme ich, gebe gleichzeitig meine starre Haltung auf und gehe zurück zum Unterrichtsbereich. (Dieser wichtige Ablauf sollte mit einem Kollegen in einem leeren Zimmer geübt werden. Er ist Voraussetzung für die Amnesie/Vergebung.)

9. Während ich zum Unterrichtsbereich zurückgehe, atme ich mindestens zweimal, nehme wieder normale Haltung und normalen Gesichtsausdruck an und spreche in meinem normalen Tonfall. (Beschreiben Sie die Resultate auf einem gesonderten Blatt.)

Disziplinierung einzelner Schüler

Die Technik des Dissoziierens und Atmens gilt ebenso für die Disziplinierung einzelner wie für eine Gruppe. In der Szene mit Violet Mudd fühlt sich die Klasse nicht so sehr dadurch gestört, daß Willy geschimpft wird. Spätestens zu *Halloween* (31. Oktober) kennt jede Klasse ihre Willys. Wenn Lehrer mit ihrer Stimme der Klasse unbewußt anzeigen, daß sich das Gesagte nur auf Willy bezieht, dann fühlt sich die Klasse nicht gestört und die Schüler behalten ihre Hände oben. (Der Lehrer drückt damit aus: "Ihr übrigen seid in Ordnung; ich bin auch in Ordnung; ich mag Willy, aber Willy hat das jetzt gebraucht.") Diese Lehrer tun zweierlei: sie sind dissoziiert, wenn sie ermahnen, und am Ende atmen sie und verändern ihre Physiologie.

Eine Lehrerin ist am Lesetisch hinten im Klassenzimmer. Die Schüler um sie herum arbeiten gut mit. Einer oder mehrere andere Schüler müssen zum Weiterarbeiten ermahnt werden. Die Lehrerin "friert" die Gruppe um sie herum "ein", indem sie die Schüler, die neben ihr sitzen, ganz ruhig berührt und entspannt sagt: "Ihr macht das gut; nur mal eben eine Minute." Sie ermahnt den/die Schüler, atmet tief durch und verändert Haltung und Ausdruck wieder, dann schaut sie mit entspanntem Gesichtsausdruck auf die Schüler um sich herum, beendet die Berührung der Schüler an ihrer Seite und sie lesen weiter.

Leerstellen *(vacuum points)*

Wenn Sie einen Schüler beobachten, der stört (denken Sie daran, daß ein kinästhetischer Schüler sich sehr gut selbst unterhalten kann), können Sie sehen, wie er verschiedene Bewegungen macht, die alle 5 bis 30 Sekunden von kurzen Pausen unterbrochen werden. In diesen Pausen entsteht in seinem Denken ein Vakuum.

Wenn Sie an dieser Leerstelle intervenieren, läßt er sich leicht führen (wer NLP-Kenntnisse hat, kennt diese Methode als *pattern interruption*). Die Intervention geschieht durch Blicke (visuell), Geräusche (auditiv) oder Berührung (kinästhetisch). Unerwünschtes Verhalten wird am besten und häufigsten auditiv oder kinästhetisch gestoppt. Wenn durch Disziplinieren Unterbrechungen des Unterrichts beendet werden sollen, sind diese Leerstellen eine erstklassige Gelegenheit dazu.

Wir empfehlen dringend ein anerkanntes Training, da für diese Technik eine gute Wahrnehmung Voraussetzung ist. Die folgende Übung ist nur ein zweitbester Ersatz:

Übung

Runde 1:

Ein Kollege setzt sich an ein Schülerpult und spielt Willy Wiggles oder das weibliche Gegenstück Wandering Wanda. Jedes Mal, wenn Sie bei Willy oder Wanda eine Pause entdecken, zeigen Sie mit der linken Hand an, daß Sie die Leerstelle entdeckt haben. Tun Sie das zwölf Minuten lang. Dann befragen Sie den Kollegen, der den Schüler gespielt hat, ob er die Leerstellen innerlich gefühlt hat.

Runde 2:

Falls Sie erst dann zu intervenieren anfangen, wenn Sie die Leerstelle erkennen, ist es für die Intervention schon zu spät. Versuchen Sie in dieser Runde vorauszuahnen, wann die Leerstelle eintritt. Sie wiederholen Runde 1 und heben die linke Hand, wenn Sie die Leerstelle beobachten. Da Sie nun ein Gefühl für Willys und Wandas Muster bekommen, heben Sie die rechte Hand, kurz bevor die linke nach oben geht. Die rechte Hand zeigt Ihre Vorerwartung, die linke die Leerstelle.

Runde 3:

In dieser Runde intervenieren Sie bewußt an der Leerstelle. (Denken Sie daran, daß Sie schon starten müssen, wenn Sie den Moment vorausahnen.) Sie intervenieren ganz offen zum Beispiel mit einer schnellen Berührung an der Schulter, oder Sie sagen laut den Namen usw. Sie können auch verdeckt intervenieren, indem Sie niesen oder ein Buch fallen lassen. Üben Sie das etwa zwei Minuten. Sie merken, daß Sie erfolgreich sind, wenn Ihr Kollege, der den Schüler spielt, Schwierigkeiten hat, bei seinem Verhalten zu bleiben. Daher auch der Name "Unterbrechung von Mustern" *(pattern interruption)*.

Runde 4:

Intervenieren Sie auf die gleiche Weise wie vorher, aber nicht dann, wenn die Leerstelle da ist. Finden Sie mit Ihrem Kollegen heraus, in welcher Runde, 3 oder 4, sein Verhalten stärker gestört wurde.

Drei Feststellungen über das Verhältnis von Körper und Geist unterstreichen die Bedeutung einer Intervention an der Leerstelle *(vacuum point)*.

a) Jeder geistige Zustand wird durch eine bestimmte Physiologie dargestellt und aufrecht erhalten. Wenn Sie das nächste Mal ärgerlich sind, sollten Sie einen Kopfstand machen und versuchen, ärgerlich zu bleiben.

b) Je länger man in einem bestimmten körperlichen Zustand verweilt, desto mehr vertieft sich der geistige Zustand. Deshalb wird durch die Aktivierung eines gewohnten Bewegungsablaufs der mit dieser Physiologie assoziierte geistige Zustand reaktiviert.

c) Je schneller die Physiologie gestört wird, desto leichter wird der geistige Zustand unterbrochen.

Wenn Sie also wieder einmal sehen, daß ein Schüler sich ungehörig benimmt, so beobachten Sie 30 Sekunden lang sein Muster oder seinen Rhythmus und intervenieren Sie so bald wie möglich an seiner Leerstelle. Das kann übrigens bereits geschehen, wenn Sie die Schüler morgens begrüßen.

Zusammenfassung

Ich selbst war durchschnittlich vier bis fünf Tage im Schuljahr abwesend, aber nur einen oder zwei davon wirklich "krank". Ich erlaubte mir, meinen Vertrag so zu lesen: "Zehn Tage Wohlbefinden pro Jahr" (amerikanisch: *wellness days* statt *sickness days*).

Jährlich wird ein Preis verliehen für eine "Persönlichkeit von Einfluß". Eine Organisation wählt einen Prominenten und befragt ihn, wer ihn am meisten beeinflußt hat; der Genannte erhält dann den Preis. Vor einigen Jahren wurde Jesse Jackson ausgewählt, und er nannte einen Lehrer. Lehrer erhalten oft diesen Preis, und wir sind stolz darauf.

Aber wir müssen auf uns aufpassen. Während eines Trainings im School District von Canby/Oregon im Februar 1989 sagte Madeleine Hunter, daß Grundschullehrer am Tag etwa 5000 Entscheidungen treffen. Es sind teils leichte Entscheidungen, aber viele. Wir können nicht geben, was wir nicht haben. Seien Sie *weise*. Lieben Sie sich selbst.

Kapitel 8

Nonverbale Kommunikation

*"Zweiundachtzig Prozent der Botschaften eines Lehrers
sind nonverbal."**

Eine von der *National Education Association* veröffentliche Untersuchungsreihe erbrachte folgende Ergebnisse:

"Kommunikation ist die Grundlage für Bildung und Erziehung."

"Die Kommunikation als ein Hauptelement der Bildung besteht aus zwei Komponenten, der verbalen und der nonverbalen (eine Kommunikation ohne Worte)."

"Für den Gebrauch der nonverbalen Kommunikation gibt es folgende Gründe:

1. Worte haben ihre Grenzen.
2. Nonverbale Signale sind sehr mächtig.
3. Nonverbale Signale sind meist ehrlicher.
4. Nonverbale Signale bringen Gefühle zum Ausdruck, die zu sehr beunruhigen würden, wenn man sie ausspräche.
5. Um komplexe Botschaften zu übermitteln, ist ein gesonderter Kommunikationskanal erforderlich."

"Wir haben Gesten, Bewegungen und ähnliches entwickelt, da Worte nicht genug Wirkung zeigten."

"Besteht zwischen verbaler und nonverbaler Aussage Inkongruenz, setzt sich die nonverbale durch."

"Es besteht Übereinstimmung, daß 82 Prozent der Botschaften eines Lehrers nonverbal sind."

"Neuere Ergebnisse klinischer und neurochirurgischer Forschung zeigen, daß die linke Gehirnhemisphäre überwiegend für verbale und andere analytische Funktionen zuständig ist, während in der rechten Hälfte räumliche und nonverbale Prozesse ablaufen."

Das Ankern

Wenn ein Lehrer bestimmte nonverbale Muster durchgängig in Verbindung mit einer Idee oder einer Methode benutzt, werden beide miteinander assoziiert.

Ein vorrangiges Ziel von *NLP für Lehrer* besteht darin, Lehrern zu zeigen, wie sie in ihrem Verhalten systematischer werden können. Ist das Lehrerverhalten systematisch, können die Schüler daran ablesen, welcher geistige Zustand als nächster aufgerufen wird. Oder anders gesagt, der Lehrer kann einen bestimmten geistigen Zustand, den er

---

* Alle Zitate auf dieser Seite sind aus Patrick Miller: *Nonverbal Communication*, Washington D.C. 1981, S. 4 - 7. (Aus der Serie: *What Research says to the Teacher* der National Education Association)

bereits früher in den Schülern angelegt hat, wieder hervorrufen und muß ihn nicht immer wieder neu schaffen. Das erspart ihm die Zeit und Energie, die nötig ist, um zu erreichen, was Madeleine Hunter *anticipatory state* nennt, die geistige Einstellung auf die folgende Tätigkeit. Wenn der Lehrer zum Beispiel die gleiche Aktivität immer am gleichen Platz mit der gleichen Stimme und in der gleichen Haltung ausführt, werden sich seine Schüler automatisch immer wieder innerlich darauf einstellen.

Ist die Assoziation zwischen den nonverbalen Hinweisen des Lehrers und dem betreffenden Gedanken/ der Vorstellung gut genug eingeführt, kann man sagen, daß diese Assoziation "geankert" ist.

Nonverbale Kommunikation läßt sich am besten verstehen, wenn man Ankern lernt und anwendet.

Natürliche Anker

In gewissem Sinn hat NLP nichts Neues erfunden. Vielmehr wurden (vorhandene) Muster effektiver Kommunikation entdeckt und die Methoden entwickelt, um diese Muster von den Menschen, die sie nutzen, auch auf diejenigen zu übertragen, die sie nutzen *wollen*. Unsere Welt ist voll von natürlichen Ankern; es gibt visuelle, auditive und kinästhetische Anker und beliebige Kombinationen der genannten. Es gibt Beispiele *en masse*, vom Klang einer Feuersirene über den Anblick eines blinkenden Rotlichts im Rückspiegel bis zum Gedanken an den bevorstehenden Besuch beim Zahnarzt. Es ist auch keine Frage, ob es in der Schule schon praktische Beispiele gibt oder nicht, denn in jedem Klassenzimmer sind Anker vorhanden. Die Frage ist, ob sie sinnvoll und gezielt angewendet werden. Jedes Verhalten des Lehrers, auf das die Klasse immer wieder gleich reagiert, ist ein Anker.

Natürliche Anker sind solche, die die Menschen bereits mitbringen, in sich tragen. Die Frage ist, welche davon wir meiden (negative Anker) und welche wir nutzen wollen (positive Anker). Hier einige Situationen, in denen natürliche Anker eine Rolle spielen:

Elterngespräche

Sie führen ein Gespräch mit den Eltern eines Schülers, zu dem Sie ein besseres Verhältnis gewinnen möchten. Ein Ziel ist dabei, die nonverbalen Anker der Eltern kennenzulernen und wirksame von unwirksamen Ankern zu unterscheiden. So führt zum Beispiel Mr. James Middleschool ein Gespräch mit Sallys Eltern. Er bat Sally dabeizusein, damit er ihre Reaktionen auf ihre Eltern beoachten konnte. Sobald die Eltern und Sally an eines ihrer Streitthemen kommen, bemerkt James, daß Sally ihrer Mutter nicht mehr zuhört, wenn diese ihre Sorgen äußert und schneller spricht. Im Gegensatz dazu hört Sally besser auf ihren Vater, der langsamer redet, wenn er besorgt ist. James merkt sich, wie der Vater spricht (Rhythmus, Pausen und Volumen). Wenn sich Sally in Zukunft dem Lehrer gegenüber verschließt, wird er die Art ihres Vaters zu reden übernehmen und den Stil ihrer Mutter meiden.

Die Anker ehemaliger Lehrer

In seinem ersten Jahr als ausgebildeter Mittelstufenlehrer merkt Mr. Jones, daß vier seiner Schüler nicht reagieren, wenn er an seinen Platz für die Disziplin geht (siehe "Entgiften Sie Ihr Klassenzimmer", S. 194). Als er darüber grübelt, fällt ihm ein, daß alle vier Schüler im Vorjahr den gleichen Lehrer hatten. Während der nächsten Woche nimmt er sich die Zeit, bei diesem Lehrer vorbeizuschauen. Er entdeckt, daß dieser Lehrer in jeder Stunde durchschnittlich zweimal sehr heftig und laut wird. Um zu überleben, haben die Schüler gelernt, auf laute Gefühlsausbrüche von Lehrern mit Taubheit zu reagieren. Mr. Jones ermahnt jetzt mit weniger lauter Stimme, und die ganze Klasse reagiert entsprechend.

Mrs. Pri Mary wechselt in eine neue Schule. Alle Lehrer der Schule haben im Verlauf von zwei Jahren an Trainings in einer speziellen Unterrichtsmethode teilgenommen. Obwohl alle Lehrer ihre Anweisungen im gleichen Wortlaut geben, zum Beispiel "Darf ich um eure Aufmerksamkeit bitten?", sind manche Lehrer erfolgreicher als andere, da ihre nonverbalen Hinweise eindeutiger sind. Mary weiß, daß eine Hälfte ihrer Klasse eine Lehrerin hatte, die nonverbal etwas anderes sagte als verbal. Mary beobachtet diese Lehrerin, wie sie die Aufmerksamkeit der Klasse erbittet, während sie weiterhin in der Klasse *umhergeht*. Sie stellt fest, daß 18 Prozent der Mitteilung der Lehrerin besagen: "Darf ich um eure Aufmerksamkeit bitten?". Die übrigen 82 Prozent ihrer Botschaft besagen: "Bewegt euch!" Daraus schließt Mary, daß die Klasse auf sie hören wird, wenn sie stehen bleibt und irgend etwas anderes sagt als dieses "Darf ich um eure Aufmerksamkeit bitten?" (zum Beispiel "Schaut her zu mir!").

Die Nutzung früherer Anker

Anker verbinden

Ich begann meine Lehrerkarriere an einer Schule mit einem Pilotprojekt, bei dem Carl Rogers' nichtdirektive Therapiemethode auf ihre Anwendung in der Schule überprüft wurde. Aufgrund dieser Erfahrung entwickelte ich eine Reihe von Techniken zur Einbeziehung der Schüler in den Unterrichtsablauf. Als ich in einen neuen Schuldistrikt kam, fand ich, daß dort die Schüler bei Diskussionen in der Klasse unaufmerksam waren. Sie waren jedoch aufmerksam, wenn sie das abschrieben, was der Lehrer an die Tafel geschrieben hatte. Wenn sie nun während einer Diskussion unaufmerksam wurden, ging ich an die Tafel und schrieb etwas hin, was so aussah wie "zum Abschreiben". War ihre Aufmerksamkeit wieder vorhanden, ging ich erneut zum Dialog mit der Klasse über. Im Endeffekt brachte ich sie aus einem *früheren* konditionierten Zustand in den von mir gewünschten.

Welche natürlichen Anker gibt es in Ihrer schulischen Umgebung, mit denen Sie ähnliches tun können?

Anker trennen

Vern ist Beratungslehrer an der High-School und vertritt den Direktor und seinen Stellvertreter während deren Abwesenheit. So kam es, daß manche Schüler, die er als Direktor ermahnen mußte, auch zu ihm kamen, um sich beraten zu lassen. Vern wurde klar, daß die Schüler zögern würden, ihm als Berater Vertrauen zu schenken, wenn sie gerade von ihm als Stellvertreter des Direktors ermahnt worden waren. In Anbetracht der verschiedenen Zielsetzungen als Direktor und als Berater versuchte er folgendes. Wenn er in seiner Eigenschaft als Stellvertreter des Direktors handeln mußte, bestellte er die Schüler lieber ins Direktorat als in sein Zimmer. Um den Unterschied zwischen dem Berater Vern und dem stellvertretenden Direktor Vern auf der unbewußten Ebene zu betonen, übernahm er einige Eigenheiten des Direktors (Stimme, Gestik, Krawattennadel usw.).

Kommt es vor, daß Sie an Ihrer Schule Funktionen übernehmen müssen, die nicht primär in Ihren Verantwortungsbereich gehören? Wie können Sie, ähnlich Vern, die Anker, die mit Ihrer Hauptbeschäftigung assoziiert sind, von denen Ihrer vorübergehenden Tätigkeit trennen?

Anker übertragen

Ich beabsichtigte, an einer Konferenz teilzunehmen, und hatte mich um eine Vertretung für eine Woche bemüht. Ich wählte jemanden, der ähnliche Eigenheiten wie ich besaß. Während der zwei Monate vor der Konferenz, die er an unserer Schule als Vertretung eingesetzt war, trafen wir uns hin und wieder und übten meine Eigenheiten und meine Angewohnheit, für verschiedene Tätigkeiten an verschiedenen Stellen zu stehen (siehe "Entgiften Sie Ihr Klassenzimmer", S. 194). Während seines Einsatzes als Vertretung machte er mich so gut nach, daß er höchstes Lob erhielt. Die Schüler sagten zu ihm: "Sie verhalten sich genauso wie Mr. G."

Immer wenn ich die Klasse eines Lehrers übernehme, und besonders, wenn der Lehrer gut ist und ich nicht bekannt bin, verhalte ich mich in den ersten zwanzig Minuten wie der Lehrer. Indem ich einen anderen Lehrer nachahme, der zu seinen Schülern ein gutes Verhältnis hat, werden Akzeptanz und Rapport dieses Lehrers auch auf mich übertragen.

Wenn Schüler Fachkurse, wie zum Beispiel Sport, Musik oder Werken, an meiner Schule besuchen, bringe ich oft die Klasse zu Beginn des Semesters mehrmals zu dem jeweiligen Fachraum. Während der darauffolgenden Woche schaue ich spontan "mal eben" dort vorbei. Dadurch wird mein Verhältnis zur Klasse auch auf den Fachlehrer übertragen. Das trifft besonders dann zu, wenn ich mich in den letzten zehn Minuten, bevor die Schüler mein Klassenzimmer verlassen, so verhalte wie der Fachlehrer.

Arbeitsblatt

Anker erkennen

Welche anderen Lehrer unterrichten noch in Ihrer Klasse? _____

Welche Situationen bieten sich an, um Anker zu verbinden, welche um Anker zu trennen und welche um Anker zu übertragen?

_____

_____

_____

Was wissen Sie aus Gesprächen und Telefonanrufen von Eltern über die "häuslichen Anker" der Schüler?

_____

_____

Welches sind für Ihre Schule typische Anker und wie können sie besser genutzt werden?

_____

_____

Wenn Sie die oben genannten Fragen bearbeiten, sollten Sie daran denken, was die Wirksamkeit eines Ankers ausmacht: 1. Einzigartigkeit; 2. Ankern auf dem Höhepunkt des Erlebnisses; 3. Genauigkeit bei der Aktivierung des Ankers.

Rechtshemisphärische Tage

Wenn Gewohnheiten durchbrochen werden

Wir sind alle Gewohnheitstiere. Es gibt Perioden im Schuljahr, da verläuft alles nach der üblichen Routine, und unser Verhalten ist absolut vorhersagbar. Zu anderen Zeiten im Jahr wird die Routine durchbrochen, und die damit assoziierten Anker werden aufgehoben, nichts verläuft mehr normal (zum Beispiel die Woche vor Weihnachten, die jeweils letzte Woche vor Ferien oder dem Schuljahrsende usw.).

Der folgende Abschnitt zeigt, wann die beiden Phasen auftreten, wie sie mit den Gehirnhälften verbunden sind und wie man sie nutzen kann.

Wenn die Routine durchbrochen wird, gehen die Schüler dazu über, mehr ihre rechte Hirnhälfte zu nutzen. Mit speziellen Unterrichtsmethoden können diese "rechtshemisphärischen Tage" in glänzende Gelegenheiten für integriertes Lernen verwandelt werden. Der Lehrer kann bestimmte Vorgehensweisen verstärkt, andere weniger verwenden, wie in der Übersicht unten gezeigt ist.

In der Grundstufe können für einen reibungslosen Betrieb mehr oder weniger die gleichen Anker Verwendung finden, ohne daß die Gefahr einer Schwächung der Anker besteht. In der Sekundarstufe wenden die Lehrer ihre üblichen Anker in dieser Zeit nicht an, um deren Wirksamkeit zu erhalten. Sie pacen und führen die Schüler und richten sich nach der Stimmung der Klasse.

Grundstufe

Mary unterrichtet seit fünfzehn Jahren die 2. Klasse. Sie hat sich die Begeisterung eines Anfängers oder "einfachen Soldaten" (amerikan. Redewendung: *buck private*) bewahrt. Ihre Kollegen gaben ihr deshalb den liebevollen Spitznamen *Private Mary*, abgekürzt *Pri Mary*.

Zu Beginn eines Jahres übt Mary mit den Schülern das Verhalten beim Verlassen des Klassenzimmers vor der Pause und beim Zurückkommen nach der Pause. So trainiert sie mit den Schülern, daß sie sich ruhig zu verhalten haben, sobald sie das Schulgebäude betreten. An *Halloween* weiß sie, daß die Schüler vor lauter Vorfreude auf den Abend, wenn sie bei den Nachbarn umherziehen, besonders aufgeregt sind. Mary weiß, daß sie die Wahl hat. Sie kann ihre Autorität vergrößern, wenn sie sich an die Türe stellt und die Schüler verbal und nonverbal (indem sie den Finger auf den Mund hält) ermahnt, ruhig zu sein. Sie kann aber auch die Schüler zu einer anderen Tür hinausführen, um so den Anker der regelmäßig benutzten Tür zu bewahren.

An rechtshemisphärischen Tagen	
Vermindern	*Verstärken*
sich verlassen auf den Lehrer	Gruppenprozesse (Austausch)
Lehrervortrag	Betätigung der Schüler
neuer Stoff	Wiederholung
Lehrer stützt sich auf Autorität	Lehrer verläßt sich auf Rapport
kritisches Denken	Kreativität

Junior-High-/Middle-School

Der Geschichtslehrer Mr. Jr. High (J.R.) sorgt an einem bestimmten Platz im Raum für Ruhe und beginnt dann den Unterricht von seinem Pult aus. Er ist sehr fähig als Lehrer und ansteckend mit seiner Begeisterung, so daß er die Aufmerksamkeit seiner Schüler fesselt. Um Weihnachten herum merkt er, daß die Schüler sich nicht wie sonst verhalten. Fährt er in seinem gewohnten Stil fort, riskiert er, daß seine Anker "vergiftet" (beschädigt) werden. Deshalb wählt er einen anderen Platz, nimmt sich weniger Stoff vor, vertieft den Stoff der letzten zwei behandelten Kapitel und schafft auf diese Weise eine Wiederholungseinheit.

Um die Wiederholung interessanter zu machen, plant er ein Geschichts-Bingo für den Dienstag der letzten Woche ein. Die Schüler suchen in ihrem Buch mindestens 35 Begriffe heraus, die in den letzten beiden Kapiteln behandelt wurden. Der Lehrer schreibt die Begriffe an die Tafel und läßt leere Bingo-Blätter verteilen. Die Schüler füllen die Blätter aus, indem sie 25 von den 35 Begriffen an der Tafel auswählen. Der Lehrer fragt dann für eines der angeschriebenen Wörter nach einem dazu passenden Begriff, einer Erklärung oder einer Definition, für Reihe B. Hat der Schüler die richtige Lösung, macht er ein Kreuz in das entsprechende Kästchen. Für eine *kurze* Wiederholung spielt J.R. Bingo. Will er *gründlich* wiederholen, läßt er "Blackout" spielen (das heißt *alle* Kästchen müssen angekreuzt sein).

High-School

Miss H.S. Lit (Lehrerin für Literatur an der High-School) hat eine geregelte Einteilung: Am Montag werden die Wörter und ein Überblick über die Geschichte dieser Woche erarbeitet, dienstags wird in der Klasse gelesen, am Mittwoch folgt schriftliche Wiederholung, am Donnerstag werden Handlung,

Charaktere und Setting besprochen und am Freitag folgt ein größerer Test. Gestern, Dienstag, war die Schule wegen schlechten Wetters geschlossen, und heute morgen fing die Schule zwei Stunden später an. Sie nimmt nun an, daß die Schüler heute wegen der Unterbrechung "anders" sind. Mit Absicht jedoch beginnt sie ihre Stunde wie gewöhnlich und merkt, daß die Schüler wenig aufmerksam sind. Nach drei Minuten läßt sie das Buch absichtlich voller Verzweiflung fallen, geht von der Tafel weg und sagt: "Ich hoffe, es macht euch nichts aus, ich mache heute lieber etwas anderes" (pacen). Sie bemerkt, wie überrascht die Schüler sind, und schlägt etwas Außerplanmäßiges vor: "Anstatt am Freitag einen Test zu machen, können die Schüler, die eine Eins wollen, einen der Charaktere des Stückes im Rollenspiel darstellen; wer eine Zwei will, der ...".

Kommentar

In den obigen Beispielen war den Lehrern bewußt, daß die Schüler von linkshemisphärisch auf rechtshemisphärisch gewechselt hatten. Die Entscheidung von PriMary ist besonders interessant; wählt sie beim Verlassen/Zurückkehren die normale Tür, schwächt sie damit den gewünschten Zustand der Schüler ab. Braucht sie für ihre Stunde mehr rechtshemisphärische Fähigkeiten, wäre es wirkungsvoller, die weiter entfernte Tür zu nehmen.

An einem Tag mit regulärem Schulbetrieb (linkshemisphärische Tage) hätte Miss Lit vielleicht keine Freiwilligen für ihren kreativen Alternativplan gefunden, sehr wahrscheinlich aber an jenem speziellen Tag. Denken Sie daran, daß diese Aktivität die rechte Hälfte anspricht.

Sehr oft hört man Lehrer in der Kantine klagen, daß von ihren Schülern keine neuen kreativen Ideen kämen. Zu Zeiten kann es aber geschehen, daß man hört, wie sich die gleichen Lehrer beklagen: "Sie hören nicht zu. Ich habe es ihnen schon einmal gesagt, aber sie hören einfach nicht zu." Im ersten Fall sind die Schüler mehr linkshemisphärisch ausgerichtet, der Lehrer hätte sie aber gern rechtshemisphärisch. Im letzteren Beispiel ist das Gegenteil der Fall; während der Lehrer ihre linke Hälfte anspricht, reagieren die Schüler mehr rechts. An Tagen, an denen die Routine unterbrochen ist, bieten sich wunderbare Möglichkeiten für den kreativen Austausch und die Erprobung neuer Ideen. Nutzen Sie diese Gelegenheit. Das folgende Arbeitsblatt hilft Ihnen, diese Zeiten zu erkennen und zu nutzen.

Arbeitsblatt

Aktivitäten bewußt einsetzen

1. An welchen Tagen/zu welcher Zeit des Schuljahres gibt es Unterbrechungen des normalen Schulbetriebs?

2. Welche Aktivitäten, die vor allem die rechte Gehirnhälfte ansprechen, bieten Sie Ihren Schülern an, von denen Ihre Schüler aber nicht so begeistert sind, wie Sie es sich wünschen würden? Wie könnten Sie diese Tätigkeiten zu den oben genannten Zeiten durchführen?

3. Schauen Sie auf die Übersicht "Vermindern/Verstärken" (S. 181) und suchen Sie die Begriffe heraus, die sich auf Ihr Fach und Ihre Klassenstufe anwenden lassen. Schreiben Sie diese hier auf.

4. Skizzieren Sie Ihren Plan:

Arbeitsblatt

Unterrichten von links nach rechts oder von rechts nach links

In unseren traditionellen Methodikkursen im College werden Lehrer meist trainiert, beim Unterrichten zuerst die linke Gehirnhälfte (Vermittlung Stück für Stück) und dann die rechte zu aktivieren (Gesamtdarstellung). Ein Beispiel für solchen Unterricht "von links nach rechts" ist das Lesenlernen: Man läßt die Schüler ein Wort in kleinere Einheiten, genannt Silben, aufteilen; durch Lernen der Silben lernen sie schließlich das ganze Wort.

Diese Methode ist für durchschnittliche und fortgeschrittene Leser durchaus angemessen. Für langsame Leser oder solche mit Schwierigkeiten trifft genau das Gegenteil zu. Sie brauchen erst das Ganze, bevor sie sich die Teile vornehmen. Im Sprachunterricht mit durchschnittlichen und guten Schülern kann der Lehrer zwei bis fünf Minuten lesen (Teil), dazwischen seinen mündlichen Kommentar zu einem Thema geben und in einem Drittel der Zeit zusammenfassen (das Ganze). Mit schwachen Schülern verläuft der Unterricht genau umgekehrt; Sie verbringen zwei Drittel der Zeit damit, den Gesamtzusammenhang zu erklären und anschaulich zu gestalten (Ganzes) und ein Drittel Ihrer Zeit mit dem Lesen (Teile). Wenn Sie einen Film vorführen, brauchen die schwachen Schüler den Film zu Beginn der Unterrichtseinheit, da sie damit eine Vorstellung vom Inhalt der Einheit bekommen. Guten Schülern kann der Film entweder vorher oder nachher gezeigt werden. Den Film im nachhinein zu zeigen, hat den Vorteil, daß die letztere Gruppe sich daran gewöhnt, ihre eigene visuelle Phantasie einzusetzen und sich ein eigenes Bild vom Inhalt zu machen, so wie sie ihn zu verstehen glaubten.

Wählen Sie in der kommenden Woche ein Unterrichtsbeispiel aus, das Sie entweder von rechts nach links oder von links nach rechts erarbeiten. Erklären Sie, wie Sie es auch in der umgekehrten Richtung hätten tun können. Stellen Sie dar, welche Methode für welche Schülergruppe geeignet wäre und was die denkbaren Reaktionen jeder Gruppe auf die jeweilige Methode sein könnten.

Vorbereitung auf die "Woche davor"

Wir wissen, daß jeweils in der Woche vor den Ferien wie an Weihnachten, im Frühjahr, im Sommer (nicht ganz so stark an *Thanksgiving*) die Schüler zur rechten Gehirnhälfte umschalten. Jetzt kommen die Fähigkeiten der rechten Hälfte stärker zum Vorschein, während Fähigkeiten der linken Hälfte weniger als normal genutzt werden. Diese Arbeitsblatt hilft Ihnen, vorauszuplanen, wie Sie sich besser darauf einstellen können.

Nehmen wir als typisches Beispiel die zwei Wochen vor Frühlingsanfang. Während dieser Zeit ist der Energiepegel der Schüler sehr hoch, sie sind kreativ und spontan, sie sind sehr aufnahmefähig, da sie mehr Assoziationen erkennen. Das sind die positiven Aspekte. Negativ fallen in dieser Zeit ihre leichte Ablenkbarkeit auf, fehlende Konzentration, die Unfähigkeit, auditive Informationen (Lehrervortrag) oder überhaupt neue Informationen gut zu behalten, und nicht zuletzt die verminderte Neigung zu gehorchen.

Nehmen wir an, Sie wollen in den beiden Wochen drei Themen erarbeiten und vertiefen. Normalerweise führen wir zunächst das erste Thema ein und vertiefen dann den Stoff, gehen zum zweiten Thema und vertiefen dieses und tun dasselbe mit dem dritten Thema.

Mein Vorschlag wäre, alle drei Themen, soweit möglich, in der *ersten* Woche zu *erarbeiten* und in der *zweiten* Woche alles zu *vertiefen*; so kann diese zweite Woche (die "Woche davor") für ein "Wiederholungs-Projekt" genutzt werden.

Da das Gehirn in dieser Zeit sehr leicht Verbindungen herstellt, bietet es sich an, daß wir fächerübergreifend bewerten. Je mehr wir in dieser Woche auch für andere Fächer Noten geben können, desto besser. Fächerübergreifend wäre es zum Beispiel, für einen naturwissenschaftlichen Bericht auch eine Sprachnote zu geben. Eine künstlerische Darstellung oder ein graphisches Symbol in einem Beitrag für Geschichte kann eine Note für Kunst und eine für Geschichte erhalten. Integrativer Unterricht und Vertiefung, Simulation, Rollenspiel und Gruppenarbeit (ab der 3. Klasse bis zur letzten Klasse im College) sind lauter Tätigkeiten, die außerordentlich gut in diese "Woche davor" passen. Dieses "kooperative Lernen" ist immer vorteilhaft, in rechtshemisphärischen Wochen sogar ein Geschenk des Himmels.*

Vorsicht!

Erstens: Alle Informationen zu den Themen müssen visuell verfügbar sein (als Text oder Textauszug). Sonst verbringen Sie Ihre Zeit damit, das mündlich zu wiederholen, was Sie den Schülern in der ersten Woche vorgetragen haben.

Zweitens: Die Gruppenarbeit der "Woche davor" muß in der ersten Woche erklärt und vorbereitet werden. Bestimmen Sie die Gruppen, legen Sie die Regeln fest und üben Sie einmal, denn die Schüler sind kooperativer, wenn Sie Ihre Autorität einsetzen, und zwei Wochen vor den Ferien befolgen sie Ihre Anweisungen besser. Damit sind die Regeln in der letzten Woche schon eingeführt.

Drittens: Wenn Sie Gruppenarbeit machen, sollten Sie auch den Zeitaufwand mit Noten bewerten, und zwar täglich. Geben Sie den Schülern Ihre Bewertungen entweder visuell oder mündlich.

---

* Ein exzellenter Ratgeber ist *Student Team Learning* vom Center for Social Organization for Schools, 3505 N. Charles, Baltimore/MD 21218, und auch David Johnson/Roger Holubec/Edythe Johnson: *Cooperation in the Classroom*, Edina/Minn. 1988 (Interaction Book Co.)

| **Arbeitsblatt** |

Vorbereitung auf die "Woche davor"

1. Nennen Sie drei oder vier Gebiete, die Sie normalerweise in den zwei Wochen vor Frühlingsanfang (vor den Osterferien) unterrichten würden.

	Erarbeiten (E)	*Vertiefen* (V)
1. Thema (1.Th.):	_____	_____
2. Thema (2.Th.):	_____	_____
3. Thema (3.Th.):	_____	_____

2. Teilen Sie mit Hilfe des folgenden Tagesplans ein, wann Sie die einzelnen Gebiete erarbeiten und wann Sie vertiefen. Ein Beispiel für die Grundstufe wären "Osterhasen". Gewöhnlich bastelt der Lehrer in der *letzten* Woche mit den Schülern, und sie müssen einige recht komplizierte Falt- und Schneidearbeiten ausführen (E 1.Th.) und dann anmalen (V 1.Th.). Entsprechend dem obigen Vorschlag sollte das Falten und Ausschneiden (E 1.Th.) *zwei* Wochen vor den Osterferien geschehen, wenn die Schüler noch besser zuhören und Anweisungen befolgen können (linkshemisphärisch). Dann können die Hasen beiseite gelegt werden, um in der Woche vor den Ferien bemalt (V 1.Th.) zu werden (eher rechtshemisphärisch).

MO	DI	MI	DO	FR	MO	DI	MI	DO	FR

3. Skizzieren Sie, wie Sie fächerübergreifend arbeiten wollen und auch Noten für mehrere Fächer gleichzeitig verteilen. Schreiben Sie die verschiedenen Schritte auf und legen Sie Tage fest, an denen Sie Fortschritte der Schüler schriftlich vermerken. Denken Sie daran, daß die Schüler nicht besonders gut zuhören (auditiv) und der Lehrer daher viel visuell und sehr präzise arbeiten sollte.

_____

_____

_____

4. Wie wollen Sie die Gruppen einteilen und vorbereiten? Wie geben Sie täglich Feedback über die Zeiteinteilung usw.?

_____

_____

_____

Ein Energieplan für das ganze Jahr

Wie schon erwähnt, sind Lehrer Saisonarbeiter, die jedoch nicht umherwandern. Unser Energiepegel wechselt zwischen hoch und tief. Wenn man längere Zeit in einem Beruf tätig ist, hat das den Vorteil, daß man (hoffentlich) weiß, was kommen wird, bevor das Ereignis wirklich da ist. Wenn wir etwas Neues ausprobieren, sollten wir aber auch nachsichtig mit uns selbst sein, denn manche Dinge kann man erst wissen, wenn man die entsprechende Erfahrung gemacht hat.

Erstellen Sie einen Zeitplan für Ihr Schuljahr und unterteilen Sie es in einzelne Perioden, zum Beispiel von September bis Weihnachten, Januar bis Ostern und Ostern bis zu den Sommerferien. Kennzeichnen Sie die Zeiten, in denen Sie erwarten, daß Ihr Energiespiegel hoch ist, und ebenso die Zeiten, in denen Sie meinen, daß er niedrig sein wird. Die meisten Lehrer machen die Erfahrung, daß die rechtshemisphärischen Tage mehr Energie erfordern als die normalen linkshemisphärischen Tage. Linkshemisphärische Tage bedeuten Routine, und deshalb können viele Entscheidungen automatisch getroffen werden. Verglichen damit sind die rechtshemisphärischen Tage anders: die Schüler spielen gern verrückt. Obwohl diese Tage auch ihre Vorteile bieten (siehe "Vorbereitung auf die 'Woche davor'"), muß der Lehrer in sehr guter Verfassung sein. Verfolgen Sie zurück, wann diese rechtshemisphärischen Tage sind, dann können Sie Ihren Plan entsprechend gestalten und sich darauf vorbereiten.

Bedenken Sie auch, daß die medizinische Forschung zeigt, daß bestimmte Dinge unseren Energiespiegel auf gleichem Niveau halten, andere ihn erhöhen. Um Ihre Energie zu erhalten, sollten Sie sich gesund ernähren, ausreichend schlafen usw. Um den Energiespiegel zu erhöhen, gibt es nur eines: Sport treiben. An rechtshemisphärischen Tagen verhalten sich die Schüler vollständig anders als an normalen Tagen. Deshalb fühlt sich der Lehrer oft gestreßt, und er ist erschöpft, da er viel Energie verbraucht hat, damit er dem gänzlich anderen Verhalten der Schüler Rechnung trägt. Träume helfen, solche Verhaltensunterschiede zu integrieren und sich von solchen Tagen zu erholen. Ein Mittelstufenlehrer sagte folgendes: "Wenn Sie an linkshemisphärischen Tagen müde sind, zwingen Sie sich noch zu Sport; wenn Sie an rechtshemisphärischen Tagen müde sind, dürfen Sie sich ausruhen."

Ein passendes Programm sollte mindestens zwei Wochen vor den kritischen rechtshemisphärischen Tagen (der "Woche davor") gestartet werden.

1. Rechtshemisphärische Tage:

2. Nehmen Sie sich vor, zwei Wochen davor zu beginnen:

a) Ernährung

b) Schlaf

c) Aktivitäten, die auf S. 140, genannt sind. ("Tun Sie sich selbst etwas Gutes!")

d) Sport

Arbeitsblatt

Rechtshemisphärische Tage: Lehrerverhalten

An rechtshemisphärischen Tagen sind die Schüler anders als an den normalen linkshemisphärischen Tagen. Wie können wir trotzdem etwas erreichen und mit den Schülern und uns selbst respektvoll umgehen?

Wir arbeiten während des Jahres hart, um bestimmte Methoden einzuüben und eine gewisse Routine einzuführen. An rechtshemisphärischen Tagen müssen wir die linkshemisphärische Routine aufgeben und anders vorgehen, um den gut eingeführten Ablauf für die linkshemisphärischen Tage nicht zu stören. Wenn dann wieder linkshemisphärische Tage kommen, sind diese Vorgehensweisen noch intakt und die Schüler kehren automatisch zur gelernten Routine zurück.

Erste Regel: Erhalten Sie Ihre Routine, indem Sie sie aussetzen.

Zweite Regel: Verhalten Sie sich nonverbal anders.

Wenn wir unsere Alltagsroutine nicht schützen, kann es passieren, daß wir versuchen, sie mit Zwang durchzusetzen, und daß wir sie dadurch mit unangenehmen Gefühlen und Ermahnungen "vergiften". Die Routine wird dann nicht mehr so automatisch ablaufen, sobald die Schüler wieder linkshemisphärisch orientiert sind.

Damit die Schüler unbewußt verstehen, was vor sich geht, sollten Sie so viele nonverbale Kriterien wie möglich verändern. Wenn Sie zum Beispiel normalerweise eine Krawatte tragen, gehen Sie jetzt ohne; ziehen Sie sonst überwiegend Kleider an, gehen Sie an solchen Tagen in Hosen. Da die meisten Lehrer in dem Bereich um die Tafel unterrichten, sollten Sie diesen Platz mit ihrer Arbeit an linkshemisphärischen Tagen assoziieren und deshalb an rechtshemisphärischen Tagen große Papierbogen an der Seitenwand zum Schreiben verwenden. Verlegen Sie Ihre Tätigkeiten an eine *Seite* Ihres Klassenzimmers. Vielleicht möchten Sie sogar alle Pulte zur Seite drehen lassen. Die Faustregel besagt, daß Sie Ihre Regeln und Routine für linkshemisphärische Tage um so besser bewahren, je größer die nonverbalen Unterschiede zwischen rechts- und linkshemisphärischen Tagen sind.

1. Wo im Klassenzimmer halten Sie sich an linkshemisphärischen Tagen auf und wie sieht Ihre normale Unterrichtsroutine aus?

_____

_____

_____

_____

2. Welche nonverbalen Kriterien würden Sie an rechtshemisphärischen Tagen verändern?

_____

_____

_____

_____

Faustregel: Während die linke Gehirnhälfte auf Autorität und Routine reagiert, spricht die rechte mehr auf Rapport und neue Reize an – deshalb ist "Pacen und Führen" angesagt.

Überraschungstage

Bisher haben wir aufeinanderfolgende rechtshemisphärische Tage beschrieben. Wir können auch einzelne rechtshemisphärische Tage vorhersagen: der erste Schultag, *picture day* (Tag für die Klassenfotos), *Halloween*, der erste Schnee usw. Manchmal ist ein Tag ganz unvorhergesehen rechtshemisphärisch. Was kann ein Lehrer dann tun?

1. Zuerst müssen wir uns vergewissern, ob der Tag (oder der Nachmittag) wirklich rechtshemisphärisch ist. Eine Lehrerin hat dafür folgende Methode. Wenn sie mindestens eine Stunde lang den Eindruck hatte, daß ihre Klasse sich anders verhält, geht sie auf den Flur, um auf die Geräusche aus den anderen Klassen zu hören. Bemerkt sie Unterschiede (mehr Lärm, die Stimmen von frustrierten Lehrern usw.), weiß sie, daß es nicht nur an ihrer Klasse liegt, sondern daß wieder ein rechtshemisphärischer Tag angesagt ist. Manche Menschen glauben, daß ein drastischer Wetterumschwung die Stimmung der Menschen zur rechten Gehirnhälfte schwingen läßt.

2. Zweitens müssen wir überlegen, wie wir unser Vorgehen ändern können (nehmen Sie die Übersicht "Vermindern/Verstärken", S. 181 zuhilfe). Wir brauchen inhaltlich einen guten Überblick, damit wir unsere Methode verändern können ("Waage des Lernens", S. 118).

3. Denken Sie drittens an die Faustregel: "Erhalten Sie Ihre Routine, indem Sie sie aussetzen, und verändern Sie Ihr nonverbales Verhalten".

Wenn Sie dieses *ABC für Überraschungstage* anwenden, zeigen Sie Ihr Können und Ihre Flexibilität.

a) Woran merken Sie, daß die Klasse zur rechten Gehirnhälfte umgeschaltet hat? (mindestens zwei Punkte)

_____

_____

b) Denken Sie an eine typische Unterrichtsstunde und beschreiben Sie, wie Sie normalerweise unterrichten:

_____

_____

_____

Was würden Sie ändern? (Beachten Sie die Übersicht "Vermindern/Verstärken", S. 181).

_____

_____

c) Lehrerverhalten: Dies sollte gut eintrainiert sein, damit wir schnell wechseln können. (Siehe: "Rechtshemisphärische Tage: Lehrerverhalten"). Skizzieren Sie Ihren Plan.

_____

_____

Ankern mit Metaphern

Wenn ein Anker als Metapher ver-
kleidet eingerichtet wird, so wird er
damit in beiden Gehirnhälften etabliert. Nachfolgend drei Beispiele
für dieses Konzept.

Methapher für Disziplin: "Seid nett zueinander"

Nachdem ich elf Jahre an der High-
School unterrichtet hatte, war ich
dann in den ersten beiden Jahren
in einer 8. Klasse sehr schockiert
darüber, wie wenig sensibel die
Schüler für gewöhnlich miteinander
umgingen. Da ich wußte, daß vielen
ihr Verhalten überhaupt nicht bewußt war, überlegte ich, wie ich in
meinen Klassen eine menschliche
Atmosphäre schaffen könnte. Ich
konnte mich noch gut an meine
Teenagerzeit erinnern und wie ich
mir damals vor allem eine Atmosphäre von Sicherheit gewünscht
hatte.

An einem Freitagnachmittag im
September nach der Schule dachte
ich daran, daß die Flitterwochen
irgendwann in den ersten zwei
Oktoberwochen zuende sein würden. Dann würde sich zeigen, wie
sich unsere Beziehung für das
Schuljahr gestalten würde. Ich
schaute forschend im Raum umher
und wählte eine Stelle, die von
meinem Unterrichtsbereich möglichst weit entfernt war (siehe
"Entgiften Sie Ihr Klassenzimmer",
S 194). Ich wählte einen Platz beim
Fenster, an dem ein Tisch mit
Pflanzen stand. Während der nächsten Wochen vermied ich es, in die
Nähe meines Platzes zu gehen.

Ich wartete, bis die Schüler eines
Tages wieder einmal besonders
unsensibel waren. Ich ging dann zu
der Stelle, stellte einen Stuhl vor

den Tisch und schaute zur Lampe
an der Decke. Weil mein Verhalten
sehr ungewöhnlich war, war die
Hälfte der Schüler verwirrt und
beobachtete deshalb aufmerksam,
was ich tat. Ich stieg dann auf den
Stuhl und von da auf den Tisch
und stand unter der Lampe. Ein
Raunen ging durch die Klasse, und
alle Augen waren auf meinen unge-
wöhnlichen Anblick gerichtet.
Leise, beinahe flüsternd begann
ich: "In früheren Zeiten versammel-
ten die Leute sich nach dem Abend-
essen um die Straßenlaternen und
sprachen mit ihren Nachbarn. Es
gibt zwei Gruppen von Leuten, die
gerne große Menschenmengen um
sich versammeln: Politiker und
Prediger. Damit jeder die Redner
sehen konnte, ging jemand eine
Kiste holen, die fest genug war,
damit der Redner darauf stehen
konnte. Daher auch der Begriff
"Seifenkiste" *(soapbox)* für eine pro-
visorische Rednertribüne. Die Prediger pflegten den Menschen zu
sagen, wie sie ihr Leben führen
sollten und wie sich sich ihren
Mitmenschen gegenüber verhalten
sollten. Sie pflegten mit dem Finger
auf die Leute zu zeigen, sie wurden
vor lauter Eifer ganz rot im Gesicht
und sie sagten mit lauter Stimme:
'Menschen müssen einander lieben,
freundlich zu ihren Mitmenschen
sein.'..." Ich zählte all das auf, was
ich von ihnen erwartete (da sie in
diesem Moment besonders offen
und aufnahmebereit waren, mußte
ich alle Botschaften einzeln aufzählen und alle positiv formulieren;
siehe "Schluß mit doppelten Botschaften", S. 162).

Die Klasse war vorübergehend
geschockt und verblüfft durch mein
ungewöhnliches Verhalten. Als ich
geendet hatte, blickte ich mit star-
rer Haltung im Raum umher und
zählte für mich "1001, 1002, 1003".
Während ich vom Tisch auf den
Stuhl stieg, atmete ich tief durch.
Ich atmete noch einmal, als ich vom
Stuhl stieg (siehe "Unterbrecherzustand, S. 149). Danach ging

ich in den Bereich vor der Tafel zurück. Leiser als üblich fuhr ich mit dem Unterricht fort und blieb auch mehrere Minuten bei verminderter Lautstärke, während die Schüler zuhörten und immer wieder zu dem Tisch schauten, auf dem der bizarre Prediger gestanden hatte.

Kommentar

Bedenken Sie, daß dies ein Beispiel aus einer 8. Klasse war. Dasselbe Vorgehen könnte bei älteren oder jüngeren Schülern absolut unpassend sein. Sie sollten nicht "mit Kanonenkugeln auf Spatzen schießen". Meine Geschichte paßte für die Klasse, da ich die Erfahrung gemacht hatte, daß ihr Verhalten nicht durch meinen Unterrichtsstil verursacht wurde. Dieser Punkt ist ganz wesentlich, wenn man wirksam für Disziplin sorgen will. Wenn ich Maßnahmen ergreife, weil *ich* es brauche (weil ich mich über ihr Verhalten ärgere, weil ich enttäuscht oder frustriert bin), dann tue ich es aus meinen eigenen Bedürfnissen heraus. Ich bin bei mir selbst und nicht so gut in der Lage, Veränderungen in ihrem Verhalten wahrzunehmen. Es ist absolut erforderlich, daß ich dissoziiert bin und nicht bei meinen Gefühlen, wenn ich diszipliniere; sonst habe ich wieder meine Elefantenbüchse in der Hand.

Wenn ich einen Platz habe, von dem aus ich für Gruppendisziplin sorge, so steht dahinter das Ziel, den Bereich der Disziplin von den übrigen Aktivitäten abzugrenzen. Verlasse ich den Platz für Disziplin und gehe wieder zu meinem Unterrichtsbereich, kann ich mit dem Atmen von einem Zustand wieder in den anderen zurückkehren.

Während die Schüler zu dem Tisch zurückblickten, auf dem der Prediger gestanden hatte, und dann wieder nach vorne zu mir, überlegten sie, wen sie als Lehrer lieber hätten. Meine starre Haltung (während ich leise zählte) verankerte das Bild des Predigers in ihren Köpfen. Meine leise Stimme beim Unterricht anschließend half, den Kontrast zwischen meinen beiden Rollen als Lehrer und als lautstarker Redner auf dem Tisch deutlich zu machen. Ich stellte mir vor, daß die Schüler nach hinten und nach vorne sahen und dann wußten, wen sie lieber als Lehrer hatten.

Als die Schüler drei Wochen später wieder in ihr typisches halbstarkes Benehmen zurückfielen, ging ich wieder zu dem Tisch und trug den Stuhl dorthin. Ich stellte ihn ab, schaute zur Deckenlampe, erstarrte in meiner Haltung und zählte lautlos. Jetzt zeigte sich, wie stark der Anker war. Sofort verstummte die Klasse, die sich genau an das vergangene Ereignis erinnerte. Ich atmete, ging weg vom Stuhl und zurück in meinen Unterrichtsbereich. Dann fuhr ich mit dem Unterricht fort, leiser als üblich. Hier bestätigte sich die Aussage, daß "ein Anker, der wirkungsvoll eingerichtet wurde, nur teilweise ausgelöst werden muß, um das verankerte Ereignis wieder vollständig in Erinnerung zu rufen".

Um Störungen zu vermeiden, ist es am besten, die Lehrer in benachbarten Klassen vor der lauten Stimme des Predigers zu warnen. Einer meiner Kollegen konnte sich nicht nur gut vorstellen, was bei mir vor sich ging, er konnte sogar mein Vorgehen für sich nutzbar machen. Mit meiner Erlaubnis nutzte er die NLP-Technik "Zitate". Bis zu drei Wochen nach meiner Predigt, ging er immer, wenn seine Klasse leiser oder freundlicher werden sollte, zu der Wand zwischen unseren Klassenzimmern und sagte: "Jungs, habt ihr ein Glück, daß ihr nicht Mr. G. als Lehrer habt". Sie erinnerten sich an das, was sie durch die Wand gehört hatten, und benahmen sich ordentlich.

"Haltet die Klappe!"*

Ich hatte einmal eine besonders
laute Geschichtsklasse. Ich eta-
blierte einen Anker, der sich als
recht wirkungsvoll erwies. Wie im
letzten Beispiel, geschah das mit
Hilfe einer Metapher.

Ich nahm zwei kleine Holzstücke
(6 x 12 x 18 cm) und verband sie
an einer Seite mit Klebeband (wie
mit einem Scharnier). Der Vorsprung über der Tür war breit genug, um die Teile dort abzustellen.
Als es einmal wieder sehr laut war,
stellte ich einen Stuhl in den Tür-
rahmen. Ich stieg auf den Stuhl
und stellte die beiden Stücke auf-
geklappt auf den Vorsprung. Da ich
mich nicht normal verhielt, hatte
ich die Aufmerksamkeit der Klasse.
Ich ging nach hinten in den Raum,
drehte mich um und schaute auf
die zwei Holzstücke. Ich begann zu
erzählen, daß man früher, als es
weder Scheiben noch Fliegengitter
gab, große Probleme mit Fliegen
hatte (dabei schaute ich die unru-
higsten Schüler an). Dann nahm
ich ein Glas mit Honig heraus,
steckte ein Messer hinein und
sagte: "Um dieser Plage Herr zu
werden (wieder schaute ich die
Anführer an), gab man etwas Sü-
ßes, wie zum Beispiel Honig, in die
Falle." (Dabei strich ich etwas
Honig auf das Holz.) Dann ging ich
wieder nach hinten in den Raum,
drehte mich um, schaute zur Tür
und sagte: "Während die Leute
weiter ihrer normalen Arbeit nach-
gingen (dabei hielt ich ein Buch
hoch, um auf die Arbeit in der
Schule hinzuweisen), ging schließlich eine Fliege in die Falle und
sirrte und brummte, während sie
sich zu befreien versuchte." (Ich
machte dieses Geräusch nach und
imitierte dabei die Stimme des
Rädelsführers der Klasse.) "Irgendwann rief dann jemand aus dem
Haus, daß er nicht arbeiten könne

bei diesem Lärm. Jemand solle die
Falle zuklappen *(shut the trap)*. Ich
rannte nach vorne, sprang auf den
Stuhl und klappte das obere Holz-
stück laut auf das untere. Ich
erstarrte in meiner Haltung mit
dem Rücken zur Klasse und zählte,
die Augen auf die Falle gerichtet
"1001, 1002, 1003". Dann folgte
wieder "Unterbrechen und Atmen"
(p. 137).

Kommentar

Dieses Vorgehen wirkte zwei Monate lang. Allgemein läßt sich sagen,
daß ein Anker um so länger hält, je
jünger die Schüler sind. Bei höheren Klassen müssen sie immer
wieder außer Kraft gesetzt und
durch neue ersetzt werden (siehe
den Abschnitt über "Natürliche
Anker", S. 178). Ein Ziel der Metapher ist es, Parallelen zwischen
Teilen der Geschichte (zum Beispiel
Plagegeistern) und den Schülern
der Klasse herzustellen. Es wirkt
am besten, wenn der Lehrer zu dem
betreffenden Schüler lange genug
hinschaut, damit dieser unbewußt
den Zusammenhang begreift, aber
wiederum nicht so lange, daß er
bewußt die Anspielung versteht.

"Wenn du einmal seine Aufmerksamkeit gewonnen hast"

Die Erfahrung gibt uns ein Gefühl
dafür, wann Schüler spezielle Hilfen
brauchen. Eine der schwierigsten
Unterrichtseinheiten, die ich je zu
unterrichten hatte, ist die Ab-
schlußarbeit für 8. Klassen. Um
eine Situation zu simulieren, wie
sie an der High-School vorkommen
könnte, wurden zu Beginn der Unterrichtseinheit bestimmte Bedingungen vorgegeben. Meine Vorträge
machten sechs Wochen angestreng-
ten Zuhörens nötig. Die Frustration
erreichte ihren Höhepunkt in der
vierten oder fünften Woche. Ich
übte die folgende Geschichte ein

---

* Amerikanisch: *"Shut your trap!"* Anmerkung der Übersetzerin: *trap* bedeutet auch "Falle".

und bewahrte sie für erste Ermüdungserscheinungen auf.

"Ein Städter wollte Wochenendfarmer werden. Er kaufte einen halben Morgen und verabredete mit seinem Nachbarn, daß dieser ihm ein Maultier leihen würde. Als er am Sonntagmorgen ankam, spannte er das Maultier vor den Pflug und versuchte mit vielen Tricks, das Maultier in Bewegung zu setzen. Nachdem er das mehrmals vergeblich versucht hatte, gab er auf und bat den Farmer um Hilfe. Der Farmer ging zum Schuppen und holte einen Holzstock (ich nahm einen Maßstab). Dann stellte er sich vor das Maultier, den Stock hinter seinem Rücken. Er forderte den Städter auf, zu dem Maultier zu sagen, 'Los, mach schon!'. Als nichts geschah, schlug der Farmer das Maultier zwischen die Augen (und ich schlug, als ich das sagte, mit dem Maßstab auf das Pult eines Schülers). Von da an pflügte das Maultier ohne anzuhalten. Am Abend ging der Mann zu seinem Nachbarn, um sich zu bedanken und um nach einer Erklärung zu fragen. Der Farmer antwortete lakonisch, 'Sogar ein Dummkopf macht seine Sache gut, wenn du einmal seine Aufmerksamkeit gewonnen hast.'"

Kommentar

Jedes Jahr baue ich in die Geschichte die Einzelheiten ein, die die jeweilige Klasse braucht, damit sie sich mit der Geschichte identifizieren kann. Nachdem ich die Geschichte erzählt hatte, umwickelte ich am selben Abend den Maßstab mit einem Band. In den nächsten Tag benutzte ich ihn, um an der Tafel und auf dem Overhead auf die Begriffe zu zeigen, die ihre besondere Ausmerksamkeit erforderten. Der bekannte Sportkommentator Vin Scully bereitet sich immer gründlich vor und informiert sich über die Spieler und deren Geschichte. Er ist anerkannt dafür, daß er nur die Zahlen und Anekdoten bringt, die zum Spiel passen. Wenn ich ein Thema oder einen Kurs zweimal unterrichtet habe, kann ich den Inhalt gut genug und kann mich dann auf den Lernprozeß konzentrieren ("Waage des Lernens"). Wenn Sie die Bereiche kennen, in denen die Schüler Unterstützung brauchen, können Sie sehr wirkungsvolle Metaphern und Anker dafür entwerfen.

Arbeitsblatt

Ankern mit Metaphern

1. Welches Stoffgebiet möchten Sie noch effektiver unterrichten?

_____

2. Welche Ressource brauchen die Schüler dafür?

_____

3. Welche Metapher würde für diese Ressource passen?

_____

4. Was könnte in Zukunft helfen, diese Metapher zu ankern?

Arbeitsblatt

"Entgiften" Sie Ihr Klassenzimmer!

Ein Lehrer führt an einem Schultag viele verschiedene Tätigkeiten aus. Wenn er eine Aktivität nur an *einer* Stelle durchführt (zum Beispiel Disziplinieren), so assoziiert der Schüler diese Tätigkeit mit dem Ort. Bewußt oder unbewußt setzt der Lehrer Anker. Wenn der Lehrer bestimmte Bereiche des Klassenzimmers systematisch nutzt, reagiert die Klasse entsprechend schneller, weil sie weiß, was bevorsteht. Früher pflegte man einen Schüler aus der Klasse auf den Flur zu holen, um ihn dort zu ermahnen. Dies ist ein Beispiel dafür, wie man Bereiche trennt. Ein Ergebnis ist, daß der Schüler entspannter bleibt, da er im Klassenzimmer sicher vor disziplinarischen Maßnahmen ist.

Wenn der Lehrer Ermahnungen ausspricht, während er an der Tafel unterrichtet, werden die Bereiche Unterricht und Disziplin miteinander vermischt und beide "vergiftet" (vom anderen infiziert). *Halten Sie die beiden getrennt!*

Im weiter oben ausgefüllten Arbeitsblatt "Mein Platz für Gruppendisziplinierung" (S. 173) haben wir Disziplinieren geankert. Welche anderen regelmäßigen Tätigkeiten gibt es? Unsere Botschaften werden eindeutiger, wenn wir sorgfältig trennen und unterschiedliche nonverbale Kriterien benutzen. Einige Aktivitäten, für die Ankern in Betracht käme, sind zum Beispiel: Ankündigungen, Beratung und Gespräche mit Schülern, rechtshemisphärische Tage, motivierende Geschichten.

Wählen Sie mindestens drei unterschiedliche Tätigkeiten aus und markieren Sie Ihren Platz dafür, beschreiben Sie Ihren Gesichtsausdruck, Ihre Stimme (Geschwindigkeit, Tonhöhe, Lautstärke) und Ihre Körperhaltung (Art und Umfang der Gesten, Starre).

Tätigkeit 1:
Platz _____

Gesicht _____

Stimme _____

Haltung _____

Tätigkeit 2:
Platz _____

Gesicht _____

Stimme _____

Haltung _____

Tätigkeit 3:
Platz _____

Gesicht _____

Stimme _____

Haltung _____

Beobachten Sie die Reaktionen der Klasse, wenn Sie sich an einen bestimmten Platz begeben und die dazugehörige Haltung einnehmen. Schreiben Sie die Beobachtungen auf ein gesondertes Blatt.

Themenbezogene Anker

Im Klassenzimmer finden zwei Arten von Ankern Anwendung. Die erste Art wird bei *Verfahren* eingerichtet, die sich häufig wiederholen. Die zweite hilft bei wichtigen und schwierigen *Themen (Concepts that are Important and Difficult = C.I.D.).*

Wiederholungsanker

Der Computerspezialist am örtlichen College wollte seine nonverbale Kommunikation mit den Schülern verbessern. Er stellte sich zu Beginn seiner Stunde links von den Schülern auf (K), er hatte dabei seinen Graduiertenhut auf (V) und sprach mit schneller, hoher Stimme (A). So präsentierte er die *theoretischen* Grundlagen der Stunde.

Nach einem Monolog von 7 bis 12 Minuten ging er in die Mitte (K), nahm den Hut ab, rollte die Ärmel hoch und setzte einen Arbeitshelm auf (V). Seine Stimme wurde guttural und langsam (A), wenn er im Tonfall von John Wayne sagte: "Also, Jungs, das müssen wir heute tun, wenn wir das fertig bekommen wollen: ..." Nach diesem Teil der Präsentation nahm er seinen Helm ab und rollte die Ärmel wieder hinab. Dann ging er (K) zu dem 9000-Dollar-Computer, dessen Bildschirm auf die Wand hinter ihm projiziert wurde. Er stützte sein Kinn auf (K) und blickte unsicher wie eine Sekretärin in die Klasse (V). In mehr weiblichem Tonfall fragte er: "Was soll ich tun?" Dann schrieb er auf den Bildschirm, was die Schüler ihm diktierten, bis die Schüler sicher waren, daß sie ihre Aufgabe erfüllt hatten.

An diesem Punkt veränderte er wieder sein Rollenspiel. Er trat einen Schritt vom Computer zurück (K),

blickte durch die Klasse und fragte: "Seid ihr zufrieden? (A) Wollt ihr jetzt testen, um zu sehen ob euer Programm vollständig ist?" Waren noch Ergänzungen nötig, schlüpfte er noch einmal in die Rolle der Sekretärin. War das nicht der Fall, zog er einen Sturzhelm auf und bediente mit gespielter Erleichterung die Starttaste, um zu sehen, ob richtig programmiert worden war. Als Zeichen für Erfolg erschien auf dem Bildschirm "Applaus". War falsch programmiert worden, zeigte der Bildschirm eine Explosion als Signal dafür, daß noch nachgebessert werden mußte.

Dieser Lehrer ging in vier Schritten vor:

1. Umfassende Darstellung (Graduiertenhut);

2. Arbeitsentwurf (Arbeitshelm);

3. Ausführung der Arbeit (Sekretärin);

4. Test (Sturzhelm).

Nachdem diese Szenenfolge mehrere Tage hintereinander durchgespielt worden war, kannten die Schüler den Ablauf: sie wußten, daß die Sekretärin keine Fragen beantworten konnte; der Graduierte und der Arbeiter akzeptierten nur bestimmte Fragen und gaben nur bestimmte Hilfen. Die Schüler lernten schnell, auf den Platz zu deuten, an dem sie den Lehrer haben wollten, damit er ihre Fragen beantwortete.

Wichtige und schwierige Themen

Fragen Sie sich selbst in Bezug auf diese Themen (_C_oncepts that are _I_mportant and _D_ifficult – C.I.D.):

1. Ist das Thema der Erfahrung und der Entwicklung der Schüler angemessen (sind sie in der Lage, es zu verstehen)? Unterrichte ich, indem ich von "bekannten" Inhalten zu den "unbekannten" gehe? Was würde geschehen, wenn ich den Unterricht in Form der Ableitung kleinerer aus größeren Einheiten gestalten würde (chunking up)? Was wäre, wenn ich von kleineren Einheiten ausgehen würde (chunking down)?

2. Wie unterrichte ich das Thema jetzt? Inwieweit visuell, inwieweit auditiv, inwieweit kinästhetisch? Machen Sie die Unterschiede in der Wahrnehmung deutlicher:

visuell: Größe, Farbe, Form, Entfernung usw.

auditiv: Lautstärke, Pausen, Tonlage usw.

kinästhetisch: Struktur, Temperatur, Bewegung, Gewicht usw.

3. Gehen Sie verstärkt in die Modalität, die am wenigsten genutzt wird. Beschreiben Sie mit Hilfe der oben genannten Fragen, wie Sie das tun könnten.

Brauchen Sie noch weitere Hilfsmittel für das Thema, lesen Sie weiter unten den Abschnitt über das Ankern dieser Themen. (_A_nchoring _C_oncepts _I_mportant and _D_ifficult – A.C.I.D.)

Unterricht vom bekannten zum unbekannten Stoff

Um herauszufinden, warum für den Lehrer bestimmte Themen wichtig und für die Klasse schwierig sind, sind mehrere Schritte notwendig. Eine der ersten Überlegungen ist, ob wir von bekanntem Wissen ausgehen können. Damit beschäftigt

sich dieses Arbeitsblatt. Weil Unterricht meist ein Prozeß für die linke Gehirnhälfte ist, folgerichtig, logisch, in kleinen Einheiten und von Details ausgehend zum Gesamtzusammenhang, fehlen uns oft die Kreativität und Einfachheit der rechten Hälfte. Dort ist auch die Fähigkeit des Assoziierens angesiedelt. Unterrichten wir ausgehend von Bekanntem, haben wir Zugang zur rechten Gehirnhälfte. Der Lehrer kann sich fragen: "Welche Assoziationen zum neuen Thema sind bei den Schülern schon vorhanden?" Diese Frage ist bei schwierigen und wichtigen Unterrichtsthemen (C.I.D.) besonders wichtig.

Beispiel: "Viertel ..."

Die rechte Gehirnhälfte ist nicht nur assoziativ, sie denkt auch holistisch und erfaßt das Gesamtkonzept, ohne die Einzelheiten zu kennen. Eine Lehrerin, die in der 3. und 4. Klasse die Uhrzeit unterrichtete, gab ein Beispiel dafür. Sie bemühte sich, den Schülern den Unterschied zwischen "ein Viertel vor ..." und "ein Viertel nach ..." beizubringen. Sie tat das mit der Standardmethode, indem sie in kleinere Einheiten (chunking down) aufteilte (linke Hälfte). Sie erklärte, daß eine Viertelstunde ein Viertel von 60 Minuten ist und begann ziemlich umständlich und zeitraubend, Brüche zu erklären, was von ihrem eigentlichen Thema wegführte.

Dann nahm sie ihre rechte Gehirnhälfte zu Hilfe und überlegte, was die Schüler mit dem Begriff assoziieren könnten. Am nächsten Tag markierte sie die Viertel bei der Neun und bei der Drei auf der Uhr eines jeden Schülers mit Klebeband. Auf der Uhr im Klassenzimmer brachte sie ebenfalls große Markierungen für die Viertel an. Ohne die mathematische Qualität von "Viertel vor" und "Viertel nach" zu verstehen, wußten die Kinder, daß es "Viertel vor" oder "Viertel nach" war, wenn der große Zeiger der Uhr auf 9 oder auf 3 stand.

Beispiel: "Die Hand heben, aufzeigen"

Eine Grundschullehrerin übte mit den Kindern "die Hand zu heben", wenn sie etwas sagen wollen. Sie nahm die unten beschriebene Anleitung zu Hilfe und fand heraus, daß die Schüler eine große Zahl von Assoziationen mit dem "Handheben" verbanden, das sie aus vielen Werbespots im Fernsehen kannten. So hielt sie einfach eines dieser Produkte aus der Werbung hoch, wenn sie das entsprechende Verhalten erreichen wollte.

Überlegen Sie anhand des folgenden Arbeitsblattes, wie Sie diese Methode für Ihren Unterricht nutzbar machen können.

C.I.D.: Unterrichten vom bekannten zum unbekannten Stoff

1. Überlegen Sie sich ein Thema, das wichtig und schwierig *(C.I.D.)* ist, aber der Entwicklung und Erfahrung Ihrer Schüler entspricht.

_____

2. Bitten Sie andere um Hilfe (zum Beispiel Kollegen, die nicht dieselbe Klassenstufe unterrichten; Familienmitglieder und Menschen, die nicht unterrichten, sind bestens geeignet). Berichten Sie diesen, wie Sie das spezielle Thema unterrichten wollen, und bitten Sie sie dann, die Hauptbegriffe, die Sie verwendet haben, aufzuschreiben. Schreiben Sie diese jeweils an den Anfang der folgenden Zeilen:

_____

_____

_____

_____

3. Befragen Sie Ihre Helfer nach Begriffen oder Assoziationen, die ihnen zu den Wörtern auf der Liste einfallen und die den Schülern bekannt sein könnten. Schreiben Sie die Assoziationen hinter die entsprechenden Wörter.

4. Nachdem Sie das Thema rechtshemisphärisch unterrichtet haben, berichten Sie hier über Ihre Beobachtungen. Welche Schüler hatten es mit dieser Methode leichter? Sind es die gleichen Schüler, die mit der traditionellen linkshemisphärischen Methode Schwierigkeiten haben?

_____

_____

Arbeitsblatt

C.I.D.: Verändern der Größe der betrachteten Einheiten

1. Suchen Sie ein wichtiges und schwieriges Thema *(C.I.D.)*. Es sollte den oben genannten Anforderungen entsprechen: dem Entwicklungsgrad der Schüler, dem Unterrichten von bekanntem hin zu unbekanntem Stoff.

2. Die Standardreaktion des Lehrers bei *C.I.D.* ist meist ein Aufteilen in kleinere Einheiten *(chunk down)*. Dieses linkshemisphärische Vorgehen ist oft ideal für sehr gute Schüler und angemessen für den Durchschnittsschüler. Notieren Sie hier, wie Sie die Einheiten verkleinern.

3. Unterrichten Sie nach der beschriebenen Methode und schreiben Sie die Ergebnisse auf. Welche Schüler profitieren von dieser Methode? Welchen Schülern ist damit nicht geholfen?

4. Die andere Methode besteht darin, die Einheiten zu vergrößern *(chunk up)*. Die rechtshemisphärische Arbeit ist oft besser geeignet für schwache Schüler. (Siehe dazu "Unterrichten von links nach rechts oder von rechts nach links", S. 184) Wie gehen Sie vor, um Einheiten zu vergrößern?

5. Wenden Sie diese Methode auch im Unterricht an und berichten Sie über Ihre Ergebnisse. Welche Schüler profitieren bei dieser Methode? Welche nicht?

Einer der Vorteile der hier beschriebenen Analyse besteht darin, daß Sie herausfinden, welche Schüler von welcher Methode profitieren. Daraus ergeben sich weitere Einsichten. Erstens wissen Sie jetzt, welche Methode Sie zukünftig anwenden, indem sich sich an den Bedürfnissen des jeweiligen Schülerdurchschnitts orientieren. Zweitens: Unabhängig davon, mit welcher Methode Sie *unterrichten*, können Sie vorhersagen, welche Schüler eine vertiefende *Wiederholung* brauchen und wie Sie dabei vorgehen sollten.

Verstärken eines Sinneskanals

Manchmal wird es notwendig, einen weiteren Bereich der sinnlichen Wahrnehmung dazuzunehmen, um einen thematischen Anker anlegen zu können.

Eine Grundschullehrerin wiederholte mit ihrer Klasse die Uhrzeit. Wenn der große Zeiger zwischen 35 und 55 Minuten stand, hatten die Schüler oft Schwierigkeiten, die Stunde genau abzulesen; so sagten sie zum Beispiel 9.50 Uhr statt 8.50 Uhr. Offensichtlich arbeiteten die Schüler nur visuell: der kleine Zeiger stand näher an der 9 als an der 8, so daß ihre Antwort 9.50 Uhr anstatt 8.50 Uhr verständlich war. Die Lehrerin war frustriert und legte das Problem in ihrem NLP-Kurs vor. Man diskutierte den Vorschlag, für wichtige und schwierige Themen außer der visuellen Wahrnehmung eine andere Modalität der Schüler anzusprechen. So probierte die Lehrerin mit ihrer Klasse folgendes aus:

Zwölf Schüler stellten sich im Kreis auf und hielten dabei die Ziffern der Uhr in den Händen. Die Lehrerin und zwei Schüler standen innerhalb des Kreises; als Uhrzeiger dienten ein Meterstab und ein Besenstiel (ein Drittel länger als der Meterstab), die jeweils von einem Schüler gehalten wurden. Am Meterstab war eine Kuhglocke befestigt. Der Schüler mit dem Meterstab, der den Stundenzeiger symbolisierte, sollte seinen Zeiger so langsam weiterbewegen, daß er bei der nächsten Ziffer ankam, sobald der Besenstiel auf die 12 zeigte. Stand der Besenstiel auf 12 und der Meterstab direkt vor der nächsten Ziffer, läutete ein Schüler die Glocke so oft, wie die Zahl anzeigte, und die Klasse zählte laut mit.

War der Besenstiel im Bereich zwischen 7 und 11, fragte die Lehrerin immer wieder: "Wie oft hat die Glocke geläutet?", und die Klasse nannte übereinstimmend die richtige Zahl. Deshalb wußten die Schüler jetzt auch, daß es 8.50 Uhr war, wenn der Besenstiel bei der 10 stand. Dann prüfte die Lehrerin einzelne Schüler. Sie zeigte mit dem Besenstiel auf eine Zahl und läutete mit der Glocke, wobei ein Schüler laut mitzählte, und dann bewegte sie den Besenstiel zwischen der 7 und der 11 und fragte nach der Zeit.

Arbeitsblatt

C.I.D.: Stärken Sie die am wenigsten genutzten Sinne!

1. Suchen Sie ein wichtiges und schwieriges Thema. Beachten Sie bei Ihrem Entwurf die schon genannten Überlegungen für diese Themen:
– Entwicklungsgrad der Schüler
– Unterricht von bekanntem zu unbekanntem Stoff
– Veränderung der Größe der betrachteten Einheiten

2. Wie unterrichten Sie dieses Thema bisher?

visuell:

auditiv:

kinästhetisch:

3. Verstärken Sie den visuellen Bereich, indem Sie Größe, Farben, Formen und Entfernung berücksichtigen. Verstärken Sie den auditiven Bereich, indem Sie Lautstärke, Pausen, Tonhöhen, Klänge und Stimmen stärker differenzieren. Verstärken Sie den kinästhetischen Bereich durch Beschreibung von Oberflächenbeschaffenheit, Temperaturen, Bewegungen und Gewicht. Wie wollen Sie die am wenigsten genutzte Modalität stärken?

4. Was sind Ihre Beobachtungen? Welchen Schülern hilft es, welchen nicht?

Das Ankern wichtiger und schwieriger Themen

Wenn Sie ein Thema gefunden haben, das zu dieser Kategorie gehört, und Sie haben die oben genannten Überlegungen für *C.I.D.*s angestellt, dann können Sie sich überlegen, wie Sie ankern. Der Leitartikel von *Newsweek* vom 29.9.1986 beschäftigte sich mit dem Gedächtnis. Offensichtlich hat das Gehirn einen besonderen Speicher für "Ersterlebnisse". Überlegen Sie zum Beispiel, wie schnell Sie sich an Ihren ersten Kuß erinnern können, während das mit dem dritten nicht mehr so einfach ist. Oder denken Sie an die erste Klasse, die Sie unterrichtet haben, im Vergleich zu der Klasse danach. Oder an Ihr erstes Auto im Vergleich zum vierten.

Wenn Sie ein *C.I.D.* ankern, also einen Anker für ein *C.I.D.* legen wollen (<u>A</u>nchor for *C.I.D.* = **A.C.I.D.**), dann verhalten Sie sich am besten anders als sonst, so daß Sie bei Ihren Schülern ein "erstes" Erlebnis verankern. Es gibt natürliche *A.C.I.D.*s, bei denen der Anker (Gesicht, Stimme, Körper, Gegenstände...) natürliches Symbol für das Thema ist. Und es gibt künstliche *A.C.I.D.*s, bei denen der Anker nur deshalb eine Verbindung zum Thema hat, weil Sie sie hergestellt haben.

A.C.I.D.-Beispiel: Arbeit mit dem Wörterbuch

Miss Dicta S. erklärte den Schülern den Umgang mit dem Wörterbuch. Da sie das Thema schwierig fand, traf sie sich mit einem Kollegen und sprach mit ihm die Überlegungen für *C.I.D.*s durch. Dicta's Kollege dachte an Indianer, als er den Begriff "Leitwort" *(guide word)* hörte. Dicta zog die passende Kleidung an und erzählte die Geschichte von Lewis und Clark, die von einem Indianer namens Sacajawea geführt werden. Sie rief mehrere Schüler nach vorne vor ein großes Modell eines Wörterbuchs, damit alle verfolgen und sehen konnten, ob sie als Forscher, "geleitet" durch die Wörter oben auf der Seite, in der Lage waren, das gesuchte Wort zu finden. Um diese Fähigkeit aus der Demonstration vorne auf jeden Schüler zu übertragen, erhielt jeder Schüler von der Lehrerin zwei Federn aus dem Indianerstirnband. Die Schüler öffneten das Wörterbuch und legten die Feder neben das Wort oben auf der Seite.

A.C.I.D.-Beispiel: Satzteile

Mr. Pett behandelte Präpositionen. Er brachte das Puppenhaus seiner Tochter mit in die Klasse, stellte es auf einem Tisch auf und baute eine kleine Mauer entlang der Tischkante um das Haus herum. Dann stellte er "Prä" vor, eine sehr lebhafte kleine, weiße Maus. Er versammelte die Schüler um den Tisch und setzte die Maus auf den Tisch. Während Prä umherrannte und die Käsestückchen suchte, die vorher verstreut worden waren, nannte die Klasse die "Positionen", zu denen die Maus lief: "hinein", "auf", "unter" usw..

A.C.I.D.-Beispiel: Regeln zum Verhalten in der Klasse

Mr. Poo unterrichtete Erwachsene und hatte die Erfahrung gemacht, daß "Regeln" für diese Altersgruppe ein sehr stark emotionales Thema war. Deshalb schuf er eine *A.C.I.D.*-Unterrichtseinheit. Er kaufte ein Buch mit alten, verrückten Regeln (zum Beispiel: "Unterwäsche von Männern und Frauen darf nicht auf derselben Wäscheleine aufgehängt werden.") Er riß Seiten aus dem Buch und gab jedem Studenten eine Seite mit mindestens sechs verrückten, antiquierten Regeln. Jeder Student wählte eine Regel aus und versuchte zu erklären, wie diese wohl zustande gekommen war. Diese kreative Übung führte zu der Erkenntnis, daß sich Gesetze häufig auf Situationen beziehen, die nicht oft vorkommen. So lernten sie, "einfach zu entspannen und zu tun, was vernünftig war, damit alle sich wohlfühlten". Und dann wurden mit ruhiger Stimme die Regeln aufgezählt.

A.C.I.D.-Beispiel: Vokale

Miss Pri Mary diskutierte mit einem Kollegen die Überlegungen für *C.I.D.s.* Als sie die Vokale sehr schnell hersagte, erinnerte ihn das an das Kinderlied *Old McDonald had a Farm.* So borgte sich Pri Mary eine Uniform bei McDonald's und behandelte die Vokale sehr schnell, mit viel Humor und erfolgreich. *("And on this farm he had a vowel; a, e, i, o, u.")*

A.C.I.D.-Beispiel: Nullen und Dezimalstellen

Miss Flair unterrichtete Mathematik von der 6. bis zur 8. Klasse. Nach einiger Zeit stellte sie fest, daß ein gewisser Prozentsatz der Schüler in dieser Klassenstufe nicht unterscheiden konnte, wann die Nullen beim Komma wichtig waren und wann nicht notwendig. Zum Beispiel sind die Nullen in 80 und .08 wichtig und die folgenden Nullen nur fakultativ: 00.8, .8 und .80 haben den gleichen Wert, und deshalb sind die Nullen fakultativ, nicht notwendig.

Sie hatte genug davon, daß die Schüler dauern fragten, ob die Zahlen im letztgenannten Beispiel alle gleich waren. Dieses Thema war tatsächlich ein emotionales *C.I.D.* für die Lehrerin (denken Sie daran, die Zunge ist der Körperteil beim Lehrer, der als erster erschöpft ist). Deshalb arrangierte sie den folgenden *A.C.I.D.:* Sie stellte einen Papierkorb auf ihr Pult, so daß ihn alle sehen konnten, und befestigte vorne darauf einen großen Dezimalpunkt (für die deutsche Schule: ein Komma). Sie legte einen Stock quer darüber und befestigte daran mehrere Blätter mit Zahlen. (Vgl. Abbildung nächste Spalte oben)

Dann erschien "Mrs. Bonsai" (damals war gerade der Film "Karate Kid" populär). Miss Flair sprach jetzt (als Mrs. Bonsai) mit asiatischem Akzent und erklärte, daß sie die Aufgabe habe, die überflüssigen "Zweige" abzuschneiden, die guten aber zu erhalten. Sie zeigte mit ihren Händen vom Komma nach links und fragte: "Welches ist die letzte Zahl außer der Null zwischen dem Komma und diesem Ende?" Alle Schüler nannten die Zahl vier. Dann flüsterte sie sehr deutlich und feierlich: "Alle Nullen zwischen dem Komma und der letzten ganzen Zahl sind sehr wichtig" (und dabei deutete sie sanft und bestimmt auf die entsprechende 0). Dann stellte sie sich vor die letzte Ziffer, veränderte Gesichtsausdruck und Haltung und sagte mit lauter Stimme ärgerlich: "Aber alle Nullen außerhalb sind häßlich." Zur Überraschung der Schüler zog sie eine riesige Schere heraus, die die Schüler vorher nicht gesehen hatten, und schnitt die überflüssige Null in Fetzen, wobei sie in einer Sprache vor sich hin schimpfte, die wie Japanisch klang. Nach dem anfänglichen Schock bogen sich die Schüler vor Lachen.

Als Mrs. Bonsai dieselben Fragen zu den Zahlen rechts vom Komma stellte, warteten alle auf die wütende Zerstörung der fakultativen Null.

Einige Tage später kam ein Schüler und fragte, ob .80 das gleiche sei wie .8. Die Lehrerin brachte einige Silben hervor, die wie asiatische Flüche klangen, worauf der Schüler lachte und damit voll den *A.C.I.D.* wiederbelebte.

Das Ankern wichtiger und schwieriger Themen *(A.C.I.D.)*

1. Klasse:_____ Fach: _____

2. Beschreiben Sie Ihr Verhalten. (Bewegen Sie sich viel oder bleiben Sie an einem Platz stehen?) Beschreiben Sie Ihren normalen Unterrichtsstil in Bezug auf visuelle, auditive und kinästhetische Qualitäten:

_____

_____

_____

3. Wählen Sie ein wichtiges und schwieriges Thema. (Warum Energie auf Themen verschwenden, die entweder leicht zu unterrichten oder nicht sehr wichtig sind?)

_____

4. Während Sie dieses Thema unterrichten, sollten Sie sich systematisch anders verhalten als sonst im Unterricht. Vorschlag: Wenn Sie das Thema in Form einer Metapher bzw. in einem bestimmten Rahmen mit Hilfe eines Symbolgegenstandes (zum Beispiel eines Werbeartikels) unterrichten, verbinden sich das besondere Verhalten und das Symbol im Gedächtnis der Schüler mit dem jeweiligen Thema. Um diese Assoziation deutlich zu erhalten, sollten Sie bei der Wiederholung wieder das gleiche Verhalten und Symbol zeigen. Ihr Plan:

_____

_____

_____

_____

5. Ergebnisse: _____

_____

_____

_____

Bedingungen für wirksames Ankern: 1. Ankern auf dem Höhepunkt des Erlebnisses. 2. Der Anker muß einzigartig sein. 3. Wiederaufrufen des Ankers auf genau die gleiche Weise.

Arbeitsblatt

A.C.I.D.: **Transfer vom Lehrer zum Schüler**

Ein dramatischer Unterrichtsvortrag, ohne daß die Schüler das Gehörte üben, läßt sich vergleichen mit einem Ferienaufenthalt, von dem man keine Bilder oder Souvenirs mitbringt, so daß die Erinnerung nur vorübergehend gewahrt bleibt. Erinnerungsstücke beleben schöne Ereignisse und Gefühle wieder, die während des Aufenthalts erlebt wurden. Dramatischer Unterricht, wie er mit *A.C.I.D.* möglich ist, muß in den Körper und damit in das Muskelgedächtnis des Schülers eingehen. Das trifft besonders bei kinästhetischen oder sehr jungen Schülern zu. Nachfolgend ein Beispiel für eine Lehrerin, die dies schaffte.

Die Lehrerin spannte eine Schnur von links nach rechts vor die Tafel. Dann schnitt sie Streifen aus Pappe aus und schrieb Sätze darauf, die die Schüler in den vergangenen Tagen gesagt hatten, zum Beispiel:

> Sally sagte kann ich deinen Stift haben?

Die Lehrerin bat einen Schüler, nach vorne zu kommen und den Streifen mit Wäscheklammern an der Leine befestigen: Die Wäscheklammern sollten genau das einschließen, was gesagt worden war.

> Sally sagte kann ich deinen Stift haben?

Der Schüler klemmte die Wäscheklammern fest, die als Anführungsstriche fungierten. Farbe, Material und Größe der Wäscheklammern waren wichtige nonverbale Kriterien, um die demonstrierte Fähigkeit auch in die Köpfe der Schüler zu transferieren. Hier benutzte die Lehrerin gelbe Klammern und kaufte ebensolche für die Schüler, die mit den Streifen an ihrem Pult arbeiteten, so wie sie es vorher an der Tafel gesehen hatten. Danach ging die Arbeit auf dem Arbeitsblatt weiter.

Nehmen Sie folgende Punkte zu Hilfe, um den Transfer des *A.C.I.D.* von sich (dem Lehrer) zu den Schülern zu systematisieren.

1. Beschreiben Sie, was an Ihrem Vorgehen einmalig war, speziell die nonverbalen Aspekte.

2. Beschreiben Sie, wie Sie so viele nonverbale Anteile wie möglich von Ihren Schülern nachmachen lassen.

3. Ergebnisse dieser Übung:

Andere Muster

"Ich erschaffe nichts. Ich erfinde meine Gedanken nicht. Ich sortiere nur aus dem verwirrenden Ganzen einige Einzelheiten aus."

Buckminster Fuller

Wann immer in der Kommunikation eine Verbesserung eintritt, so ist das darauf zurückzuführen, daß ein Mensch zuerst eine Verbesserung gesehen und wahrgenommen hat. Auf der Basis dieser Wahrnehmung kann die verbesserte Technik dann übernommen werden.

Die meisten Menschen sind darauf programmiert, nach Rezepten zu suchen, die unmittelbar zu Ergebnissen führen. Dieser letzte Abschnitt enthält mehrere Rezeptformeln (sechs Arbeitsblätter für Übergänge). Zunächst hatte ich daran gedacht, diese Rezepte an den Anfang des Buches zu stellen; da jedoch unsere Kommunikation zu 82 Prozent aus nonverbalen Anteilen besteht, müssen wir unsere Wahrnehmung genauso entwickeln wie die Techniken. Und so sind die beiden letzten Arbeitsblätter dieses Kapitels ein wenig besser als die ersten sechs.

Beim Lesen der folgenden Seiten werden Sie zweifellos Vorgehensweisen entdecken – zusätzlich zu den hier beschriebenen – die Sie und andere Lehrer bereits beherrschen. Die folgenden freien Zeilen sollen Sie ermutigen, Ihre Erfahrungen niederzuschreiben und anderen mitzuteilen. Ich wünsche Ihnen viel Spaß dabei.

Arbeitsblatt

Übergang: Die Körperhaltung "einfrieren"

Der Satz "Achtung, alle mal herhören!" macht nur 18 Prozent der Kommunikation aus. Das übrige Verhalten des Lehrers, während er das sagt, wiegt mit einem Anteil von 82 Prozent sehr viel schwerer. Ein stark kinästhetischer Lehrer ist häufig selbst in Bewegung, während er die Klasse zum Zuhören auffordert. Schüler, die vorher Lehrer hatten, die Trainings in *Instructional Theory into Practice** absolviert hatten, werden vielleicht kurz aufhorchen, dann aber mit dem weitermachen, was sie bereits tun. 82 Prozent der Botschaft lauten: "Macht weiter." Es spielt im Grunde keine Rolle, wie der Lehrer seine Aufforderung formuliert, seine starre Haltung und ein bestimmter Blick in die Klasse sind entscheidend. Die Schüler wissen dann, was der Lehrer von ihnen erwartet. Diese Art der Kommunikation macht es wahrscheinlicher, daß die Schüler auch das tun, was von ihnen erwartet wird.

1. Schreiben Sie auf, was Sie meistens sagen, wenn Sie wollen, daß die Schüler Ihnen zuhören.

---

2. Verwenden Sie zwei Tage lang die unter 1. genannten Wendungen und bewegen Sie sich dabei. Welche Reaktionen beobachten Sie?

---

3. Während der nächsten zwei Tage wählen Sie bewußt die gleichen Worte, erstarren dabei aber in Ihrer Haltung. Wie reagiert die Klasse?

---

4. Untersuchungen ergaben: Falls verbale und nonverbale Signale miteinander in Konflikt geraten, behalten die nonverbalen die Oberhand. Schreiben Sie auf, welche Einsichten oder Anmerkungen Ihnen dazu im Zusammenhang mit Ihrem Unterricht einfallen.

---

* Nach der Meinung des Autors ist *ITIP* (zum Beispiel mit Madeline Hunter, Carol Cummings) das beste Training für linkshemisphärische Lehrer, die in ihrem Beruf kompetent werden wollen.

Übergang: Zuerst *pacen*, dann durch Flüstern führen

Lehrer, die systematisch bestimmte Sätze verwenden (wie zum Beispiel "Würdet ihr bitte mal herhören", "Augen zu mir" oder "Aufgepaßt, Bande"), nutzen damit auditive Anker. Was aber, wenn die Schüler diese Aufforderungen nicht beachten? Was tun, wenn die Klasse zu laut ist (wie an rechtshemishärischen Tagen)? Wie schaffen Sie den Übergang, wenn die Schüler Ihre Aufforderung nicht beachten?

Die Lautstärke in einem Klassenzimmer kann erfaßt und kalibriert werden. Wird der Lehrer kurzfristig nur *etwas* lauter als die Klasse, kann er kurz schockieren und eine Unterbrechung erreichen. Die Aufmerksamkeit der Schüler wird nach außen gelenkt, und die Wahrscheinlichkeit, daß sie zuhören, wird größer. An diesem Punkt haben Sie nur sehr wenig Zeit zur Verfügung, um die Klasse in eine andere Richtung zu lenken. Nachdem Sie nun die Lautstärke übertrieben gepaced haben, so daß Sie etwas lauter waren, sind Sie an einem Punkt, an dem Sie Einfluß ausüben können. Sie haben zweierlei zur Auswahl:

1. Sie gehen *plötzlich* zu Flüstern über.

2. Sie gehen *stufenweise* zu Flüstern über.

Wenn Sie Ihre Stimme gut genug unter Kontrolle haben, können Sie den Übergang zum Flüstern schrittweise vollziehen. Manchmal ist das Ihre einzige Rettung, aber dazu ist mehr Selbstdisziplin und -kontrolle nötig. Deshalb wird es für die meisten Lehrer leichter sein, *plötzlich* in Flüstern zu verfallen. Achten Sie in beiden Fällen darauf, daß Sie Ihre Sätze verlängern, Ihre Stimme zurücknehmen und im Ton sanfter werden. So bringen Sie die Klasse eher zum Zuhören.

1. Beschreiben Sie einen Fall, als Ihre Klasse so laut war, daß eine normale Aufforderung zur Ruhe nicht gewirkt hätte.

_____

_____

2. Wenden Sie das übertriebene Pacen an und flüstern Sie dann *plötzlich*. Ergebnis:

_____

3. Beschreiben Sie einen weiteren Fall, als Ihre Klasse so laut war, daß eine normale Aufforderung zur Ruhe nicht gewirkt hätte.

_____

_____

4. Diesmal pacen Sie wieder überdeutlich und gehen dann langsam, *Schritt für Schritt*, zu normaler Lautstärke über und weiter zu Flüstern.

5. Beschreiben Sie, welche Technik Ihnen besser liegt und welche Resultate Sie mit den jeweiligen Techniken erreichten.

_____

Aufzeigen oder dazwischenrufen?

82 Prozent der Kommunikation des Lehrers sind nonverbal. Eines der lebendigsten Beispiele dafür ist der Umgang mit der Frage: aufzeigen oder dazwischenrufen? Häufig ist das Dazwischenrufen erlaubt, aber wenn der Lehrer die Kontrolle behalten oder mehr Bedenkzeit ermöglichen möchte, wird er durchsetzen, daß die Schüler die Hand heben. Für diesen Übergang hat er/sie mehrere Möglichkeiten.

1. Erst den Inhalt nennen, dann das Verfahren (Handheben).

Der Lehrer, der erst eine Frage stellt und dann zum Handheben auffordert, wird von den Schülern als streng und bestrafend in seinen nonverbalen Botschaften betrachtet.

2. Erst das Verfahren nennen, dann die inhaltliche Frage.

Wir wissen alle, daß diese Reihenfolge besser ist. (Also: "Hebt die Hand, wenn ihr die Antwort auf die folgende Frage wißt!")

3. Erst nonverbal das Verfahren *vormachen* (modellieren), dann die Frage stellen.

Grundschullehrer sind bekannt dafür, daß sie gleichzeitig vormachen, was sie sagen. Diese Technik läßt sich auf allen Ebenen anwenden. Die Lehrerin hebt selbst den Arm, während sie die Frage stellt. Sie erreicht damit alle, außer den auditiven Schülern, die ihr nicht mit den Augen folgen und so die erhobene Hand auch nicht sehen. Deshalb sollte die Lehrerin ein Geräusch erzeugen, etwa indem sie mit der linken Hand auf den erhobenen rechten Arm klatscht. Damit gibt sie ein Signal für die auditiven Schüler.

Trägheit

Das Verhalten von Klassen folgt den Regeln der Trägheit: Ein bewegliches Objekt neigt zur Fortsetzung der Bewegung, ein ruhendes Objekt neigt zum Verharren. Der jeweils herrschende Zustand wird vorzugsweise beibehalten. Wenn also die Schüler gerade dazwischenrufen und Sie wollen, daß die Schüler sich melden, dann ist genau das der richtige Zeitpunkt (für den Übergang), das Verhalten vorzumachen. Genauso müssen Sie der Klasse signalisieren, wenn Sie in Zukunft wollen, daß die Schüler dazwischenrufen.

Prinzip

Wenn die Schüler dazu gebracht werden sollen, nicht mehr dazwischen zu rufen, sondern sich zu melden, muß der Lehrer dieses Verhalten vormachen, während er die Frage stellt.

Übergang: Aufzeigen oder dazwischenrufen

In einem vorwiegend visuell gestalteten Klassenzimmer ist es die Norm, daß die Schüler die Hand heben, um sich zu Wort zu melden; bei überwiegend kinästhetischen oder auditiven Lehrern wird viel dazwischengerufen. Beobachten Sie an den nächsten zwei Tagen, welches der beiden Muster *Sie* praktizieren. Lassen Sie jemanden in der folgenden Tabelle ankreuzen, wie oft Sie die beiden Verhaltensweisen "aufrufen".

	Aufzeigen	Dazwischenrufen
1. Tag		
2. Tag		
3. Tag		

2. Die nächsten drei Tage kreuzen Sie an, wenn Sie einen Übergang von Aufzeigen zu Dazwischenrufen machen und umgekehrt.

	Aufzeigen ——> Dazwischenrufen	Dazwischenrufen ——> Aufzeigen
1. Tag		
2. Tag		
3. Tag		

3. Beobachten Sie, wie oft Sie ein nonverbales Signal für Aufzeigen oder Dazwischenrufen einsetzen müssen, bevor die Schüler folgen (Trägheit setzt ein) und Sie mit dem Modellieren aufhören können. Geben Sie hier Ihren Kommentar dazu.

_____

_____

_____

_____

_____

_____

_____

_____

Arbeitsblatt

Übergang: Überlappen

Während einer Unterrichtsstunde von 45 Minuten unterrichtet die Lehrerin zeitweise frontal, und die Klasse hört ihm dabei aufmerksam zu; dazwischen gibt es Abschnitte, in denen die Schüler selbständig arbeiten. Will die Lehrerin nach der Stillarbeit der Schüler mit ihrem Vortrag fortfahren, muß sie erneut die Aufmerksamkeit der Schüler gewinnen. So oft die Lehrerin die Arbeitsweise wechselt, so oft muß sie auch erneut die Aufmerksamkeit der Schüler wiedergewinnen.

Tätigkeit A ‖ Übergang ‖ Tätigkeit B ‖ Übergang usw.

Normalerweise durchläuft man diese Abschnitte so, daß man Tätigkeit A beendet und dann eine gewisse Unruhe im Klassenzimmer gestattet (zum Beispiel während die Schüler ihre Bücher wieder wegräumen). Danach muß die Lehrerin einen Übergang schaffen und die zweite Tätigkeit ankündigen. Die Klasse muß zum Beispiel zunächst fünf Fragen im Buch beantworten, räumt dann die Bücher weg, nimmt andere Bücher heraus und beginnt mit Tätigkeit B.

Die Technik des Überlappens spart Zeit: Tätigkeit B wird eingeleitet, bevor A beendet ist. Kommt die Klasse zur Beantwortung der vierten Frage, kündigt die Lehrerin an: "Bevor ihr die fünfte Frage beantwortet, nehmt ... heraus." Sie bereitet B vor, gibt an der Tafel die visuellen Anweisungen, wenn alle ihr Material zur Hand haben, und liest anschließend die fünfte Frage vor. So geschieht der Übergang von Tätigkeit A zu B in kürzerer Zeit.

A k t i v i ‖t ä t   A‖
                 ‖A k t i ‖v i t ä t   B

Natürlich ist es notwendig, die Interessen der Schüler zu berücksichtigen, also ob zum Beispiel eine Pause zwischen Tätigkeit A und B ganz nützlich wäre. Hat die Klasse viele kinästhetische Schüler, brauchen diese viel Bewegung, um auch während Tätigkeit B stillsitzen zu können.

1. Versuchen Sie in den nächsten Tagen mindestens einmal täglich die Technik des Überlappens anzuwenden und beschreiben Sie, um was es dabei ging.

1. Tag: _____

_____

2. Tag: _____

_____

3. Tag: _____

_____

2. Welche Reaktionen gab es auf diese Technik und welche Einsichten haben Sie dabei gewonnen?

_____

Übergang: Unvollständige Sätze

Oft werden Lehrer in der Ausbildung ermuntert, erst zu beginnen, wenn sie die Aufmerksamkeit aller haben. Wir wissen jedoch, daß wir schneller mit dem Unterricht beginnen können, wenn wir Anweisungen nonverbal vermitteln und den verbalen Anteil für die Stoffvermittlung reservieren (vgl. S. 213). Dann bleibt die Schule in der Erinnerung der Schüler vorwiegend ein Ort zur Wissensvermittlung. In welchen Fällen sollten wir nun zu Beginn ihre Aufmerksamkeit auf uns lenken?

Ist der Unterrichtsstoff interessant genug, können wir sofort beginnen und erreichen die Schüler automatisch. Wenn wir jedoch vermuten, daß der Stoff nicht fesselnd genug ist, können wir "unvollständige Sätze" verwenden. Schüler, die den Lehrer nicht beachten, werden erstarren und aufschauen, wenn der Lehrer plötzlich mitten im Einleitungssatz aufhört. Damit läßt sich schnell ein Übergang zu Aufmerksamkeit finden. Zum Beispiel könnte der Lehrer sagen: "Wie wir sehen...", "Wenn wir betrachten..." oder "Paßt auf, ...". Wenn die bis dahin unaufmerksamen Schüler zum Lehrer schauen, kann er den Satz vollständig wiederholen und dann fortfahren.

1. Schreiben Sie zwei Ihrer Einleitungssätze auf.

2. Verwenden Sie an den nächsten drei Tagen unvollständige Sätze. Erstarren Sie dabei in Ihrer Haltung.

3. Ergebnisse:

Übergang: Positive Kommentare

Lehrer der Primarstufe sind bekannt für ihre Kommentare beim Übergang von einer Tätigkeit zur anderen. Sie zeigen damit der Klasse, welche Schüler sich richtig verhalten. Die Schüler, deren Namen genannt werden, sind Modell für die übrigen. Da diese Schüler noch recht jung sind und ihrem Lehrer gefallen wollen, reagieren sie sehr schnell auf ein solches Modell. So sagt ein Lehrer zum Beispiel: "Räumt eure Tische ab und nehmt Bleistift und Füller heraus." Wenig später sagt er vielleicht: "Jonny macht das gut. Reihe vier, gut, ihr seid schon fertig!"

Dieses Vorgehen ist bis in die 4. Klasse wirksam. Danach muß der Lehrer sich umstellen, und das ist meist von der Beziehung des Lehrers zu den Schülern abhängig. Ein Lehrer, der starken Rapport hat, kann etwa sagen: "Ich freue mich, daß ihr eure Sachen für die Stunde so schnell vorbereitet habt." Der wesentliche Unterschied besteht darin, daß der Lehrer jetzt eher die *Klasse* lobt als einzelne Schüler oder kleine Gruppen.

1. Ihre Klassenstufe: _____

2. Vier Beispiele dafür, wie Sie positive Kommentare während des Übergangs anwenden:

_____

_____

_____

_____

_____

3. Wo ließen sich positive Kommentare während der Übergangsphase außerdem nutzen?

_____

_____

4. Sie haben in dieser Woche vermehrt positive Kommentare eingesetzt. Welche Reaktionen gab es, welche Einsichten haben Sie gewonnen?

_____

_____

_____

Verbale Kommentare nur für das Unterrichten

Es wurde bereits vorgeschlagen, für die Disziplin im Klassenzimmer nonverbale Botschaften zu benutzen. Das zeigt vielfältige Wirkung. Wenn der Lehrer Jugendliche, die auditiv sind, mit Worten ermahnt, läuft er Gefahr, daß sie darauf antworten und die Situation zu einer Konfrontation eskaliert. Beim Lehrer ermüdet am ehesten die Stimme. Redet eine Lehrerin viel, um Disziplin und Ordnung zu ereichen, sinkt ihr Energiepegel im Laufe des Tages. Bei nonverbaler Kommunikation läßt sich dieser Verlust vermeiden.

1. Lassen Sie in der kommenden Woche in jeder Stunde einen Schüler ein Kreuz in die folgende Tabelle eintragen, wenn Sie wegen Ordnung oder Disziplin eine negative Bemerkung machen.

	Mo	Di	Mi	Do	Fr
1. St.					
2. St.					
3. St.					
4. St.					
5. St.					
6. St.					

2. Überlegen Sie, wie Ihr normales Energieniveau ist. Stellen Sie fest, ob sich ein Zusammenhang zwischen der Zahl negativer Bemerkungen und einer Ab- oder Zunahme Ihrer Energie feststellen läßt.

_____

_____

_____

_____

_____

_____

(Fortsetzung nächste Seite)

Arbeitsblatt

Verbale Kommentare nur für das Unterrichten (Fortsetzung)

Die Beziehung zwischen negativen Bemerkungen und Energiespiegel gibt es auch bei den Schülern. Deshalb verwenden wir die Stimme für den Unterricht und nonverbale Signale für die Kontrolle der Klasse. Voraussetzung für die nonverbalen Signale ist natürlich, daß die Schüler uns ansehen. Ausnahme ist, wenn Sie einen Schüler berühren. Erlauben Sie sich, einen Schüler beim Namen zu nennen, zu räuspern (oder irgendein Geräusch zumachen) und dann nonverbal etwa mit der Hand anzudeuten, was Sie wollen (zum Beispiel eine Handbewegung für "Dreh dich um ... und mach weiter").

3. Denken Sie an drei Sätze, die Sie in der Vergangenheit oft benutzten. Schreiben Sie diese auf und überlegen Sie sich dazu jeweils ein nonverbales Signal.

a) _____

_____

b) _____

_____

c) _____

_____

4. Testen Sie die Signale eine Woche lang. Denken Sie daran, daß Sie zunächst ein auditives Signal geben dürfen, um die visuelle Aufmerksamkeit des Schülers zu bekommen. Dann geben Sie das nonverbale Signal.

5. Ihr Kommentar zu der eben beschriebenen Technik:

_____

_____

_____

_____

_____

_____

_____

Kongruenz vergrößern

Wenn sich der Sender einer Botschaft (der Lehrer) kongruent verhält, erreicht er sehr wahrscheinlich die Zustimmung des Empfängers (des Schülers). In unserer nordamerikanischen Kultur wird der Lehrer dann als kongruent bezeichnet, wenn er fest mit beiden Füßen auf dem Boden steht und die Hände sich neben dem Körper befinden oder leicht gestikulieren (nicht weit ausgreifend mit vorgestrecktem Zeigefinger). Achten Sie also auf Ihre nonverbalen Gesten, stehen Sie auf beiden Füßen und aufrecht, wenn Sie demnächst bei Ihren Schülern eine bestimmte Reaktion erreichen wollen.

Wenn Sie fest auf beiden Beinen stehen, kann das auch als Konfrontation verstanden werden. Worin besteht der Unterschied zwischen Kongruenz und Konfrontation?

Bei einer Konfrontation hält der Sender gewöhnlich den Oberkörper leicht vorgebeugt, oft den Kopf nach vorne gestreckt, und spricht mit erhobener, forcierter Stimme. Üben Sie Kongruenz vor Kollegen, Freunden oder vor dem Spiegel. Sie können das auch so tun, indem Sie an eine Zeit denken, als Sie sehr kongruent waren und zuversichtlich, daß das geschehen würde, was Sie erhofften, oder daß Sie sich selbst wie beabsichtigt verhalten würden. Schauen Sie in den Spiegel, während Sie sich erinnern, oder lassen Sie sich von anderen beobachten. Lassen Sie sich Feedback geben, welche Veränderungen in Ihrem Gesicht, in der Stimme und der Körperhaltung auf Ihre freudige Erwartung hindeuteten.

Kongruenz ist ein Weg, nonverbal zu vermitteln, daß Sie erwarten, daß X eintreffen wird.

1. Üben Sie in den nächsten zwei bis drei Tagen mehrmals, sich inkongruent zu verhalten. Setzen Sie einen Fuß nach vorne oder verlagern Sie Ihr Gewicht mehr auf eine Seite, stützen Sie eine Hand auf die Hüfte oder neigen Sie den Kopf vor. Welche Reaktion bekommen Sie von der Klasse? Achten Sie auch auf die Inkongruenz zwischen Ihrer Haltung und Ihrer Stimme, während Sie dies tun.

Notieren Sie Ihre Beobachtungen.

1. Tag: _____

_____

_____

2. Tag: _____

_____

_____

3. Tag: _____

_____

(Fortsetzung nächste Seite)

Kongruenz vergrößern (Fortsetzung)

2. Am 4. und 5. Tag nehmen Sie die Haltung für Konfrontation ein und sprechen dem-gemäß. Sie können auch Ihren Finger häufig vorstrecken und den Kopf vorbeugen. Schreiben Sie die Reaktionen auf.

4. Tag: _____

_____

_____

5. Tag: _____

_____

_____

3. Am 6. und 7. Tag schließlich vergrößern Sie die Kongruenz von Körper und Stimme. Schreiben Sie auch dazu die Reaktionen auf.

6. Tag: _____

_____

_____

7. Tag: _____

_____

_____

Es mag interessant für Sie sein festzustellen, ob Ihre kongruente Körperhaltung Ihre Stimme beeinflußt oder umgekehrt.

Mit dem hier Entwickelten bestätigt sich der Satz, der für Sekundarlehrer gilt: "Wenn Sie sich nicht anlehnen, ist Ihr Energiepegel höher, und Ihre Klasse ist aufmerksamer."

Zusammenfassung

Als Erzieher können wir es nicht vermeiden, Anker zu setzen. Wir alle tun das, bewußt oder unbewußt. Wir haben nur dann Erfolg, wenn wir die Ankertechniken wirkungsvoll einsetzen, und das setzt eine Koordination der rechten und der linken Hemisphäre voraus.

Die linke Hälfte entscheidet, was ein *C.I.D.* ist, und analysiert die Anwenderregeln für *C.I.D.s*. Die rechte Hälfte hilft bei der Verstärkung der Sinneswahrnehmungen und macht ein *C.I.D.* zu einem *A.C.I.D.*. Gewöhnlich bestätigen sich folgende Aussagen:

a) Vorwiegend linkshemisphärische Lehrer stellen immer Überlegungen an, die für ein *C.I.D.* wichtig sind, und falls sie das Thema als wichtig und schwierig einstufen, suchen sie nach den passenden Sketchen und Requisiten. Sie sind systematisch und variieren ihr Verhalten sehr stark (arbeiten mit vielen verschiedenen Methoden).

b) Vorwiegend rechtshemisphärische Lehrer übergehen die Überlegungen bezüglich *C.I.D.s* und arbeiten direkt mit *A.C.I.D.*. Sie sind dafür bekannt, daß sie auf Flohmärkten die Requisiten entdecken und dann das dazu passende *C.I.D.* suchen. Sie haben ihr Spektrum von Verhaltensweisen und ergänzen es durch "systematische Arbeit". Als seine Klasse eines Tages recht undiszipliniert war, warnte ein rechtshemisphärischer Lehrer sie, er würde krank werden und dann bekämen sie eine Vertretung. Am nächsten Tag kam er in den Kleidern seiner Frau und agierte den ganzen Tag in dieser Rolle. Die Schüler waren ruhig und aufmerksam. Während seine Flexibilität lobenswert ist, muß doch festgestellt werden, daß er seine Kreativität verschwendete, da er dieses Ersterlebnis für die Schüler (er als Frau bekleidet) nicht dazu nutzte, ein *C.I.D.* zu unterrichten.

Erstmalige und einmalige Ereignisse haften besonders gut im Langzeitgedächtnis. Die meisten von uns erinnern sich, wo sie waren, als Präsident Kennedy erschossen wurde.

Ratschlag 1

Im ersten Jahr an einer neuen Schule wollen wir uns unauffällig verhalten.

Ratschlag 2

Wenn wir pro Monat einen *A.C.I.D.* einführen, haben wir am Ende des Schuljahres zehn. Im vierten Jahr bringen wir wöchentlich einen *A.C.I.D.* und werden zur Legende.

Ratschlag 3

Schauen Sie sich den Film *Stand and Deliver* an. (Der Film handelt von Jaime Escalante, einem Mathematiklehrer an einer innerstädtischen High-School für Minoritäten in Los Angeles. Er konnte unter allen High-Schools den prozentual höchsten Anteil an Stipendien für erstklassige Mathematikabsolventen ausweisen.

Kapitel 9

Schlußgedanken

*"Wenn das menschliche Gehirn so einfach wäre, daß wir es verstehen könnten,
wären wir so einfältig, daß wir es
nicht verstehen könnten."*
Autor unbekannt

Eine Frau, die dieses Buch las, meinte dazu: "Es ist eine Sammlung von Kommentaren über selbstverständliche Dinge." Sie machte eine kurze Pause und erinnerte sich dann an meine einführenden Bemerkungen über Erklärungen, Grafiken und Arbeitsblätter und fuhr fort: "Aber die Dinge wurden erst offensichtlich, als ich Ihre Kommentare gelesen hatte."

Ein großer Teil dieses Buch enthält die komprimierte Fassung der neuesten Erkenntnisse (NLP) darüber, wie Menschen sich gegenseitig erziehen oder auch nicht. Daneben werden indirekt andere umfassende Themen angesprochen:

1. Unterricht und Erziehung bestimmen die Richtung für den Pendelausschlag in der *Forschung*. Wenden Lehrer überwiegend visuelle Methoden im Lese- und Schreibunterricht an, so verkündet die Forschung bald darauf, daß phonetischer Zugang die Bedürfnisse derjenigen Schüler erfüllt, die nicht so erfolgreich sind. Mit dem Pendelschwung zum auditiven Bereich werden auch die Lehrbücher entsprechend geändert, aber nach fünf Jahren verkündet die Forschung nun die gegenteiligen Erkenntnisse und veranlaßt so den Pendelschwung zurück zu mehr visuellen

Methoden. Wir müssen zu verfeinerten Methoden voranschreiten, die sich nicht an den "Bedürfnissen des statistischen Durchschnitts" orientieren.

2. Die Gesellschaft übt auf das Schulsystem Druck aus und verursacht damit viel Wirbel im Fächerkanon. Die *Arbeitgeber*, die Schüler mit Note Vier und schlechter beschäftigen, verlangen, daß wir die Schulabgänger mit besserem Basiswissen (linkshemisphärisch) ausstatten. Andererseits sind die Firmen, die unsere "guten" Schüler aufnehmen, erstaunt über deren Mangel an Originalität; sie verlangen nach mehr Kreativität (rechtshemisphärisch). Bringt man diese beiden Anforderungen zusammen, verursacht das extreme Kopfschmerzen. Wir brauchen Methoden der rechten Hemisphäre für die schwachen Schüler, um ihnen linkshemisphärische Fähigkeiten beizubringen. Bei guten Schülern müssen wir sicherstellen, daß sie linkshemisphärisches Können erworben haben, und ihnen dann beibringen, dieses Wissen in rechtshemisphärische Aktivitäten umzusetzen. Kurz gesagt, wir müssen sie durch ihre Stärken pacen und dann in die Bereiche führen, die noch entwicklungsbedürftig sind. (Vgl. "Waage des Lernens", S. 118).

3. Ein flüchtiger Blick auf die *Problembereiche der Gesellschaft* wie Selbstmorde, AIDS und Sozialfürsorge zeigt, daß ein Großteil dieser Bevölkerung auditiv und kinästhetisch und nicht visuell ist. Hier erhebt sich die Frage, ob uns nicht die Lernmethoden der Schule direkt in die Büros der Wohlfahrtsorganisationen führen. Offensichtlich ist die Fähigkeit zu inneren Bildern und guter visueller Wahrnehmung direkt oder indirekt korreliert mit der Fähigkeit, langfristig zu planen, dem Dreh- und Angelpunkt zur Veränderung dieser Gruppen. Deshalb wurde auch in diesem Buch das Thema "Speichern" sehr betont. Die Erkenntnisse über Lernstile sind so weit fortgeschritten, daß wir heute sehen, daß die bevorzugte Aufnahmemethode (wie jemand lernt) sich sehr wohl von der Wiedergabemethode (wie jemand unterrichtet) unterscheiden kann. Wir müssen über "Input" und "Output" hinaus unsere Aufmerksamkeit auf die "Speicherung" richten. Sie gehört automatisch zum Umfeld der Lernstile. Hier sollten wir zugeben, wie wenig wir noch verstehen, und uns verpflichtet fühlen, weiter nachzuforschen. Als die U.S.-Regierung beschloß, die mögliche Verwendung von Plutonium erforschen zu lassen, gab es nicht mehr als einen Teelöffel voll davon; aber da es so viele Möglichkeiten bot, wurden später Millionen Dollar für Forschungsprogramme ausgegeben.

4. *Ankern:* Wir wissen, daß eine Phobie durch ein einmaliges Erlebnis erlernt wird. Können wir verstehen, wie die Langzeitspeicherung im Gehirn vor sich geht und können wir diese Methoden nutzen, um die Merkfähigkeit unseres Gehirns zu steigern?

5. Das Konzept von NLP, das Vorgehen von Leuten zu analysieren, die bestimmte Dinge gut können, ist noch immer revolutionär.

Jahrelang haben die Leute, die andere psychologisch beraten, analysiert, warum "Kranke" "krank" sind. Diese Fragestellung brachte viele neue Krankheitsbegriffe hervor und Büchereien voll mit Dissertationen und führte dazu, daß die Beschwerden beim Patienten und beim Berater erhalten blieben. Eine Bekannte von mir, eine Epileptikerin, sollte sich jährlich in der Klinik melden. Jahrelang wurde ihr immer wieder vorgehalten, daß sie ihre Anfälle nicht notierte. Jedes Mal hatte sie ein schlechtes Gewissen und begann, die Anfälle genau aufzuschreiben. Wenn sie das tat, traten die Anfälle häufiger auf (siehe "Schluß mit doppelten Botschaften", S. 162). Schon nach zwei Monaten lehnte sich ihr inneres Gleichgewicht gegen diese Buchführung auf. Danach wurden auch die Anfälle weniger, so daß die Klinik sie nach einem Jahr anrufen und an ihre Kontrolluntersuchung erinnern mußte ("Amnesie für Negatives ist tatsächlich segensreich.").

NLP-Practitioner müssen damit weitermachen, "gesunde" gute Schüler mit dem nötigen Respekt zu beobachten und ihre Strategien herauszufinden, damit diese Methoden anderen beigebracht werden können. Gleichzeitig müssen wir aber diese Erkenntnisse, die im Einzelgespräch gewonnen werden, mit sehr viel mehr Sensibilität an die weitergeben, die mit Gruppen von 25 bis 30 Schülern arbeiten. Der Betreiber eines Tierheims zieht wenig Nutzen aus einem Vortrag "Wie erzieht man Hunde", wenn die Erfahrungen von jemandem vermittelt werden, der nur *einen* Hund aufzieht.

Schließlich noch eine Metapher. Vor Jahren brach bei einem Sturm in Neuengland eine Brücke zusammen. Da es Verletzte gab, wurde eine Untersuchung angeordnet. Eine Gruppe von Studenten höherer Semester am *Massachusetts*

Institute of Technology baute mit Hilfe der Überreste der Brücke ein Modell, das beim Test im Windkanal zusammenbrach. Offizielle Stellen beeilten sich, zu versichern, daß staatliche Vorschriften besagen, daß Brücken und Dämme den Standard minimaler Sicherheit um 200 Prozent übertreffen müssen. Mit den Plänen bauten die Studenten ein neues Modell, und diesmal hielt es im Windkanal.

Die Lücke zwischen dem, was beabsichtigt war, und dem, was wirklich gebaut wurde, faszinierte die Studenten und ihre Professoren. Sie testeten mehrere Brücken, darunter eine ziemlich berühmte an der Westküste. Dasselbe Muster zeigte sich erneut, es gab wieder einen Unterschied zwischen dem theoretischen und dem praktischen Entwurf. Das Planungsmodell war immer stabil, während in der Realität sehr viel mehr Flexibilität erforderlich war.

Zusammenfassung

Als die Vereinigten Staaten die Invasion von Grenada begannen, waren die Armee und ein Trupp Marines im Einsatz an der Küste. Auf dem Schiff wartete man auf Zielanweisungen für die Artillerie. Die Flotte wollte etwas "übermitteln", und die Soldaten brauchten Unterstützung. Als die Streitkräfte am Strand telefonische Anweisungen für die Artillerie weitergeben wollten, entdeckte man, daß beide Einheiten Verträge mit unterschiedlichen Telefongesellschaften abgeschlossen hatten und beide Systeme nicht miteinander kompatibel waren. So rief ein Soldat mit seiner Kreditkarte auf seine Kosten bei seiner Basis in North Carolina an, die ihn dann mit dem Pentagon weiterverband. Vom Pentagon ging der Befehl dann an das Schiff.

Dies ist ein sehr gutes Beispiel dafür, wie mit linkshemisphärischen Unterrichtsmethoden Wissensvermittlung an rechtshemisphärische Schüler betrieben wird.

"Gute Absichten genügen nicht; wir müssen wirkungsvoll arbeiten."

Glossar

A.C.I.D.

Anker für wichtige und schwierige Themen *(Anchoring C.I.D.* – siehe "C.I.D.")

Anker

Ein bestimmtes Lehrerverhalten wird mit einem bestimmten Begriff/ Thema/Verfahren verknüpft. Es gibt vier Arten: natürliche (zum Beispiel Ampel), künstliche, Wiederholungsanker und A.C.I.D.s. Drei Bedingungen für die Wirksamkeit eines Ankers: Einzigartigkeit; Plazierung des Ankers auf dem Höhepunkt des einführenden Geschehens; Genauigkeit der Wiedergabe.

Assoziiert

Man ist bei bestimmten Erlebnissen ganz in seinem Körper. Ein ausgezeichneter Zustand für angenehme Erinnerungen. Der einzige Weg, um wieder aufzutanken.

C.I.D.

Wichtige und schwierige Themen *(Concepts that are Important to the teacher and Difficult for the class to understand)*

Dissoziiert

Jemand befindet sich außerhalb seines Körpers, beobachtet sich selbst von außen, ohne Kontakt zu den eigenen Gefühlen. Eine gute Strategie in streßbeladenen Zeiten.

Disziplinieren

Disziplinieren ist dann wirksam, wenn man handelt, wie es die Schüler brauchen. Für Disziplinieren ohne Anstrengung denken Sie daran: 1. Auditiven Kanal meiden (sonst läuft die "Kassette" mit Ermahnungen an); 2. "entgiften" (Platz

einnehmen); 3. dissoziiert sein; 4. unterbrechen und atmen; 5. leise und langsam weitersprechen.

Einstudieren

Es wird für die Zukunft geprobt, einen "Auslöser" (traumatisierenden Stressor) immer mit Atmen, der Mobilisierung von Hilfsmitteln und dem Zielzustand zu verbinden.

"Entgiften"

Verschiedene geistige Zustände werden getrennt (zum Beispiel durch Ankern), indem sie jeweils mit nonverbalen Verhaltensweisen gekoppelt werden. Zum Beispiel sollte Unterrichten vom Disziplinieren oder das Privatleben vom Berufsleben entgiftet, getrennt werden.

"Förderband"

Bezeichnung für die normale Schullaufbahn

Führen

Zunächst wird das Verhaltens eines anderen "gepaced" (siehe "Pacen"), dann kann zu dem erwünschten Verhalten geführt werden.

Indikatoren

Es gibt zwei Arten, die Rückschluß auf die Arbeitsweise des Gehirns erlauben: 1. neurologische Indikatoren (physiologische Hinweise; vgl. S. 31), 2. Verhaltenshinweise (S. 32-33). Je mehr jemand sich an etwas zu erinnern versucht, desto mehr neurologische Hinweise zeigen sich. In der Pause vor dem Sprechen wird oft nach der Antwort gesucht. Fragen mit "wie" verstärken den Suchprozeß.

"Korridor"

Bezeichnung für Stützkurse, Sonderkurse, Sonderschule u.ä.

Kultur

Das Bildungssystem ist eine Kultur
mit verschiedenen Subkulturen:
Primarstufe, Klasse 3 und 4, frühes
Jugendalter, High-School und Son-
dermaßnahmen. Jede Stufe hat
ihren Wahrnehmungsfilter, ihre
eigenen Verfahrens- und Reaktionsweisen. Je besser wir unsere jeweiligen subkulturellen Muster verbaler und vor allem nonverbaler Kommunikation verstehen und je klarer
wir erkennen, wie diese sich von
Durchschnittsschülern ableiten,
desto eher finden wir Wege für die
Schüler, die nicht dem Durchschnitt entsprechen.

Lernen

Eine Kombination von "Input" und
"Speicherung". Es empfiehlt sich
für Lehrer, durch Wiederholung sicherzustellen, daß die Schüler den
Stoff gelernt haben.

Lernstil

Grundsätzlich ist damit die bevorzugte Modalität für das Lernen
gemeint. Der Prozeß wird auf der
nächsten Stufe in "Input", "Speicherung" und "Output" unterteilt.

Metaphern

Parallele Darstellung einer Aussage.
Vermittelt die Gesamtidee. Spricht
die rechte Hemisphäre des Zuhörers an. Sie hilft, die linke, logische
Instanz oder evtl. den Widerstand
des Zuhörers zu umgehen.

Modalitäten

Wir speichern Informationen mit
den fünf Sinnen. In der Schule nutzen wir vorzugsweise drei: die visuelle Modalität (sehen), die auditive
(hören) und die kinästhetische
(Körper). Unsere "bevorzugte Modalität" nutzen wir bei Streß.

Nonverbal

Alle Aspekte der Kommunikation
außer dem gesprochenen Wort, also
Gesicht, Stimme, Körper, Position,
usw. Laut Forschungsergebnissen
der *National Education Association*
sind 82 Prozent der Kommunikation nonverbal.

Pacen

Man spiegelt taktvoll die Physiologie des anderen (Stimme zu
100 Prozent, Gesicht 75 Prozent,
Körper 50 Prozent, Gesten: abwar-
ten).

Problemschüler

Zwei Ursachen: 1. psychische
Gründe; 2. der Lernstil stimmt
nicht mit dem Unterrichts- und
Prüfungsstil des Lehrers überein.

Rapport

Man betritt die Welt des anderen.
Zwei Arten von Rapport: 1. Bevor-
zugter Rapport im Berufsleben – der
andere dringt in meine Welt ein
(Tendenz der linken Gehirnhälfte).
2. Notwendiger Rapport bei der Arbeit mit Problemschülern: Der Lehrer betritt die Welt des Schülers
durch taktvolles Spiegeln und nonverbales Verhalten. Es ist eine nonverbale Art von Anerkennung. Ziel
ist es, die Schüler in einen ange-
messeneren Zustand zu führen.
Ihre Physiologie läßt sich durch
Führen verändern. (s. "Führen")

Reteaching

Vertiefender Einzelunterricht, der
dem Unterricht vor der ganzen
Klasse folgt; meist sind es die
"Übersetzer" (vgl. dort), um die sich
der Lehrer besonders bemühen,
deren Modalität er dabei berücksichtigen muß.

Rückschau

NLP-Technik, die wie folgt abläuft:
1. Zeitliche Rückführung, 2. Dissoziieren, 3. Amnestie, 4. Ressourcen
erschließen, 5. Zielzustand.

Speicherung

Merkmale für *visuell*: Geschwindigkeit und beliebige Reihenfolge; *auditiv*: der Reihe nach und im Ganzen; *kinästhetisch*: Muskelgedächtnis.

Streß

Was wir erwarten/wünschen/gewohnt sind trifft nicht ein. Das Ergebnis sind Spannungen im Körper. Zwei Arten von Streß: 1. allmählich zunehmender *(gradual)* = saisonal bedingt 2. Überraschungsstreß = traumatischer Schock (drei Phasen: Ausschüttung des chemischen Stoffes, Verletzung des Systems durch die Ausschüttung, Erholung von der Verletzung). Der Körper ist das Barometer für die Spannung, deren Bedeutung vom Gehirn interpretiert wird. Der Körper besitzt noch einen prähistorischen Reaktionsmechanismus (Kampf oder Flucht). Zum effektiven Streßmanagement gehört ein Umpolen, damit die Reaktion dem Anlaß entspricht. Dazu gehört: Dehnen der Zeit und Erkennen der Anfangssignale; "Rückschau" und "Einstudieren".

"Übersetzer"

VO = *visuell only*, nur visuell
AO = *auditiv only*, nur auditiv
KO = *kinesthetic only*, nur kinästhetisch *(knocked out of the system)*.

Unterbrechen und Atmen

Wird gemacht, nachdem diszipliniert wurde. Gestattet Lehrer und Schülern, zu vergeben und zu vergessen *(amnesty and amnesia)*. Gut ausgeführt kann dieses Verhalten die Klasse vereinen. Danach wird leiser und langsamer weitergesprochen.

Unterbrecherzustand

Ein laufender Vorgang wird unterbrochen. Ideal, um von einem belastenden dissoziierten Zustand in einen angenehmen assoziierten Zustand überzuwechseln.

Visualisieren

Die links-visuelle Gehirnhälfte sieht Buchstaben, Wörter, Sätze, Abschnitte; Aufmerksamkeit internal; ab der 4. Klasse eine erforderliche Fähigkeit. So kann der Schüler Begriffe neu arrangieren. Die daraus resultierende Fähigkeit ist langfristiges Planen. Die rechts-visuelle Hälfte sieht konkrete Gegenstände, hat sehr gute räumliche Vorstellung (gut als Ingenieur und in Geometrie). Leicht ablenkbar (Aufmerksamkeit external). Beim Visualisieren wird bereits gespeicherte Information nach visuell links verlagert. Geschieht schnell und nicht der Reihe nach. Dabei helfen visuelle Kriterien wie Farbe, Größe und Gestalt. Wie bringt man einen Schüler von visuell rechts nach visuell links? Unterstützendes Lehrerverhalten: 1. Körper und Arme ruhig; 2. flache, hohe Stimme; 3. langsam sprechen; 4. Sätze länger werden lassen.

Waage des Lernens

Relation zwischen Lern*vorgang* und -*inhalt*. Lernvorgang: *wie* etwas getan wird. Inhalt: *was* getan wird. Forderung: Wenn die eine Seite schwer wird (unbekannt), muß die andere leicht werden (vertraut).

Wiederauffinden

Eine Kombination von "Speicherung" und "Output". Wir brauchen eine *erste* Wiederholung, um sicherzustellen, daß der Schüler verstanden hat, dann eine *zweite* Wiederholung, um zu sehen, daß der Stoff so gespeichert ist, daß er abgefragt werden kann. Ab der 4. Klasse besteht das Abfragen (in USA) aus einem Test, und deshalb muß visuell gespeichert werden. Daher die Bedeutung des Visualisierens.

Literaturverzeichnis

Anderson, Jill: *Thinking, Changing, Rearranging: Improving Self-Esteem in Young People*, Portland/OR 1981 (Metamorphous Press)

Armstrong, Thomas: *In Their Own Way*, Los Angeles 1987 (J.P. Tarcher Inc.)

Bateson, Gregory: *Ökologie des Geistes*, Frankfurt 1985 (Suhrkamp)

Beecher, Henry K.: *The measurement of Subjective Response*, New York 1959 (Oxford Univ. Press)

Bell, Nancy: *Visualizing & Verbalizing*, Paso Robles/CA 1986 (Academy of Reading Publications)

Carbo, Marie/Dunn Rita/Dunn Kenneth: *Teaching Students to Read Through Their Individual Learning Styles*, Englewood Cliffs/NJ 1986 (Prentice Hall)

Cummings, Dr. Carol: *Teaching Makes a Difference*, Edmonds/WA 1980 (Teaching Inc.)

dies.: *Managing to Teach*, Edmonds/WA 1983 (Teaching Inc.)

Fenker, R. and Mullins, R.: *Stop Studying and Start Learning*, Fort Worth/Texas 1982 (Tangram Press)

Ferguson, Marilyn: *Die sanfte Verschwörung*, München 1984 (Knaur)

Goodlad, John: *A Place Called School*, New York 1984 (McGraw-Hill)

Holmes, Thomas and Rahe: *The Social Readjustment Rating Scale*, in: Journal of Psychosomatic Research, 11/1967

Johnson, David/Holubec, Roger/Johnson, Edythe: *Cooperation in the Classroom*, Edina/Minn. 1988 (Interaction Book Co.)

Lee, Scout: *The Excellence Principle*, Portland/OR 1982 (Metamorphous Press)

Lewis, Byron und Pucelik, Frank: *Magic Demystified*, Portland/OR 1982 (Metamorphous Press)

Lloyd, Linda: *Des Lehrers Wundertüte. NLP macht Schule*, 2. Aufl. Freiburg 1993 (VAK Verlag für Angewandte Kinesiologie)

McCarthy, Dr. Bernice: *4MAT*, Barrington/Ill. 1981 (Excel Inc.)

Miller, Patrick: *Nonverbal Communication*, Washington/D.C. 1981 (National Education Association)

Naisbitt, John: *Megatrends*, Bayreuth 1984

O'Connor, Joseph: *Not Pulling Strings*, Portland/OR 1989 (Metamorphous Press)

Vitale, Barbara Meister: *Lernen kann phantastisch sein*, Berlin 1988 (Synchron)

Warner, Sylvia Ashton: *Teacher*, New York 1963 (Simon and Schuster)

Informationen zur Aus- und Weiterbildung in NLP

Deutsche Akademie für angewandtes NLP
Postfach 47 07 19
D-12316 Berlin
Tel. & Fax: 0 30 - 6 01 57 74

meta Forum
Postfach 21 05 04
D-10505 Berlin
Tel.: 0 30 - 39 90 36 00
Fax: 0 30 - 39 90 36 02

Milton Erickson Institut, Wolfgang Lenk
Wartburgstraße 17
D-10825 Berlin
Tel. & Fax: 0 30 - 7 81 77 95

Thies Stahl Seminare
Training – Beratung – Supervision für professionelle Kommunikatoren
Eulenstr. 70
D-22763 Hamburg
Tel.: 0 40 - 3 90 55 88
Fax: 0 40 - 3 90 95 73

THINK Gesellschaft für Neue Kommunikationsstrategien mbH
Seminarhaus LÖWEN
D-79669 Zell-Gresgen
Tel.: 0 76 25 - 76 36
Fax: 0 76 25 - 2 17

Österreich:
Institut für strukturelle Wahrnehmung, Richard Hauser
Th.-Körner-Str. 40
A-8010 Graz
Tel.: 03 16 - 67 12 12
Fax: 03 16 - 67 12 42

Schweiz:
NLP Aus- und Weiterbildung, Werner Herren
Kurszentrum Aarau, Familienberatungsstelle
Laurenzenvorstadt 85/87
CH-5000 Aarau
Tel. + Fax: 0 62 - 8 23 10 10

NLP-Literatur (auch ausländische):
NLP Buch- und Medienversand, Jörg Erdmann
Hirtenweg 17 A
D-33102 Paderborn
Tel.: 0 52 51 - 3 59 69
Fax: 0 52 51 - 3 56 54

Brain-Gym® mit Maxi. Das Kartenspiel

Mit den Illustrationen von Haralds Klavinius

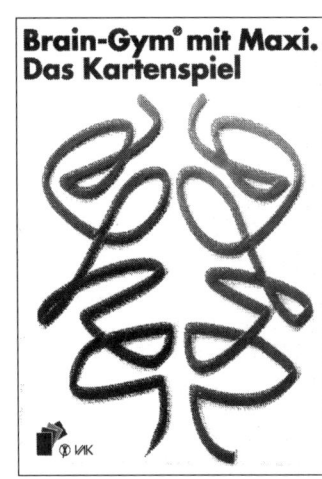

Brain-Gym® mit Maxi. Das Kartenspiel

„Hallo, ich bin Maxi ... Früher war die Schule ganz schön anstrengend für mich. Ich bekam zwar gute Noten, aber ich mußte viel dafür arbeiten und hatte keine Zeit mehr zum Spielen. Jetzt mache ich Brain-Gym® und alles fällt mir viel leichter. Brain-Gym® hilft mir sogar in meiner Freizeit, wenn ich etwas ausprobieren oder erfinden will oder wenn ich zum Beispiel lernen will, mit Inline Skates zu fahren.

Weil mir Brain-Gym® soviel Spaß macht, habe ich mir Brain-Gym®-Karten gebastelt, auf denen unsere Familie zu sehen ist. Jeden Tag fällt mir etwas Neues ein, was ich mit meinen Brain-Gym®-Karten machen kann. Meine besten Ideen schreibe ich hier für dich auf ... "
(Aus dem Anleitungsheft)

Brain-Gym® mit Maxi ist die lang erwartete Ergänzung zu den Brain-Gym®-Büchern von Gail und Paul Dennison. Brain-Gym® mit Maxi trifft den Ton von Kindern und kann spielerisch und hilfreich im Alltag eingesetzt werden.

1997, 28 farbige Übungskarten (8,5 x 12 cm) plus Anleitungsheft in Doppelschuber, 24,80 DM/23,– sFr/181,– öS, ISBN 3-932098-17-X

Paul E. Dennison, Gail E. Dennison:
BRAIN-GYM®-Lehrerhandbuch

Diese leicht verständliche Arbeitshilfe für Lehrer, Erzieher und Eltern bringt auf jeder Seite zu jeweils einer BRAIN-GYM®-Übung einige Unterweisungstips. Diese befähigen dazu, die Übung für ein bestimmtes Kind oder eine bestimmte Situation zu erklären, abzuwandeln oder weiterzuentwickeln.

Außerdem finden sich zu jeder Übung übersichtlich angeordnete Informationen zu ihren Wirkungen.

8. Auflage 1997,
54 Seiten , 115 Abbildungen, Spiralheftung (21 x 29,2 cm),
34,– DM/31,50 sFr/248,– öS, ISBN 3-924077-70-3

Lauren Bradway, Barbara Albers Hill:
Lernen wie von selbst
Wahrnehmungsstile spielend fördern.
Materialien und Ideen für Kinder jeden Alters

Kinder verfügen – oft schon von Geburt an – über ausgeprägte, höchst individuelle Wahrnehmungsstile: Sie sind Seh-, Hör- oder Bewegungstypen. Es kann vorkommen, daß ein Kind durch die Bevorzugung eines Wahrnehmungskanals nicht all seine Möglichkeiten ausschöpft oder daß es sogar zu Lernstörungen in bestimmten Bereichen kommt. Und es kann auch sein, daß beide Eltern oder ein Elternteil einen Lern- und Lebensstil „haben", der dem des Kindes widerspricht oder ihm genau entspricht: Beides hat Konsequenzen, die selten bedacht werden.

Bradway und Hill, beide erfahrene Kinderpsychologinnen, stellen Fördermöglichkeiten dar, mit dem Ziel, dem Kind alle Wahrnehmungskanäle verfügbar zu machen. Wird ein Kind in der dargestellten Weise unterstützt, kann Lernen wirklich wie von selbst geschehen.

Mit ausführlichen Materialangaben, Spielzeugempfehlungen und Hinweisen auf Fachleute.
1997, 350 Seiten mit zahlreichen Tabellen und Checklisten, Paperback (15 x 21,5 cm),
39,80 DM/37,– sFr/291,– öS, ISBN 3-932098-00-5

Michael Grinder:
Ohne viele Worte
Nonverbale Muster für erfolgreiches Unterrichten

„Michael Grinders Buch ist eine reiche und immens anregende Fundgrube für jeden Praktiker eines kreativen, individuellen und schülerbezogenen Unterrichts, mit vielen Ideen auch für schwierige Situationen."
Hartmut Wagner, SKILL-Institut

2. Auflage 1997, 253 Seiten, 40 Abbildungen, Paperback (21 x 29,7 cm),
49,80 DM/46,– sFr/364,– öS, ISBN 3-924077-73-8

Christina Buchner · Silvia Wimmer
Wassermann und Eskimo

Bilder und Texte zum Konzentrieren und Entspannen

für Schule Kindergarten Familie